21世纪高职高专规划教材·金融保险系列

金融企业会计

唐宴春　编著

中国人民大学出版社

·北京·

21 世纪高职高专规划教材·金融保险系列

参编人员及单位

（以参编人员姓氏笔画为序）

马海涛	中央财经大学	王　力	山西财税专科学校
孔立平	东北财经大学	王玉雄	中国人民银行营业管理部
王红梅	哈尔滨金融高等专科学校	石月华	山西财税专科学校
付　菊	保险职业学院	邢天才	东北财经大学
刘连生	广东金融学院	安秀梅	中央财经大学
邢俊英	中央财经大学	刘淑娥	北京财贸职业学院
伏琳娜	辽宁金融职业学院	关颖哲	辽东学院
李元伟	辽宁信息职业技术学院	刘金波	哈尔滨金融高等专科学校
张为群	浙江金融职业学院	李　民	广东省社科院
张伟芹	北京财贸职业学院	李军燕	山西财税专科学校
张劲松	浙江金融职业学院	李杰辉	福建金融职业学院
张晓洁	山东理工大学	杜　鹃	上海金融学院
张强莉	山东轻工业学院	武　飞	北京财贸职业学院
郑祎华	辽宁金融职业学院	杨　虹	中央财经大学
赵锡军	中国人民大学	赵煜光	中华女子学院
倪信琦	福建金融职业学院	唐宴春	山东轻工业学院金融职业学院
夏雪芬	保险职业学院	温来成	中央财经大学
满玉华	哈尔滨金融高等专科学校		

编写说明

金融企业会计是金融企业经营与管理的重要内容与手段，应当遵循会计准则，适应会计理论与理念的发展并为实现金融企业的经营目标服务。我国的会计理论是随着改革开放的不断深入，资本市场的不断完善和国际化程度的不断提高而不断发展的，金融企业会计也在这个过程中不断发展、完善并趋同于一般企业会计。2006年颁布并于2007年1月1日执行的《企业会计准则》，将我国的会计理论与实务进一步与国际会计惯例接轨，对会计的传统理念带来了很大程度上的挑战，金融企业会计必须迎接这种挑战。当然，金融企业会计也还有着与一般企业会计不同的核算内容与实务，比如：支付结算、资金的清算、金融机构之间的资金和账务往来等，因此，金融企业会计与一般企业会计相比既有共性，也有特性，可以自成一门课程。

《金融企业会计》系根据新的《企业会计准则》和金融企业的相关业务以及会计的有关规定编写的，其体系则是根据高职高专培养目标对专业知识与专业能力的要求而安排的。本书既注重金融企业会计本身的特色，又体现了一般会计理论在金融企业会计实务中的应用；既注重课程体系的完整性、科学性，又从学生认知规律出发，兼顾各章节之间的内在联系；既注重理论的系统阐述，又突出实务性、应用性和操作性。该书的体系安排科学、严谨，知识结构合理、适中，语言叙述通俗、简明，较好地兼顾了金融机构对一线业务人员的知识与能力需要。

该书适用于高职高专的金融、会计、财务管理、审计等专业，也可供金融企业员工培训以及自学之用。

由于编者水平有限，书中难免会有错误、疏漏和不当之处，敬请读者批评指正。

编　者

2008年8月

目　录

第一章　金融企业会计总论

章前引例及分析

金融是货币流通和信用活动以及与之相联系的经济活动的总称。狭义的金融专指信用货币的融通，广义的金融泛指一切与信用货币的发行、保管、兑换、结算、融通有关的经济活动。金融在高度发达的市场经济中，其作用不可替代。我国的金融机构体系主要包括：中国人民银行，即我国的中央银行，在国家金融体系中居于主导地位，其主要职能是宏观调控、保障金融安全与稳定并提供相应的金融服务；金融监管机构，如证券监督管理委员会、银行业监督管理委员会、保险监督管理委员会；从事金融业务经营的金融企业，如商业银行、信用合作社、保险公司、证券公司、信托投资公司、财务公司、金融租赁公司等。

中央银行与金融监督管理机构不具有经营职能，因此其会计核算与企业有很大的不同。而金融企业除了经营的业务具有特殊性而形成具有自身特点的会计核算内容以外，作为经济实体，其会计核算的基本理论、基本方法以及会计目标与其他企业具有共性，因此有必要也可以自成体系，形成金融企业会计。

本章内容概要与学习目标

金融企业是国民经济的重要组成部分，随着国民经济的迅速发展，金融企业的经营范围、经营规模、金融产品品种和服务手段等都得到快速发展。经营管理水平的提高和业务的发展，推动了会计的发展，同时对会计改革和制度的完善提出了更高要求。

金融企业会计是会计体系的组成部分，会计的基本前提、核算原则、基本理念对金融企业会计均适用。金融企业会计又是金融企业管理工作的重要方面，其通过核算与监督，在促进货币政策发挥作用的同时，促进货币政策目标和经营目标的实现。因此，金融企业会计在核算内容与具体方法方面有别于其他企业会计，这些特点也反映了金融企业经营的特点和要求。本章就金融企业会计的概念、特点，核算的基本前提、基本原则，会计要素，会计的职能与任务，会计工作的组织与管理方面的问题加以论述。

第一节　金融企业会计的基本问题

一、金融企业会计的意义

（一）金融企业与会计

金融企业是经营货币信用业务的企业，包括从事存贷款业务的金融企业和非银行金融公司。从事存贷款业务的金融企业有商业银行和农村信用社、城市信用社，其金融活动主要是将社会暂时闲置的资金积聚起来，再以债权人的身份将资金提供给资金需求者，在资金提供者与资金需求者之间发挥中介作用。非银行金融公司包括保险公司、证券公司、信托投资公司、租赁公司等，这类金融公司从事财产保险与人寿保险业务、证券买卖业务、信托与委托存贷款业务、融资租赁等业务。当前我国从事存贷款业务与从事保险、证券等业务的金融企业实行的是分业经营，但在西方国家，金融企业分业经营制度已经被混业经营制度所替代。

金融企业不论经营存贷款业务还是经营保险与证券业务，其共同的特点表现为货币资金的收付，而凡是货币资金的收付及增减变化均需要记载并对其变化的过程及其结果加以反映。会计就是对货币资金收付与增减变化的过程与结果进行记载所采用的方法体系。

会计是经济管理工作的重要组成部分，它随着经济的发展和管理的需要而产生和发展。会计作为一门科学，其理论、观念、内容和方法在参与管理的实践中不断得以完善；会计作为一项管理工作，在核算、反映和监督经济活动，考核经济效益以及参与预测经济前景，制订经济发展计划与决策等方面的作用越来越重要。

金融企业会计是会计体系的重要组成部分，又是金融企业的专业会计，其在金融企业业务经营与改革发展、风险防范与信息披露中发挥着重要的作用。金融企业的经营有着与其他企业不同的特点，其所从事的货币信用业务不同于有形产品或商品，业务经营过程均表现为货币资金的收付、增减和流动。因此，金融企业会计应当按照会计的原则、方法对金融企业的经营过程及其结果进行反映与控制，通过对金融企业经营的业务进行确认、计量和报告，并对经营的结果加以披露，从而满足金融企业的会计信息使用者对金融企业财务信息的需要。金融企业会计是以货币作为主要计量形式，采用特定方法，对金融企业的经营活动内容、过程和结果进行核算与监督的行业会计，是金融企业管理工作的重要组成部分。

（二）金融企业会计的地位

首先，金融企业会计是会计体系的组成部分，凡国家制定的有关会计工作的法律、法规、准则、规章，金融企业必须执行。

其次，金融企业会计是金融企业内部管理的重要方面，凡有关金融企业经营与管理的法律、法规、制度、政策等，在会计核算中必须贯彻执行。金融企业在社会经济生活中的地位越来越重要，其经营的合法、合规、效益、规模与质量，直接关系到国民经济的稳定、快速和可持续发展。为此，金融企业会计要能够服从并服务于金融企业的改革与发展、金融宏观调控手段的运用以及金融企业管理水平的提高。

再次，金融企业会计与其他会计既有共性，又有区别，这主要是由于金融企业经营的特殊性决定了金融企业会计核算的内容、范围与方法均不同于其他行业会计。

最后，会计是金融企业内部的一项基础性工作，金融企业经营的全部业务，都要通过会计核算予以实现。会计核算具有明显的货币性特点，不论会计核算的内容有何差异，在转换为货币计量后，就都具有可比性、可加减性与可考核性。这样，通过会计的记账、算账和报账，企业能够及时实现并反映各项业务活动的情况，并为经营的预测和决策提供信息。同时，通过会计监督，企业可以促进业务经营的合法、合规、真实和安全。

二、金融企业会计的特点

（一）会计核算内容的广泛性

由于金融企业的各项业务活动主要表现为货币资金的收付，所以，全部的业务活动均要通过会计加以核算和反映。存款的存入与支取，贷款的发放与收回，信贷资金的调剂与融通，证券的买入与卖出、保费的收取与理赔、资金汇划等，都是金融企业会计核算的内容。

（二）会计核算过程和业务处理过程的同步性

在一般情况下，经济业务活动的实现与会计核算表现为两个过程。如：工业部门的产品生产、商业部门的商品流通，都与会计核算过程相分离。而证券的买入与卖出、保费的收取与理赔、资金汇划等，每一项业务的发生、处理过程及其结果，均纳入会计核算过程，因此，金融企业会计核算过程与业务处理过程是同步进行的。

（三）反映情况的全面性

金融企业是社会资金活动的枢纽，各部门、各单位由经济活动引起的资金活动都要通过金融企业办理，这样金融企业的会计核算就不仅能够反映金融企业的业务活动情况，而且可以体现社会资金的流向和国民经济各部门间的联系，并反映国民经济发展状况。因此，金融企业会计核算资料是经济预测和决策的重要信息资料。

（四）会计方法的多样性

金融企业会计除了要按照一般企业的会计要求进行核算外，还要对受理的业务进行处理和反映，因此，在其核算方法中，除了基本核算方法之外，还包括各项业务的处理方法，而不同的业务由于其内容、特点与管理要求各不相同，所以，具体的处理方法也不一样，涉及的凭证甚至账簿，也因业务不同而有所差异。

（五）会计资料提供的及时性

金融企业经营的业务性质要求每日结账，并按月、季、年编报会计报表，以及时反映业务经营情况。这是因为金融企业会计资料不仅能够反映金融企业的业务和经营状况，而且可以在一定程度上反映国民经济发展状况及资金需求和供应方面的情况。因此，金融企业会计核算的及时性就具有特别的意义，而会计资料能够及时提供，就成为有关部门分析、预测、决策的重要信息。

三、金融企业会计的职能与任务

(一)金融企业会计的职能

会计是金融企业的一项基础性工作,处在业务工作的第一线,各项业务的发生、处理的过程及其结果都要经过会计的核算与监督。因此,核算与监督是会计工作的基本职能,参与管理与提供信息是在核算与监督的基础上派生的必然结果。

1. 会计核算

经济业务发生后,会计人员经过确认与计量,首先应当在账簿中记载,并按照规定的会计期间编制会计报表进行报账,这是会计的基础性工作,是会计最基本的职能。金融企业的业务都表现为货币资金的收付,都要通过会计部门的账务处理才能得以实现,如各项存款的存入与支取,贷款的发放与收回,款项的汇出与汇入等。业务发生后,会计部门要通过填制凭证、登记账簿等予以全面、系统真实、准确、及时地反映。

2. 会计监督

会计在核算的同时加强监督,是会计相关法律赋予会计工作的另一基本职责。金融企业所经营的业务具有广泛性、复杂性、政策性和规范性等特点,这些特点决定了会计监督的必要性和重要性。

金融企业会计监督的方法主要有通过柜台受理业务的监督,会计凭证审查和监督,账户使用与账簿登记的监督,报表编制的监督,事后监督以及稽核、审计监督等。通过加强各环节的监督,企业能够及时发现、处理并制止违反法律、法规以及经济与金融政策的问题,确保经济活动中资金收付的合理以及经办业务的合法性、合规性和真实性。

3. 参与管理

为了更好地发挥会计的核算、监督职能,金融企业会计在反映业务的同时,还直接参与各项经营管理,并在财务管理中发挥重要作用。为了更好地发挥会计的职能,搞好会计本身的管理是至关重要的。如与各项业务管理办法相配套的会计核算方法及会计管理制度的制定与实施,实行会计核算的质量管理和岗位责任制,严格财务收支的各项手续,努力增加收入并减少支出等,从而为提高整体管理水平和经济效益服务。

4. 提供信息

由于金融企业的业务活动都是通过资金收付来实现的,并都要通过会计加以核算和监督,因此,通过对大量的经济业务进行记录、计算、归类反映,就能够提供系统的信息数据,而这些信息数据既能够反映银行的业务状况,又能够反映社会资金活动状况。

(二)金融企业会计的任务

为了充分发挥金融企业会计的职能,金融企业就必须根据会计的特点,正确地确定会计工作的任务,从而明确会计工作内容、履行职责的方法以及工作的依据。金融企业会计的任务主要有:

1. 正确组织会计核算

核算是会计工作的基本职能,正确组织会计核算是充分发挥会计工作的作用,搞好会计监督的基础。组织会计核算必须以国家的经济与金融政策以及会计制度为依据,真实、准确、完整、及时地记录、计算和反映资产、负债、所有者权益、收入、费用、利润以及各项金融、财务活动情况，为贯彻政策、考核计划、研究国民经济发展提供可靠数据。

2. 依法实施会计监督

市场经济的建立使金融企业服务的范围和领域不断扩大，金融企业业务的发展，客观上对金融企业会计工作提出了新的要求。会计工作处在业务的第一线，加强会计监督是保证会计核算正确、合规、合法的有效环节。会计实施监督的依据是各项经济和金融法律、法规，各项金融业务管理规定，会计法、会计准则以及会计制度等。通过监督，企业可以及时发现问题和纠正问题，确保会计信息质量。

3. 真实提供会计信息

真实提供会计信息是会计工作的目标。组织会计核算是达到这一目标的过程和手段，依法实施会计监督是实现这一目标的保障。金融企业会计信息的需求群体包括股东、债权人、政府部门、监管部门、内部管理部门等，虽然不同的信息需求主体对会计信息需求的目的不同，但是对会计信息真实性的要求是相同的，这直接关系到不同信息需求主体决策的正确性。金融企业是以信用为基础的，会计信息的真实与否，关系到金融企业的社会公信度，因此，真实提供会计信息是会计工作的根本目的。

四、金融企业会计核算的基本前提

（一）会计主体

会计主体也称会计实体，是会计核算为之服务的特定单位或组织。典型的会计主体是针对企业而言，但其他的组织和单位在组织会计核算时也需要明确会计主体。

明确了会计主体，才能划定会计所要处理的经济事项的范围。只有那些影响会计主体本身经济利益的经济事项，才可以加以核算，也必须加以核算。会计核算中所讲的资产、负债的确认，收入的取得，费用的发生，都是针对特定的会计主体来讲的。

明确了会计主体，才能将会计主体和会计主体所有者的经济活动区别开来。只有那些引起企业经济利益发生变化的经济活动才列入会计核算的范围。

明确会计主体，才能与法律主体相区别。会计主体不同于法律主体，一般来说，法律主体必然是会计主体，但是会计主体不一定是法律主体。会计主体可以是独立的法人，也可以是非法人；可以是一个企业，也可以是企业内部某一单位或某一特定的部分；可以是单一的企业，也可以是由几个企业组成的企业集团。

（二）持续经营

持续经营是指假定企业或会计主体的经营活动将按照当前的规模和状态无限期地延续下去，会计主体在可预见的未来不会破产。会计核算中使用的一系列会计方法都建立在持续经营前提的基础之上，如果不能持续经营，会计方法就应当变化。

（三）会计分期

会计分期是指将持续不断的经营活动分割为连续、相等的期间，从而结算各期的盈亏，编制各期的会计报表，以提供财务状况、经营成果的相关信息。由于会计分期，才会产生本期、前期、未来期间的区别，在此基础上，才有了收付实现制与权责发生制之分；

同时有了应收、应付、递延、预提、待摊等会计核算方法。

会计期间分为年度、半年度、季度、月度，均按公历起讫日期确定。其中，半年度、季度、月度为会计中期。

（四）货币计量

货币计量是指在会计核算中以货币作为计量单位计算、反映经济活动情况。在经济活动中，有很多计量单位，而货币计量具有广泛的实用性，只有用货币计量，不同性质的经济活动才转化为相同的性质——资金，在量上具有可比性、可汇总性、可加减性。同时，货币计量假设是以币值稳定为基础的，只有币值稳定，不同期间的经济活动才具有可比性。

按照我国会计法规的规定，企业应当采用人民币作为记账本位币，业务收支以人民币以外的货币为主的单位，可以选定一种货币作为记账本位币，但在编报会计报表时，应当折算为人民币。

五、金融企业会计信息质量要求

金融企业会计作为会计体系的重要组成部分，会计信息质量要求对其都适用，并且要全面贯彻执行。

（1）可靠性要求。可靠性要求会计核算以实际发生的经济业务及证明经济业务发生的合法凭证为依据，如实反映财务状况、经营成果和现金流量。否则，会计工作就失去了意义，甚至会误导会计信息使用者，导致其决策的失误。

（2）相关性要求。这里的相关是指会计信息应当与财务会计报告使用者的经济决策需要相关，会计信息要能满足各方面的需要，提供的会计信息应当能够反映企业的财务状况、经营成果和现金流量，有助于财务会计报告使用者对企业过去、现在或者未来情况作出评价或者预测。

（3）可理解性要求。即会计记录和会计信息必须清晰、简明，便于理解和使用。

（4）可比性要求。可比性要求是指同一企业不同时期发生的相同或相似的交易或者事项采用的会计政策应保持一致，不得随意改变。如有必要改变，应当将变更的内容和理由、变更的累积影响数以及累积影响数不能合理确定的理由，在会计报表附注中说明。不同企业发生的相同或相似的交易或者事项，应当采用规定的会计政策，以使企业之间的会计信息口径一致，相互可比。

（5）实质重于形式。实质指的是经济实质，形式指的是法律形式，经济实质重于法律形式。即企业应当按交易或者事项的经济实质进行会计确认、计量和报告，不应仅以交易或者事项的法律形式为依据。

（6）重要性要求。在选择会计方法时，企业要考虑经济业务本身的性质与规模。企业在评价一个项目的重要性时，应从质和量两方面来考虑。当某一经济事项有可能对决策产生一定影响时，就属于重要项目；当某一经济事项的数量达到一定规模时，就可能对决策产生影响，也应当作为重要事项。

（7）谨慎性要求。谨慎性要求是指在存在不确定因素的情况下做出判断时，应保持必要的谨慎，不高估资产或收益，不低估负债或费用。

（8）及时性要求。及时性要求企业对已发生的交易或者事项，应当及时进行会计确认、计量和报告，不得提前或延后。

第二节　金融企业会计要素

采用货币计量使不同的经济活动都转化为货币运动，货币运动在会计上就是资金运动。资金的筹集、运用，收入的实现、支出的发生，利润的计量等，都表现为资金运动，会计上将这些资金分为资产、负债、所有者权益、收入、费用和利润，通常称为会计六要素，其中：资产、负债、所有者权益是资产负债表要素，收入、费用、利润是利润表要素。

一、资产

资产是过去的交易、事项形成的，由企业拥有或控制的，预期会给企业带来经济利益的资源。

第一，资产必须能够给企业带来经济利益，包括财产、债权及其他权利。不能给企业带来经济利益的资源不能作为资产确认。

第二，资产都被企业所拥有，即使不被企业所拥有，也是被企业所控制并能够较长时间内排他性地从资产的使用中获得收益。

第三，资产都是在过去发生的交易、经济事项中获得的，不能根据未来的经济事项确认某一项或几项资产。

资产分布的形态各不相同，但按照流动性的大小可分为流动资产和长期资产（或非流动资产）。

金融企业的资产主要包括：库存现金、金银外汇占款、贷款、票据贴现、投资、固定资产、无形资产、其他资产、存放中央银行款项、存放同业、拆放同业、债券及各项应收款等。

二、负债

负债是过去的交易或事项形成的、预计会导致经济利益流出企业的现时义务。

第一，负债是过去的经济事项引起的、企业当前承担的义务。企业预期在将来要发生的交易或事项可能产生的债务不能作为负债。

第二，清偿负债或导致经济利益流出企业，或将负债转为所有者权益，这样，尽管不是直接使经济利益流出企业，但实际上是以另一种形式履行了义务。

第三，负债是能够用货币确切计量或合理估计的经济责任。如果金额无法确定或估计，就不能确认为负债。

负债分为流动负债和长期负债。

金融企业的负债主要包括：各项存款、向中央银行借款、票据融资、同业存款、同业拆入、发行债券、各项应付款、结算中形成的负债等。

三、所有者权益

所有者权益是指企业资产扣除负债后由所有者享有的剩余权益。

第一，所有者权益虽然也是一种义务，但不像负债那样需要偿还，除非发生减资、清算。

第二，使用负债往往以支付利息为代价，而所有者权益的使用不需要支付利息。

第三，企业清算时，所有者权益只有在清偿所有的负债之后才返还给所有者。

第四，所有者权益能够分享利润，负债不能参与利润的分配。

所有者权益包括所有者投入的资本、直接计入所有者权益的利得和损失、留存收益。

金融企业的所有者权益通常包括实收资本（股本）、资本公积、盈余公积、未分配利润、一般风险准备等。

四、收入

收入是企业在日常活动中形成的、会导致所有者权益增加的、与所有者投入资本无关的经济利益的总流入。

第一，收入是日常活动中产生的，不属于日常经济活动产生的经济利益流入不确认为收入。

第二，收入的增加有多种表现形式，可能表现为资产的增加，也可能表现为负债的减少，也可能同时引起资产的增加和负债的减少。

第三，收入将引起所有者权益的增加。

金融企业的收入分为营业收入和其他收入。其主要项目包括：利息收入、金融机构往来收入、手续费及佣金收入、汇兑收益、投资收益和其他营业收入等。

五、费用

费用是企业在日常活动中发生的、会导致所有者权益减少的、与向所有者分配利润无关的经济利益总流出。

第一，费用是日常活动中发生的经济利益的流出，不属于日常活动发生的经济利益流出不确认费用。

第二，费用的发生有多种表现形式，可以是资产的减少，也可以是负债的增加，也可以同时表现为资产的减少和负债的增加。

第三，费用将引起所有者权益的减少。

金融企业的费用包括：利息支出、金融机构往来支出、手续费及佣金支出、汇兑损失、营业费用和其他营业支出等。

六、利润

利润是企业在一定会计期间的经营成果，包括收入减去费用后的净额、直接计入当期利润的利得和损失。

第三节　金融企业会计工作的组织与管理

一、金融企业会计的组织机构

健全的会计机构是全面完成会计工作任务，充分发挥会计工作作用的组织保证。金融企业会计机构是金融企业机构的组成部分，也是具体组织和直接从事会计核算以及管理会计工作的部门。因此，金融企业的各级机构都必须设置会计部门，配备专职会计人员，对会计工作进行组织和管理。

金融企业各级会计部门，应当在本单位统一领导下开展工作，同时应当接受上级会计部门的领导，上级行对下级行的会计工作除了要进行有计划、有重点的布置以外，还应经常进行检查与辅导。

二、金融企业会计制度的管理

会计制度是组织会计核算和加强会计工作管理的基本依据。金融企业会计的相关制度实行“统一领导、分级管理”的原则。凡属全国金融企业统一贯彻执行，并对全国金融企业会计工作具有广泛约束力的会计制度，均由财政部、中国人民银行总行、中国银行业监督管理委员会统一制定与管理。

各金融企业系统内的制度、办法，由各总行（总公司）根据统一会计制度制定，分行（分公司）可做必要的补充。下级机构对上级机构制定的各项制度、办法，必须严肃、认真地贯彻执行，不得任意修改或废除，如有意见应及时向上级反映，由其研究解决。在未修改前，下级机构仍应按原规定执行，以维护制度的严肃性。

三、金融企业会计内部控制

内部控制是一种自律行为。金融企业内部控制是确保科学经营、防范风险、保障资金安全而必须执行的相互制约的方法、措施和程序。金融企业会计内部控制涉及会计工作的方方面面，其主要的内容有：

（1）建立会计岗位责任制，实行层层负责。会计工作在主管行长、经理领导下，按照岗位需要，建立岗位责任制。主管行长、经理对行长、经理负责，会计主管对主管行长、经理负责，一般会计人员对会计主管负责。

一般会计人员按岗位分工明确责任，如分设接柜岗、记账岗、复核岗、综合岗、联行岗、事后监督岗、系统维护岗等。每个会计人员在自己的岗位上要认真履行职责，同时，不得超越权限范围处理账务，也不得一人兼岗或独自操作会计核算的全过程。

(2) 建立规范化的会计操作程序。会计操作程序是根据会计工作规律并为防止出现会计风险而制定的。建立规范化的会计操作程序并严格组织执行，对于内部控制十分重要。如：必须取得有效会计凭证方能记账；现金付出业务，先记账后付款；转汇业务，先收款后汇出；手工核算必须坚持综合核算与明细核算双线控制的原则；计算机处理会计业务必须制定和执行严密的管理规定和操作程序；同城票据交换必须完善管理控制制度；各项业务的账务处理必须遵守相应的会计核算手续等。

(3) 实行重要岗位定期轮换和离任交接制度。对于联行、记账、同城票据交换、财务等重要会计岗位的人员要定期轮换，不得搞一贯制。会计人员调动工作、离职或换岗，还须与接管人员办理交接手续，并执行监交。

(4) 重大会计事项必须实行授权。凡重大会计事项必须经过会计主管或主管行长、经理审批、授权后方能处理。如错账冲正、调整计息积数、开销户、内部资金划拨、补记账务、改变计息方法、应收与应付款的列账、大额管理费用开支等。未经授权，一般会计人员不得自行处理。会计人员加班还须经会计主管批准，会计主管加班需报主管行长、经理批准。

(5) 实行会计业务事后监督。会计部门应设置事后监督岗，对每天处理的会计业务于次日进行全面检查，按月进行全面核查，会计主管还要重点抽查，以便及时发现和纠正误差，堵塞漏洞。

四、金融企业的会计人员

会计人员是持有会计上岗资格证、具备基本任职条件的会计工作操作者和管理者，其直接从事会计核算、监督、分析、检查等各项工作，会计人员的构成情况、政治素质和业务素质以及责任心，直接决定了会计工作水平的提高和作用的发挥。

(一) 会计人员的职责

(1) 认真组织、推动会计工作的各项规章制度、办法的贯彻执行。按照岗位分工和职责认真履行职责，不越权、不越位，在授权范围内处理各项业务。

(2) 根据操作规程认真进行会计核算与监督，在监督中发现可疑点应及时报告，尤其在柜台监督中发现“洗黑钱”的线索，应及时与公安部门取得联系，制止各种违规、违法行为，严格执行相互制约的规定，努力完成各项工作任务。

(3) 遵守国家法律、法规，贯彻执行《中华人民共和国会计法》(以下简称《会计法》)，并维护财经纪律，同违法乱纪行为作斗争。

(4) 讲究职业道德，履行岗位职责，文明服务，廉洁奉公，不断提高工作效率和质量。

(二) 会计人员的权限

为保障会计人员履行职责，会计人员的权限是：

(1) 有权要求各开户单位及本企业其他业务部门认真执行财经纪律和有关的规章制

度、办法。对违法乱纪的行为，会计人员有权拒绝受理，并向本行（公司）行长（经理）或上级行（公司）报告。

（2）有权越级反映情况。会计人员在行使职权过程中，对违反国家政策、财经纪律和财务制度的事项，同行长（经理）意见不一致时，领导又坚持的，会计人员可以执行，但必须向上级行（公司）提出书面报告，请求处理。

（3）有权对本行（公司）各职能部门在资金使用、财产管理、财务收支等方面实行会计监督。

本章小结

金融企业会计是金融企业一项重要的管理工作和基础工作。会计核算和监督可以反映各项业务以及由这些业务引起的资金增减变化及其结果，对于实现经营目标并向信息使用者提供财务会计信息发挥着重要作用。本章是本课程的基本理论部分，学好本章的内容对于学好本课程起着重要的作用。

重点概念

金融企业会计　　资产　　负债　　收入　　会计内部控制

复习思考题

1. 怎样理解金融企业会计？金融企业会计核算有哪些主要特点？
2. 金融企业会计核算的基本前提包括哪些内容？
3. 什么是实质重于形式？
4. 如何贯彻重要性要求？
5. 金融企业会计信息质量要求包括哪些内容？
6. 金融企业会计内部控制的主要内容有哪些？
7. 金融企业会计职能包括哪些内容？其中基本职能和派生职能各自是什么？
8. 金融企业会计六要素指的是什么？六要素的内涵如何？

第二章　基本核算方法

章前引例及分析

小张是某大学会计专业的毕业生，通过竞聘来到某商业银行二马路支行的会计部门综合科，上岗只有短短几天，但有几个问题一直困扰着他：

1. 在每天编制的日计表中，有几个科目的余额方向不确定，有时在借方，有时又在贷方，对日计表进行平衡又没有发现有不平衡的现象。问题出在哪里?

2. 一次，领导让小张查找两天前结计贷款利息的业务，但是当小张找到利息收入的会计凭证时，却发现只有贷方科目与账户，借方只反映了科目，但具体的账户却未在此张凭证上反映，到哪里查找？无奈之下，小张请教其他人，在同事的帮助下查到了本次结计贷款利息的全部凭证。但是小张不明白，为什么同一笔业务分散反映在不同的凭证上?

对于小张来说，不只是以上两个问题，还有其他的一些问题用学过的知识解释不了。小张的这些问题，可以通过本章的学习得到解决。

本章内容概要与学习目标

会计方法是履行会计职责、发挥会计作用、完成会计工作任务的手段，是对会计核算对象进行记录、计算、反映和监督所采用的各种技术方法。会计方法包括会计核算方法、会计分析方法、会计检查方法和会计预测方法，其中会计核算方法是各种会计方法的基础。随着经济的发展、科学技术的进步以及管理要求的不断提高，会计方法也在不断地完善。

金融企业会计核算方法包括基本核算方法和业务核算方法两部分。基本核算方法是会计核算方法的基础，是会计核算所必须遵循的基本程序与基本要求，是各项业务核算方法的共性和概括；业务核算方法则是基本核算方法在各项业务中的具体运用。金融企业会计核算的基本方法主要包括会计科目的设置与使用、记账方法的运用、会计凭证的编制、账务组织体系和账务处理等。

第一节　会计科目

一、会计科目的意义

金融企业的会计科目是对资产、负债、所有者权益以及损益，按照核算与管理要求进行科学分类的类别名称，是设置账户、分类记载会计事项的工具。

设置与使用会计科目是对各项经济业务的发生以及由此引起的资金增减变化进行分门别类核算和监督的方法，是各项会计方法发挥作用的基础。经济业务发生后，会计分录的确定和会计凭证的编制要以会计科目为依据；将经济业务记录于会计账簿，以及定期将会计核算资料加以汇总、编制会计报表等，都要依据会计科目。通过会计科目，可以对错综复杂的经济业务进行科学的、系统的、有规律的分类记录，确保全面、系统、完整地提供会计资料，从而使会计核算资料条理化、系统化、科学化。

因此，金融企业应当科学设置会计科目，准确地使用会计科目，使提供的会计信息符合国家宏观经济管理的需要，满足金融企业的所有者、存款人、监管部门等有关方面了解企业财务状况的需要。

二、会计科目的分类

（一）按科目的设置权限和适用范围分类

会计科目按照设置权限和适用范围可分为《企业会计准则》规定的会计科目和各行系统内会计科目。《企业会计准则》规定的科目由财政部制定，一般较为概括，每个科目核算的内容较宽泛；各行系统内会计科目一般由各商业银行总行或金融公司总公司制定，与《企业会计准则》规定的科目比较，要详细得多，每个科目核算的内容要具体得多。例如：《企业会计准则》规定“贷款”科目，而各行系统内自行设置的会计科目一般分为“短期贷款”、“中长期贷款”、“贴现”等，有的行设置得甚至更多、更细致；对于存款业务，《企业会计准则》规定一个“吸收存款”科目，而各行系统内科目一般均按吸收存款的对象分为“单位活期存款”、“单位定期存款”、“活期储蓄存款”、“定期储蓄存款”等。各行系统内会计科目由于由各总行或总公司自行设置，因此，同类业务所涉及的科目各行之间也不完全相同。例如，储蓄存款有的行设置“活期、定期储蓄存款”科目，而有的行则区分境内、境外，再分设“活期、定期储蓄存款”等。

（二）按与资产负债表的关系分类

会计科目按与资产负债表的关系划分，可以分为表内科目和表外科目。

表内科目是用以反映资产、负债、所有者权益增减变化以及损益的发生情况，并全部列入资产负债表中的会计科目。

表外科目用以反映债权债务或权利责任已经形成，但尚未涉及资金增减变化的或有事项、代保管业务以及需要备忘和控制的会计事项等。

（三）表内科目按资金性质分类

表内会计科目按资金性质可划分为五大类，即资产类、负债类、资产负债共同类、所有者权益类和损益类。

1. 资产类科目

该类科目用于核算各项财产、债权和其他权利。这类科目按其流动性又可分为流动资产、非流动资产（如中长期资产、固定资产等）科目，其余额反映在借方。

2. 负债类科目

该类科目用于核算债务和责任。这类科目按其偿还期限的长短不同，又可分为流动负债、非流动负债（如单位定期存款、长期应付款等）科目，其余额反映在贷方。

3. 资产负债共同类科目

该类科目的特点是在日常核算中资金性质不确定，其性质视科目的期末余额而定。余额在借方表现为资产，余额在贷方表现为负债。企业在编制会计报表时应根据余额的方向，将其纳入资产或负债反映，如联行往账、联行来账、辖内往来等科目。

4. 所有者权益类科目

该类科目用于核算投资者对企业净资产的所有权。主要由所有者投入的资本、直接计入所有者权益的利得与损失及留存收益构成，其余额反映在贷方。

5. 损益类科目

该类科目用于核算一定时期内企业各项财务收入、财务支出以及经营成果。财务收入类科目的余额反映在贷方，财务支出类科目的余额反映在借方。

三、科目代号与账号

为了便于账务处理和会计电算化，会计科目在制定时都编有代号。银行业会计科目和金融公司会计科目代号一般由三位数字组成，其中第一位数字代表科目的资金性质，第二位和第三位数字表示该科目的顺序号。商业银行系统内的会计科目代号是三位数或四位数不等。

在存贷款科目下按客户开立的账户设有户名和账号，账户编列的号码称账号。账号的编列方法有两种。一种是与科目代号联系，其基本构成是科目代号和账户顺序号，另加有票据交换行号、计算机校验号等。另一种账号编列方法不与科目代号联系，科目代号的变动不影响账号，使账号更加稳定。账户编列了账号，在记账时将账号与户名对照，不易发生串户，尤其是在户名雷同的情况下，账号就显得更重要。账号的编列更有利于计算机记账。

第二节　记账方法

记账方法是指根据一定的记账原理，按照一定的记账规则，运用一定的记账符号，对经济业务进行分类整理并记入账簿的一种专门方法。记账方法有复式记账法和单式记账法。

一、复式记账法

复式记账法是对每项经济业务都要按照相等的金额在两个或两个以上相互联系的账户中进行登记的记账方法。运用复式记账法记载各项经济业务，既可以通过账户对应关系反映资金变动的来龙去脉，又能够通过试算平衡检查账户记录的正确性和平衡性。国际上通用的复式记账法是借贷记账法。

借贷记账法是根据复式记账原理，以资金平衡公式为依据，以“借”、“贷”作为记账符号，按照“有借必有贷、借贷必相等”的记账规则在账户中进行登记的一种复式记账方法。其主要内容包括记账原理、记账符号、记账规则和试算平衡四个方面。

（一）借贷记账法的内容

借贷记账法以“资产＝负债＋所有者权益”的会计平衡公式为依据，体现了资产总额与负债和所有者权益总额之间数量上的平衡关系。

借贷记账法以“借”和“贷”作为记账符号。账户中设有借方、贷方和余额栏，以反映资金的增减变化情况及结果。

借贷记账法以“有借必有贷，借贷必相等”作为记账规则。资产、负债、所有者权益和损益类账户借方和贷方记载的经济内容及余额的方向如表2—1所示。

表2—1　　**各类账户借方和贷方经济内容表**

账户名称	借　方	贷　方	余　额
资产类	资产增加	资产减少	借方
负债类	负债减少	负债增加	贷方
所有者权益类	权益减少	权益增加	贷方
损益类	收益减少	收益增加	贷方
	支出增加	支出减少	借方

金融企业的经济业务不论如何变化，都反映为资产、负债、所有者权益、收入、支出等的增减变化，变化类型不外乎以下四种：

（1）资产项目一增一减，增减金额相等；

（2）负债或权益项目一增一减，增减金额相等；

（3）资产项目与负债或权益项目同时增加，增加金额相等；

（4）资产项目与负债或权益项目同时减少，减少金额相等。

（二）借贷记账法在金融企业会计中的应用

【例2—1】 某金融企业向人民银行缴存现金200 000元。

这笔业务涉及“库存现金”和“存放中央银行款项”两个资产项目。缴存现金，金融企业现金资产减少，“库存现金”科目记贷方；存入“存放中央银行款项”科目为资产增加，应当记借方。其会计分录为：

借：存放中央银行款项　　　　200 000.00

贷：库存现金　　200 000.00

【例 2—2】 A 公司签发转账支票支付在同一银行开户的 B 公司货款 50 000 元。

这笔业务是资金在两个单位存款账户之间的转移，单位的存款是金融企业的负债。从一个单位存款账户支付款项属于负债的减少，应记借方；转入另一个单位存款账户是负债增加，应记贷方。其会计分录为：

借：单位活期存款——A 公司　　50 000.00

贷：单位活期存款——B 公司　　50 000.00

【例 2—3】 某商业银行向华泰公司发放流动资金贷款 600 000 元。

商业银行发放贷款应当转入借款人的存款账户。发放贷款是资产增加，贷款账户应当记借方；贷款转入存款账户是负债增加，存款账户应记贷方。其会计分录为：

借：短期贷款——华泰公司贷款户　　600 000.00

贷：单位活期存款——华泰公司存款户　　600 000.00

【例 2—4】 储户张曙光支取活期储蓄存款 2 000 元。

支取活期储蓄存款为负债减少，应记“活期储蓄存款”科目借方；储蓄存款的支取一般为支付现金，现金资产减少，应记“库存现金”科目贷方。其会计分录为：

借：活期储蓄存款——张曙光户　　2 000.00

贷：库存现金　　2 000.00

（三）借贷记账法的试算平衡

试算平衡是检查账户所反映的资产总额与负债及所有者权益总额是否正确、平衡的一种方法。

1. 发生额的平衡

由于借贷记账法在处理每一笔经济业务时，都遵循了“有借必有贷、借贷必相等”的记账规则，因此，每天或一定时期内，所有账户的借方发生额合计等于所有账户的贷方发生额合计。用公式表示为：

各科目借方本期发生额合计＝各科目贷方本期发生额合计

2. 余额平衡

运用借贷记账法记载账务，资产类账户为借方余额，负债及所有者权益类账户为贷方余额，而每天或一定时期内的上期借方余额和贷方余额是相等的，从上述资金变化的四种类型可以看出：资产项目或负债、所有者权益项目一增一减，其余额不变；资产项目与负债、所有者权益项目同增同减，则余额等量增加或减少。因此，资产总额与负债、所有者权益总额必然平衡。用公式表示为：

各科目借方余额合计＝各科目贷方余额合计

将以上四例发生额与余额列试算平衡表反映，如表 2—2 所示。

表 2—2　　试算平衡表　　单位：元

会计科目	上日余额		本日发生额		本日余额	
	借方	贷方	借方	贷方	借方	贷方
库存现金	280 000 00			202 000 00	78 000 00	
存放中央银行款项	520 000 00		200 000 00		720 000 00	
短期贷款	331 000 00		600 000 00		931 000 00	

续前表

会计科目	上日余额				本日发生额				本日余额			
	借方		贷方		借方		贷方		借方		贷方	
单位活期存款			675 000	00	50 000	00	650 000	00			1 275 000	00
活期储蓄存款			456 000	00	2 000	00					454 000	00
合　计	1 131 000	00	1 131 000	00	852 000	00	852 000	00	1 729 000	00	1 729 000	00

二、单式记账法

单式记账法是对发生的每一项经济业务只在一个账户中进行登记的记账方法。

它是一种较为简单而又不完整的记账方法，对发生的每一项经济业务只在一个账户中进行登记，账户之间的记录没有直接的联系，也不求相互平衡。表外科目所涉及的会计事项，一般采用单式记账法进行登记。登记簿设收入、付出、余额三栏，会计事项发生或增加时记收入，销账或减少时记付出，余额表示结存或尚未结清的会计事项。

目前，有的商业银行对表外业务的核算也采用复式记账法。该体系把表外业务分为或有事项、代理业务和备查登记业务三类，并按照复式记账法的特点设置会计科目，每笔业务的核算都应同时登记相关的借方科目和贷方科目。

第三节　会计凭证

一、会计凭证的意义与特点

（一）会计凭证的意义

会计凭证是记录经济业务、明确经济责任的书面证明，是办理资金收付和登记会计账簿的依据，也是核对账务和事后查考的重要凭据。银行会计凭证由于要在银行内部有关部门间传递，故又被称为“传票”。

编制会计凭证是会计核算的起点，金融企业的每一项经济业务从发生到完成，都必须以会计凭证为依据。《中华人民共和国会计法》明确规定：“会计账簿登记，必须以经过审核的会计凭证为依据。”没有合法、完整的凭证就不能处理业务、记载账务和向计算机输入数据。作为记账依据的会计凭证，必须具备会计凭证要素并经审查合格，以保证会计核算资料的真实性。所以，会计凭证在会计工作中起着重要的作用。

根据业务量大、分工细的特点，金融企业的会计凭证除少量需根据业务事实自行编制外，对外业务绝大部分都是以单位提交的各种业务凭证作为记账凭证，这样有利于提高工作效率，减少账务差错，也有利于内外账务核对。而以单位提交的凭证作为记账凭证，必须经过金融企业会计部门的严格审查和签章，以明确有关经办人员的经济责任，并保证会计凭证的正确、完整、合法。因此，会计凭证是办理经济业务的最具法律效力的重要凭据，能够起到维护国家和企业财产安全的作用。

会计凭证不仅能反映每笔业务活动和财务收支是否合理、合法，而且也能在事后检查中查对违法、违纪或账务差错等问题，所以会计凭证又是事后考查的重要依据。

（二）会计凭证的特点

1. 一般采用单式凭证

单式凭证能够适应业务量大、分工细的特点，便于凭证传递以及在结账时按科目清分、汇总、装订保管。随着会计电算化的发展，金融企业今后将会逐步改为复式凭证。

2. 大量利用业务凭证代替记账凭证

金融企业在办理各项业务时，一般由客户提交业务凭证，这些业务凭证均具备记账凭证的要素，经审核后可以直接代替记账凭证。这样可以减少编制凭证的重复劳动，有利于提高工作效率；同时，这些业务凭证大都采用多联套写方式，使每一笔资金收付所涉及的收付款单位及双方开户银行可以根据同一内容的凭证处理账务，有利于保证各方账务一致。

3. 凭证传递环节多

银行办理每笔业务，从收到凭证到业务处理完毕，凭证不仅要在一个银行内部各柜组之间进行传递，有的还要在异地联行之间进行传递。

二、会计凭证的种类

（一）按凭证的形式分类

会计凭证按形式分类，可以分为复式凭证和单式凭证。

复式凭证是一笔经济业务所涉及的几个科目或账户都反映在一张凭证上。其优点是：资金来龙去脉清楚，对应关系明确，方便查对。缺点是不便于按科目汇总发生额。

单式凭证是在每张凭证上只填记一个会计科目或账户，即一笔经济业务按其转账的对应关系编制两张或两张以上的会计凭证。其优点是便于传递和按科目汇总发生额。缺点是反映业务不集中，不便于事后查找。

复式凭证与单式凭证各有其优缺点，目前，银行会计核算一般采用单式凭证，但对于采用电子计算机处理的支付结算业务，采取信息“一次录入，双方记账”的做法，这实为复式凭证的雏形。金融公司采用复式凭证。

（二）按凭证的使用范围分类

会计凭证按使用范围分类，可以分为基本凭证和特定凭证。

1. 基本凭证

基本凭证是银行会计人员根据原始凭证及业务事实自行填制并凭以记账的凭证。基本凭证可分为以下八种：

（1）现金收入传票（见样式 2—1）：

样式 2—1　　**中国××银行现金收入传票**

（贷）其他应付款　　　　　　　　　　　　　　　　总字第　　号
（借）库存现金　　　　20××年3月6日　　　　　　　字第　　号

户名或账号	摘　要	金　额										
		亿	千	百	十	万	千	百	十	元	角	分
待处理出纳长款	营业长款　待查						¥	1	2	0	0	0
合　计							¥	1	2	0	0	0

（2）现金付出传票（见样式 2—2）：

样式 2—2　　**中国××银行现金付出传票**

（借）其他应收款　　　　　　　　　　　　　　　　总字第　　号
（贷）库存现金　　　　20××年6月8日　　　　　　　字第　　号

户名或账号	摘　要	金　额										
		亿	千	百	十	万	千	百	十	元	角	分
待处理出纳短款	营业短款　待查						¥	1	0	0	0	0
合　计							¥	1	0	0	0	0

（3）转账借方传票（见样式 2—3）：

样式 2—3　　**中国××银行转账借方传票**　　　　总字第　　号
　　　　　　　　　　　　　　　　　　　　　　　　字第　　号

科目（借）联行来账　　　20××年6月8日　　　对方科目（贷）单位活期存款

户名或账号	摘　要	金　额										
		亿	千	百	十	万	千	百	十	元	角	分
借方户	收到贷方报单8笔		¥	5	6	8	9	0	0	0	0	0
合　计			¥	5	6	8	9	0	0	0	0	0

（4）转账贷方传票（见样式 2—4）：

样式 2—4　　**中国××银行转账贷方传票**　　　　总字第　　号
　　　　　　　　　　　　　　　　　　　　　　　　字第　　号

科目（贷）联行往账　　　20××年6月8日　　　对方科目（借）单位活期存款

户名或账号	摘　要	金　额										
		亿	千	百	十	万	千	百	十	元	角	分
贷方户	发出贷方报单21笔			¥	3	3	1	0	0	0	0	0
合　计				¥	3	3	1	0	0	0	0	0

（5）特种转账借方传票（见样式 2—5）：

样式 2—5

中国××银行特种转账借方传票

20××年 5 月 12 日

付款人	全称	大华公司			收款人	全称	大华公司		
	账号与地址	2010016				账号与地址	1210006		
	开户银行	华县支行	行号	×××××		开户银行	华县支行	行号	×××××

金额	人民币（大写）	捌佰伍拾万元整	千	百	十	万	千	百	十	元	角	分
			¥	8	5	0	0	0	0	0	0	0

原凭证金额		赔偿金		科目（借）单位活期存款
原凭证名称		号码		对方科目（贷）短期贷款
转账原因	贷款到期收回 银行盖章			会计　复核　记账　制票

（6）特种转账贷方传票（见样式 2—6）：

样式 2—6

中国××银行特种转账贷方传票

总字第	号
字第	号

20××年 5 月 12 日

收款人	全称	大华公司			付款人	全称	大华公司		
	账号与地址	1210006				账号与地址	2010016		
	开户银行	华县支行	行号	×××××		开户银行	华县支行	行号	×××××

金额	人民币（大写）	捌佰伍拾万元整	千	百	十	万	千	百	十	元	角	分
			¥	8	5	0	0	0	0	0	0	0

原凭证金额		赔偿金		科目（贷）短期贷款
原凭证名称		号码		对方科目（借）单位活期存款
转账原因	贷款到期收回 银行盖章			会计　复核　记账　制票

（7）表外科目收入传票（见样式 2—7）：

样式 2—7

中国××银行表外科目收入传票

表外科目（收入）空白重要凭证　　20××年 5 月 12 日

户　名	摘　要	金额 千	百	十	万	千	百	十	元	角	分
现金支票	调入现金支票 600 元					¥	6	0	0	0	0

（8）表外科目付出传票（见样式 2—8）：

样式 2—8　　　　　　　　　　**中国××银行表外科目付出传票**

表外科目（付出）空白重要凭证　　　　20××年5月12日

户　名	摘　要	金　额									
		千	百	十	万	千	百	十	元	角	分
转账支票	调出转账支票500元					¥	5	0	0	0	0

2. 特定凭证

特定凭证是指银行据以办理业务，并可代替传票凭以记账的各种专用凭证。一般由金融企业印制，单位购买和填写，并提交金融企业凭以办理某种业务。金融企业直接以特定凭证代替传票并凭以记账，如支票、进账单、现金缴款单等。有的特定凭证需由金融企业填写并凭以办理业务及记账，如联行报单、银行汇票等。特定凭证一般是一式数联套写，格式按有关业务需要设计。特定凭证种类较多，其具体内容在以后各章中述及。

三、会计凭证的基本要素

会计凭证的基本要素是指会计凭证必须具备的基本内容。金融企业会计凭证种类繁多，具体的格式和内容也不一样，但都具有以下基本要素：

（1）凭证的名称及编制的日期；

（2）收付款人的户名、账号和开户银行；

（3）货币符号和大小写金额；

（4）经济业务摘要及附件张数；

（5）会计分录和凭证编号；

（6）金融机构及有关人员的签章。

四、会计凭证的处理

会计凭证的处理是指从受理或编制凭证开始，经过账务处理的各个环节直到装订、保管为止的整个过程。科学、及时地处理会计凭证，对于正确办理各项业务，加速资金周转，及时反映经济业务情况有着重要意义。

（一）会计凭证的编制

编制会计凭证是进行会计核算的起点。凭证编制正确与否，直接影响会计核算的质量。因此，会计凭证的编制要做到要素齐全，内容完整，反映真实，数字正确，字迹清楚。

1. 现金传票的编制

每笔现金收入业务，只填制一张现金收入凭证，即只填制一张与“库存现金”科目所对应账户的凭证，“库存现金”科目不编传票；现金付出业务，只需填制一张现金付出凭证。如客户到银行存、取现金，都必须填制有关的现金缴款单或现金支票等特定凭证代替现金凭证。金融企业内部发生的现金收、付业务也应分别填制现金收入传票和现金付出传票。

2. 转账传票的编制

每笔转账业务至少要涉及两个科目，所以对发生的转账业务，要分别编制转账借方传票和转账贷方传票，且借贷凭证双方的金额应该相等。同一笔经济业务涉及的一套转账传票，不论几张都应编列同一传票顺序，每一张传票还应编列分号并填写对方科目，以防散失和便于事后查考。

（二）会计凭证的审核

会计凭证审核是会计监督的重要环节，是确保会计凭证与会计核算真实、正确、完整、合法、合规的源头，因此，对自制的或客户提交的会计凭证，应根据会计制度和有关业务的要求，进行认真的审查。

会计凭证审核的内容主要有：所受理的凭证是否应为本行受理；使用凭证的种类是否正确，内容、联数及附件是否完整、齐全；有有效期或提示付款期规定的业务，凭证是否超过了规定的期限；收付款人的账号与户名是否相符；大小写金额是否一致，字迹有无涂改（大小写金额涂改的凭证无效）；印鉴、密押是否真实、齐全；支付金额是否超过存款余额或放款额度、拨款限额，付款的用途是否符合有关业务与会计规定；收入的款项，其款项来源是否符合政策和有关业务及会计规定；计息、收费、赔偿金等的计算是否正确；使用内部科目核算的会计事项，所使用科目、账户名称是否正确等。

（三）会计凭证的签章

会计凭证的签章是明确经济责任和表明凭证处理情况的标志。凡是经过审查处理的凭证，都应加盖有关人员名章和规定的公章。现金收入传票在收妥现金后，应加盖现金收讫章；现金付出传票在付款后，应加盖现金付讫章；转账传票和给单位的收支款通知应加盖转讫章；发出的有关结算凭证以及有关结算款项的查询查复书等，应加盖结算专用章；办完手续发给客户的存单、存折、收据等，应加盖带行名的业务公章；联行专用章按联行制度的规定使用；会计凭证的附件要加盖“附件”戳记。

（四）会计凭证的传递

会计凭证传递的过程也是业务处理和会计核算的过程。会计凭证的传递不仅在一个金融机构内进行，有的还要在不同金融机构之间进行。科学地组织会计凭证的传递，不仅是正确、迅速处理业务和账务的关键，对加速社会资金周转也具有重要意义。

金融企业凭证种类多，各种业务凭证的性质和内容不同，因而凭证传递的程序也不尽相同。除有关业务核算手续另有规定外，会计凭证一律通过邮局或金融企业内部自行传递，不得交客户代为传递。会计凭证的传递，必须做到准确、及时、手续严密、先外后内、先急后缓，并遵守以下规定：

（1）现金收入业务，必须先收款、后记账，以防止漏收或错收款项；

（2）现金付出业务，必须先记账、后付款，以防止透支；

（3）转账业务必须先记付款人账户，后记收款人账户，代收他行票据，收妥抵用，以贯彻不垫款原则。

（五）会计凭证的整理、装订与保管

会计凭证是会计档案的重要组成部分，是事后查考的依据。因此，核算完毕的会计凭证应按规定整理装订，妥善保管。

每日营业终了，会计人员应将当日处理的凭证按照会计科目清分，某个科目下再按现金付出、现金收入、转账借方、转账贷方顺序排列，科目日结单放在各科目凭证之前并按科目代号顺序排列。凭证经整理后，加传票封面、封底装订成册。装订的传票应在结绳处用纸条加封，由装订人员和会计主管人员在封条骑缝处盖章，以明确责任。如凭证数量多可分册装订。已装订成册的传票，应编制传票总号，每册传票封面上按日编制顺序号，每日分册装订的传票，封面上要注明日期、传票顺序号、注明共几册以及第几册，并登记“会计档案保管登记簿”，入库妥善保管。

五、重要空白凭证的管理

重要空白凭证是指金融企业按规定填写金额并加盖业务印章后，就可支取或划转款项的凭证，如支票、银行汇票、联行报单等。保管重要空白凭证要指定专人负责，凭证的领用、运送、注销都要有严格的手续。重要空白凭证也要通过表外科目核算，设置登记簿，登记凭证起讫号码进行控制，并由会计主管人员定期对账面余额和库存情况进行检查、核对。

第四节 账务组织与账务处理

一、账务组织体系

账务组织是指各种账簿的设置、记账程序和账务核对方法有机构成的组织体系。金融企业会计的账务组织包括明细核算和综合核算两个系统。明细核算是按户进行的核算，它反映每一会计科目下各账户资金增减变化的详细情况。综合核算是按科目进行的核算，反映每一会计科目资金增减变化的总括情况。两个核算系统的账簿都是根据同一会计凭证平行登记，双线核算。明细核算是综合核算的具体化，说明和补充综合核算；综合核算是对明细核算的概括，对明细核算起统御作用。两者相互配合、相互补充，又相互联系、相互制约，构成了一套完整、科学、严密的账务组织体系。

（一）明细核算

明细核算是对每个科目的详细记录，在会计科目下按账户进行详细、系统的核算。它由分户账、登记簿、现金收入日记簿、现金付出日记簿和余额表组成。

1. 分户账

分户账是明细核算的主要账簿，按单位、个人或资金性质开立账户，根据会计凭证逐笔、连续记载，以具体反映某个账户的资金活动情况。分户账的格式一般有分户式账页、计息式账页和销账式账页三种：

（1）分户式账页（见样式 2—9）设有借方、贷方和余额三栏，适用于不计息或使用余额表计息的账户和内部资金的各科目账户。

样式 2—9 **中国××银行单位活期存款分户账**

户名：利远集团　　账号：2010006　　领用凭证记录：

××年		摘要	凭证号码	对方科目代号	借方		贷方		借或贷	余额		复核盖章
月	日				（位数）		（位数）			（位数）		
4	1	承前页							贷	658 000	00	
4	2	转贷					10 000	00	贷	668 000	00	
4	3	转借			54 000	00			贷	614 000	00	
4	5	转借			4 900	00			贷	609 100	00	

（2）计息式账页（见样式 2—10）设有借方、贷方、余额和积数四栏，一般适用于在账页上计息的各账户。

样式 2—10 **中国××银行单位活期存款分户账**

本账总页数	
本户页数	

户名：超超集团　　账号：2010008　　利率：0.72%　　领用凭证记录：

××年		摘要	凭证号码	对方科目代号	借方		贷方		借或贷	余额		日数	积数	
月	日				（位数）		（位数）			（位数）			（位数）	
6	1	承前页							贷	265 000	00	72 5	38 528 600 1 325 000	00 00
6	6	转借	6432		15 000	00			贷	250 000	00	6	1 500 000	00
6	12	转贷					35 000	00	贷	285 000	00			
6	12	转借	6433		8 000	00			贷	277 000	00	7	1 939 000	00
6	19	转借	6434		10 000	00			贷	267 000	00	1	267 000	00
6	20	转贷					6 000	00	贷	273 000	00	1	273 000	00
6	21	转息					876	65	贷	273 876	65	92	43 832 600	00

（3）销账式账页（见样式 2—11）设有借方、销账、贷方和余额四栏，一般适用于逐笔记账、逐笔销账的一次性业务的账户。

样式 2—11 **中国××银行其他应收款分户账**

本账总页数	
本户页数	

户名：待处理财产损溢

××年		账号	户名	摘要	凭证号码	对方科目代号	借方		销账			贷方		借或贷	余额		复核盖章
月	日						（位数）		年	月	日	（位数）			（位数）		
4	1			承前页										借	150	00	
4	8		李志	短款		1010	20	00	×	4	16			借	170	00	
4	16		李志	退款								20	00	借	150	00	

分户账在记载时，除有关业务核算手续另有规定外，应注意下列各点：

第一，完整填写账页上首的科目、户名、账号、币别、利率、账页编号、额度以及领用凭证记录等，不得省略；

第二，记账时先核对户名、账号、币别、印鉴、业务内容，防止串户、冒领、透支等发生；

第三，根据会计凭证逐笔登记发生额、逐笔结出余额；

第四，对同一单位的多笔同方向凭证，可按有关规定编汇总凭证记账，将原来的记账凭证做汇总传票附件；

第五，摘要栏内简明扼要地写明业务内容和有关凭证号码；

第六，账页记满时，将对账单及时或定期交开户单位对账，账目不符的应及时查明。

2. 登记簿

登记簿是明细核算的辅助账簿，凡分户账不能满足登记需要而又需记载反映的业务，均使用登记簿核算。登记簿的种类较多，既有表内科目登记簿，又有表外科目登记簿，也有起账外控制作用的登记簿。其格式视业务需要而定。

3. 现金收入日记簿和现金付出日记簿

现金收入、付出日记簿是分别逐笔、序时地记录现金收入、付出的金额和传票张数的明细账簿。现金收入日记簿格式如样式 2—12 所示。

样式 2—12

现金收入日记簿

组柜名称：　　　　××年6月8日　　　　第　页　共　页

凭证号码	科目代号	户名或账号	计划项目	金额 （位数）
1	2010	2010006		105 000.00
2	2010	2010012		76 000.00
3	2170	2170003		23 000.00
	合　计			204 000.00

现金收入、付出业务发生后依据现金收入传票和现金付出传票分别逐笔登记现金收入日记簿、现金付出日记簿，均要分币种记载。每天营业终了，结计出现金收入、付出合计数，并与当天实际现金收付数和“库存现金”科目发生额核对。

4. 余额表

余额表是用来填制分户账余额的一种明细表，其作用是据以核对总账和分户账余额，并计算利息。余额表的格式分为计息余额表和一般余额表两种。

（1）计息余额表（见样式 2—13）适用于计息的各科目，按有关存贷款科目分别设立。每日营业终了，企业应将各分户账当天的最后余额抄入余额表内，当天无发生额的账户或遇例假日，将上一日的最后余额填入表内。每旬末将各账户每天余额相加即计息积数，结息日累计计息积数作为计算利息的依据。同时，当日各户余额合计数就是当日该科目的余额，据以与总账余额进行核对，保证账账相符。

（2）一般余额表适用于不计息的各科目，根据各分户账最后余额抄列，使各账户余额集中反映，便于各科目总账与分户账余额进行核对。它可根据业务需要随时编制。

样式 2—13

中国××银行计息余额表

××年3月

日期 \ 余额 \ 户名 \ 账号	2010005 某企业			
至上月底累计积数	232 156 562	16		
1	182 000	00		
2	245 000	00		
3	156 000	00		
4	156 000	00		
5	156 000	00		
6	273 000	00		
7	348 000	00		
8	348 000	00		
9	189 000	00		
10	189 000	00		
10 天小计	2 242 000	00		
11	93 000	00		
…	…			
…	…			
20 天小计	5 127 000	00		
至结息日累计计息积数	237 283 562	16		
应加积数	30 000	00		
应减积数				
本期应计息积数	237 313 562	16		
利息	4 746	27		

（二）综合核算

综合核算是各科目的总括记录，按科目进行核算。综合核算由科目日结单、总账和日计表组成。

1. 科目日结单

科目日结单（见样式 2—14）是反映每一科目当日传票张数和借贷方发生额的汇总记账凭证。其主要作用是汇总各科目凭证笔数和发生额，是登记总账的依据。

科目日结单编制的依据是各科目传票，每日按科目编制，当天无发生额的科目不编制科目日结单。每日营业终了，将同一科目的现金付出、现金收入、转账借方和转账贷方，分别加计笔数和金额填入科目日结单有关栏内，并结计借贷方发生额和传票张数的合计数。

“库存现金”科目日结单根据其他科目日结单中的现金部分编制。将当天其他科目日结单的现金部分，分别加计借方和贷方合计数，反方向填入，只填金额，不填传票张数。

全部科目日结单的借方发生额合计数与贷方发生额合计数必须加总平衡。

样式 2—14　　　　科目日结单

借方														贷方													
传票张数	金额													传票张数	金额												
	百	十	亿	千	百	十	万	千	百	十	元	角	分		百	十	亿	千	百	十	万	千	百	十	元	角	分
现金 12 张						2	2	8	4	6	5	0	0	现金 8 张						2	2	3	5	0	0	0	0
转账 31 张					1	0	6	5	5	0	0	0	0	转账 26 张					8	0	7	4	3	0	0	0	0
合计 43 张					1	2	9	3	9	6	5	0	0	合计 34 张					8	2	9	7	8	0	0	0	0

附件　张

2. 总账

总账（见样式 2—15）是按科目设立的账簿，是各科目的总括记录，是综合核算的主要账簿。其主要作用是统御分户账，也是编制会计报表的依据。它主要设有借方、贷方发生额和借方、贷方余额四栏。

样式 2—15　　　　总　账

科目代号：2010

科目名称：单位活期存款

第　　号

××××年 5 月份	借　方 （位数）		贷　方 （位数）	
上年底余额			350 608 000	00
本年累计发生额	112 355 000	00	456 023 000	00
上月底余额			694 276 000	00

日　期	发生额				余　额				核对盖章
	借方 （位数）		贷方 （位数）		借方 （位数）		贷方 （位数）		复核员
1	33 690	00	14 500	00			694 256 810	00	
2	60 700	00	77 010	00			694 273 120	00	
3	52 400	00	90 800	00			694 311 520	00	
…									
月　计									
自年初累计									
本期累计计息积数									
本月累计未计息积数									

启用总账账页时，账首各栏包括科目代号、科目名称、月份、上年底余额、本年累计发生额、上月底余额等，这些都应填写，并核对正确。每日营业终了，企业应根据各科目日结单的借方、贷方合计数登记总账各科目当日的借方、贷方发生额，并计算出余额。对当天未发生业务的科目，应将上日余额填入本日余额栏。

3. 日计表

日计表（见样式 2—16）是反映当日全部业务活动情况并轧平当日全部账务的重要工具。格式由借方、贷方发生额和借方、贷方余额四栏组成。每日营业终了，按科目代号顺序，根据总账各科目当日发生额和余额编制，借方、贷方发生额合计数及借方、贷方余额合计数两者应各自平衡。如果当日无发生额，即不编日计表。

样式 2—16

日计表

20××年 6 月 2 日

科目代号	科目名称	本日发生额				余额				科目代号
		借方		贷方		借方		贷方		
1010	库存现金	46 000	00	31 000	00	564 000	00			1010
2010	单位活期存款	608 000	00	259 000	00			694 311 520	00	2010
2170	其他活期存款	1 800	00	56 900	00			4 410 700	00	2170
	……	1 234 300	00	1 543 200	00	698 158 220	00			
	合计	1 890 100	00	1 890 100	00	698 722 220	00	698 722 220	00	

二、账务处理程序和账务核对

（一）账务处理程序

账务处理程序是指从经济业务发生、受理或编制会计凭证开始，经过账务记载、账务核对，直至结平当天账务、编制日计表为止的全部过程。

具体程序如下：

根据各项业务活动逐笔编制或审查凭证；根据凭证逐笔登记分户账（或登记簿），若为现金业务还应登记现金收入日记簿和现金付出日记簿；每日营业终了，根据分户账抄制余额表；每日营业终了，根据传票按科目整理后编制科目日结单，并轧平当日所有科目的借方和贷方发生额；根据科目日结单登记各科目总账；根据总账编制日计表。

（二）账务核对

账务核对是对综合核算与明细核算两个系统中的账簿、账表的数字记录进行检查核对的工作，它是防止差错、保证核算质量的重要措施。通过账务核对，企业可以达到账账、账款、账据、账表、账实、内外账六相符。账务核对包括每日核对和定期核对两种形式。

1. 每日核对

（1）总分核对。每日营业终了，总账各科目余额与同科目分户账或余额表各户余额合计数核对相符。

（2）账款核对。现金收入日记簿和现金付出日记簿的合计数，必须与“库存现金”科目总账借方、贷方发生额核对相符；“库存现金”科目总账余额与现金库存簿余额及库存现金核对相符。

账务组织与账务处理程序如图 2—1 所示。

2. 定期核对

定期核对是对未能纳入每日核对的账务按规定的时间进行的核对。核对的内容包括：

（1）用卡片账代替分户账的各个科目，按月加计卡片账总数与各科目的登记簿及总账余额核对相符。

（2）采用销账式账页记账的各科目，每旬将未销账的各笔加计出总额与该科目总账余额进行核对。

（3）账据相互核对，如借款借据按月与分户账逐笔勾对。

（4）表外科目核算的凭证应每月与登记簿结余相核对，查验是否账证相符。

(5) 内外账务核对，包括银行与各单位之间、人民银行与商业银行以及与其他金融机构之间的往来款项按月或按季采用一定的对账方法进行核对。

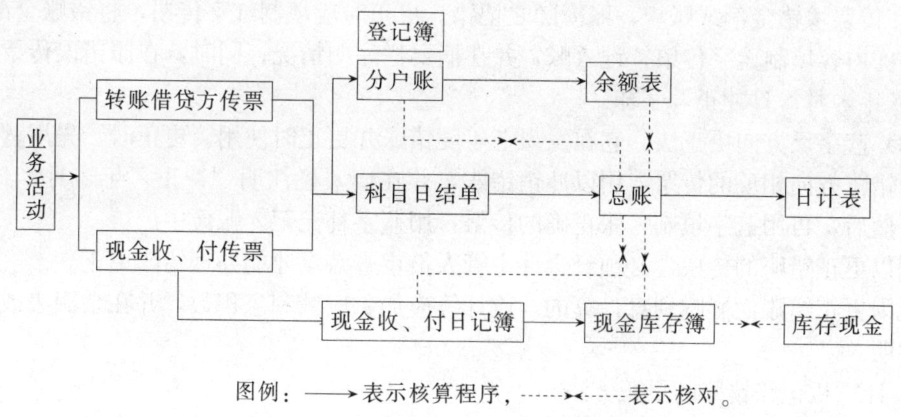

图例：——→表示核算程序，------→←------表示核对。

图 2—1 账务组织与账务处理程序图

三、记账规则与错账更正

账簿的各项内容，必须按一定规则记载；账务一旦发生差错，应按规定进行更正。

（一）记账规则

(1) 账簿的各项内容，必须根据传票的有关事项记载，做到内容完整，数字准确，摘要简明，字迹清晰，严禁弄虚作假。

(2) 记账应用蓝、黑墨水钢笔书写，复写账页可用蓝、黑圆珠笔书写。红色墨水钢笔只用于划线和错账冲正，以及按规定用红字批注的有关文字说明。

(3) 账簿上所书写的文字及金额，一般占全格的1/2，摘要一行写不完，可在次行续写，但金额应记在最后一行金额栏。账簿金额结清时，应在元位划“—0—”表示。

(4) 账簿上的一切记载，不得涂改、挖补、刀刮、用橡皮擦和药水销蚀。

(5) 因漏记使账页发生空格时，应在空格的摘要栏内用红字注明“空格”字样。

（二）错账更正

1. 手工记账错账的更正方法

(1) 划线更正法。用于当日差错当日发现并更正。当日期和金额写错时，用一道红线将错误数字划掉，并将正确数字写在划销数字的上边，由记账员在红线左端盖章，以明确责任。文字写错，只需将错字用红线划销，并在划销文字上面写上正确的文字。若因会计传票有错，账簿随之记错，当日更正时，应由制票人另制传票，然后在账簿上划红线更正错账。

账页记载错误无法更改时，不得撕毁，经会计主管人员同意，可另换新账页记载，在原账页上划交叉红线注销，由记账员及会计主管人员盖章证明。注销的账页另行保管，待装订账页时，附在后面备查。

(2) 红蓝字更正法。发现以前的错账，但在本会计年度内更正时使用。

1) 传票正确，但记账串户，应填制同一方向红、蓝字传票各一张更正错账。用红字传票登记原错误的账户，摘要栏注明“冲销×年×月×日账”字样。蓝字传票登记正确的账户，摘要栏注明“补记×年×月×日账”字样。

2）传票填错金额或账户，账簿随之记错。更正时应填制红字传票，将错账全部冲销，再按正确内容填制蓝字传票补记入账，并在摘要栏注明情况；同时，在原错误传票上批注“已于×年×月×日冲正”字样。

（3）蓝字反方向更正法。它在发现上年度错账并更正时使用。更正时，先用蓝字填制一张与错账方向相反的传票，用以冲销错账，并在摘要栏注明“冲正×年×月×日错账”字样，然后，再用蓝字填制一张正确的传票，用蓝字补充记入账簿中。

据以更正错账的传票，必须经会计主管人员审查盖章才能办理错账更正。

凡因更正错账而影响利息计算的，应计算应加、应减利息积数，并在余额表或乙种账页中注明。

2. 计算机记账错账的更正方法

计算机记账条件下的错账更正要根据不同情况进行相应处理。一般来说：

（1）操作员在数据输入时，若发现手工记账凭证填制错误，在数据没有录入计算机的情况下，操作员不能擅自直接对手工凭证进行修改，而应退请数据审核员审核，确认凭证填制错误后，再由填制人进行纠错处理，返还操作员。

（2）当记账凭证已经被输入到会计软件系统，在没有记账前发现有误，可分两种情况处理：

1）若操作员正在输入时发现有错，且是操作员输入错误，可由操作员通过移动光标键直接修改错误；是手工制单错误，应先由填制人纠错，然后再由操作员将纠错后的记账凭证输入计算机。

2）若本批记账凭证已经输完，但还没有登记账簿，复核员在复核过程中发现错误，应提醒操作员修改凭证，修改正确后再审核。

（3）当记账凭证已经被输入会计软件系统，经审核无误并记账，然后才发现错误，只能使用红字冲正法进行更正（在会计软件中一般以“负数”或“括号”表示），然后再填制一张正确的记账凭证，予以入账。使用“冲账（更正）”、“补账”功能时，“冲账日期”、“补账日期”均应小于或等于当前日期，且必须经过系统主管授权。

四、账簿的结转与装订

（一）账簿的结转

总账按月结转，即每月末应当更换新账页。在旧账页上结计“月计”和“自年初累计发生额”，分别转入新账页的“上月底余额”和“本年累计发生额”，新账页的“上年底余额”直接从旧账页过入即可。

各种分户账、登记簿除另有规定外，年度内可以连续登记，年末时办理结转，更换新账页。在新账页第一行摘要栏填写“承前页”，将旧账页的最后余额填入新账页第一行余额栏。

（二）账簿的装订和保管

更换并启用新账后，对更换下来的旧账，要进行整理、装订、造册，按规定办理移交手续，归档保管。

（1）对更换下来的旧账进行整理。检查应归档的旧账是否收集齐全，检查各种账簿应办的会计手续是否完备，对于手续不完备的应补办手续。

（2）在进行整理的基础上装订成册。分户账一般按账户分类装订成册，加具封面，一个账户可装订一册或数册；某些账户的账页较少，也可以几个账户合并装订成一册；装订时账簿的扉页内容应当填写齐全，手续完备；装订后应由经办人员、装订人员和会计主管人员在封口处签名或盖章。

（3）账簿装订后，应编制目录，填写移交清单，办理移交手续，按期归档保管。保管人员应按照档案管理办法的要求，编制索引、分类储存，放入会计档案库保管。

（4）各种账簿同会计凭证、会计报表一样，都是重要的经济资料，必须按照财政部、国家档案局规定的《会计档案管理办法》妥善保管，不得丢失和任意销毁。保管期满后，应按照规定的审批程序报经批准后才能销毁。

本章小结

本章是金融企业会计核算方法的基础。不同的业务核算方法不论有何差异，在涉及记账方法运用、会计科目使用、会计凭证编制、会计账簿记载、账务处理程序等方面，则都需要遵循基本方法的规范和要求。

重点概念

会计科目　　表内科目　　表外科目　　会计凭证
基本凭证　　账务组织　　余额表　　现金收入日记簿
科目日结单　　日计表

复习思考题

一、思考题

1. 会计科目按资金性质划分，可分为哪几类？各类科目核算的内容如何？

2. 借贷记账法在会计核算中的作用如何？

3. 基本凭证与特定凭证的主要区别有哪些？会计凭证传递的基本要求是什么？金融企业的会计凭证有何特点？

4. 会计凭证的基本要素包括哪些内容？发生现金业务和转账业务应怎样编制会计凭证？

5. 账务组织由哪两个账务核算系统构成？其相互关系如何？

6. 分户账有什么作用？各种分户账的主要区别是什么？登记分户账应注意哪些

内容？

7. 如何填制计息余额表？如何填制科目日结单？
8. 总账的基本格式如何？怎样登记？
9. 每天营业终了编制日计表有何作用？
10. 银行会计账务处理程序如何？其每日账务核对的内容有哪些？

二、业务处理题

根据下列业务做出会计分录并平衡借贷方发生额：

1. 银行以现金收购白银一宗，价值 15 000 元。
2. 报经批准，银行将资本公积 300 000 转增实收资本。
3. 纺织品公司从活期存款账户支付贷款利息 25 000 元。
4. 威达公司从活期存款账户支取 500 000 元，转存定期存款。
5. 第十二中学将存款利息 6 000 元存入活期存款账户。
6. 收到某单位投资 800 000 元，资金通过“存放中央银行款项”账户划来。

第三章　存款业务

章前引例及分析

【案例一】 A公司于2007年1月10日挂牌营业，主营运输物流业务，注册资本5亿元人民币。该公司财务部门在当地工商银行市南支行开立存款账户。开业后，公司业务量迅速发展，平均每天的资金收付在100 000元左右，其中现金收付30 000元左右。2007年10月，为了适应迅速发展业务的需要，该公司决定向银行贷款6亿元，扩建物流仓库并增添大型装卸与运输工具，由于时间进入四季度，工商银行对贷款规模控制严格，经协商民生银行同意给予A公司贷款，但是需要同时在民生银行开立存款账户，办理贷款资金的收付、使用与归还。

问题：A公司开业初期在工商银行开立的是什么账户？10月份在民生银行开立的又是什么账户？为什么？

【案例二】 张凡在一家软件公司工作已经12年，每月固定薪水6 000元，最近由于其负责开发的一项应用软件销售业绩突出，老板一次性奖励其8万元奖金；张凡的妻子在事业单位工作，每月固定收入3 600元。家庭正常月支出在3 000元左右。2007年中央银行多次上调利率，预计未来仍可能进一步提高利率。

问题：张凡准备将节余的资金主要存入银行，其应当选择怎样的存款方式？

通过本章的学习，以上问题可以得到解决。

本章内容概要与学习目标

吸收存款是金融企业筹集资金的重要来源，是以信用方式吸收各部门、各单位和个人闲置资金的负债业务。按照存款期限划分，存款可分为活期存款和定期存款。按照资金成本划分，存款可分为低成本存款和高成本存款。由于我国的存款利率是长期高于短期，所以一般活期存款成本最低，定期存款期限越长，利率越高，成本也就越高。按照存款对象划分，存款可分为单位存款和个人存款，个人存款又被称为储蓄存款。由于对单位存款与对储蓄存款采取的政策有所区别，存款的种类划分也有所不同，因此，其核算方法也不相同。

通过本章学习，应全面理解存款业务的意义与存款的种类；掌握单位存款存入、支取的核算以及使用余额表和乙种账计算利息的方法；储蓄存款的重点在于定期整存整取，活期储蓄存款的存入、支取以及利息计算的规定与核算手续。

第一节　单位存款

单位存款是指具有营业执照或社团登记的企业、机关、事业、团体、学校、部队等的闲置或待用资金的存款。按照现金管理的有关规定，各单位暂时闲置的资金，除核定的库存限额部分可保留现金以外，其余要全部存入银行，库存现金不足限额的，从银行提取。而单位将资金存入银行就可以通过该账户办理资金收付，同其他单位进行结算，并由银行主动转存或转付。可见，存款是银行结算的基础与条件。

一、单位存款账户的开立与管理

为加强对存款及其账户的管理，各单位应按规定在银行开立各种银行结算账户，作为在有关存款科目下开立的办理资金收付的户头。

（一）银行结算账户的种类

银行结算账户是指为存款人开立的办理资金收付结算的人民币活期存款账户。银行结算账户按存款人的不同可分为单位银行结算账户和个人银行结算账户。存款人以单位名称开立的银行结算账户为单位银行结算账户。个体工商户凭营业执照以字号或经营者姓名开立的银行结算账户纳入单位银行结算账户管理。存款人凭个人身份证件以自然人名称开立的银行结算账户为个人银行结算账户。邮政储蓄机构办理银行卡业务开立的账户纳入个人银行结算账户。

单位银行结算账户按用途分为基本存款账户、一般存款账户、专用存款账户和临时存款账户。

（1）基本存款账户是存款人因办理日常转账结算和现金收付需要而开立的银行结算账户。基本存款账户是存款人的主办账户。存款人日常经营活动的资金收付及工资、奖金和现金的支取，应通过该账户办理。

（2）一般存款账户是存款人因借款或其他结算需要，在基本存款账户开户银行以外的银行营业机构开立的银行结算账户。该账户用于办理存款人借款转存、借款归还和其他结算的资金收付。该账户可以办理现金缴存，但不得办理现金支取。

（3）专用存款账户是存款人按照法律、行政法规和规章，对其特定用途资金进行专项管理和使用而开立的银行结算账户。专用存款账户用于办理各项专用资金的收付。

（4）临时存款账户是存款人因临时需要而开立的在规定期限内使用的银行结算账户。该账户用于办理临时机构以及存款人临时经营活动发生的资金收付。

（二）单位银行结算账户的开立

存款人申请开立账户时，应填制开户申请书，并提供规定的证明文件。

申请人开立基本存款账户时，应向开户银行出具工商行政管理机关核发的企业法人执照或营业执照正本，有关部门的证明、批文、承包协议、居民身份证和户口簿等证明文件之一。

申请开立一般存款账户，应向开户银行出具开立基本存款账户规定的证明文件、基本存款账户登记证和借款合同等证件之一。

申请开立专用存款账户时，存款人应出具开立基本存款账户规定的证明文件、基本存款账户登记证和经有权部门批准立项的文件或有关部门的批文等。

申请开立临时存款账户，存款人应向银行出具工商行政管理机关核发的营业执照、临时执照或有关部门同意设立外来临时机构的批文。

申请开户的存款人应送交盖有存款人印章的印鉴卡片。申请开立基本存款账户时，还应出具中国人民银行核发的开户许可证。开户银行审核上述证件后，为其开立相应的存款账户。银行为存款人开立账户，应在开销户登记簿中登记，编列账号，设立分户账，并向存款人发售有关结算凭证，存款人可根据需要签发各种结算凭证，通过账户办理资金收付。

（三）单位银行结算账户的管理

对单位开立的存款账户要加强管理，以强化信贷、结算监督和现金管理。

首先，单位银行结算账户的存款人只能在银行开立一个基本存款账户。

其次，开户实行双向选择。存款人可以自主选择银行，银行也可以自愿选择存款人开立账户。任何单位和个人都不能干预存款人、银行开立或使用账户，银行也不得违反规定强拉客户在本行开户。

再次，开户实行核准制。存款人开立基本存款账户、临时存款账户和预算单位开立专用存款账户实行核准制度，经中国人民银行核准后颁发开户登记证。但存款人因注册验资和增资、验资需要开立的临时存款账户除外。存款人可以自主选择银行开立结算账户。

最后，存款人开立和使用银行结算账户应当遵守法律、行政法规，不得利用银行结算账户进行偷逃税款、逃废债务、套取现金及其他违法犯罪活动。

二、单位活期存款

单位活期存款是随时可以存入和支取的存款，其存取的方式有现金存取和转账存取。其中，转账存取是单位活期存款存取的主要方式，是通过各种支付结算方式和信用支付工具而实现的，具体方法按本书第四章“支付结算业务”所述内容办理，本章只叙述存取现金的处理方式。

（一）存入现金

单位存入现金时，应填写一式两联现金缴款单（见样式 3—1），连同现金交银行经办员。经办员审查凭证、点收现金、登记现金收入日记簿并复核签章后，将第一联加盖“现金收讫”章后作为回单退交存款人，第二联代现金收入传票登记单位存款分户账。其会计分录为：

借：库存现金

　　贷：单位活期存款——××单位户

样式 3—1

中国××银行现金缴款单

20××年 2 月 10 日

<table>
<tr><td rowspan="4">客户填写部分</td><td colspan="2">收款人户名</td><td colspan="3">润华商场</td><td colspan="11"></td></tr>
<tr><td colspan="2">收款人账号</td><td colspan="3">2010002</td><td colspan="2">收款人开户行</td><td colspan="9">××银行城北支行</td></tr>
<tr><td colspan="2">缴款人</td><td colspan="3">润华商场服装部</td><td colspan="2">款项来源</td><td colspan="9">销售款</td></tr>
<tr><td>币种</td><td>人民币（√）
外币：（ ）</td><td colspan="5">贰万贰仟伍佰元整</td><td colspan="9">亿 千 百 十 万 千 百 十 元 角 分
　　　　 ¥ 2 2 5 0 0 0 0</td></tr>
<tr><td rowspan="2">银行</td><td>券别</td><td>100 元</td><td>50 元</td><td>20 元</td><td>10 元</td><td>5 元</td><td>2 元</td><td>1 元</td><td colspan="8">辅币（金额）</td></tr>
<tr><td>张数</td><td>200</td><td>30</td><td>50</td><td></td><td></td><td></td><td></td><td colspan="8"></td></tr>
<tr><td rowspan="2">填写部分</td><td colspan="16">日期：　日志号：　交易码：　币种：
金额：　终端号：　主　管：　柜员：</td></tr>
<tr><td colspan="16">会计分录：
（贷）单位活期存款
对方科目（借）库存现金</td></tr>
</table>

（二）支取现金

单位支取现金时，应签发现金支票（见样式 3—2），并在支票上加盖预留印鉴，由收款人背书后送交银行经办员。经办员接到现金支票后，应重点审查：支票大小写金额是否相符；是否超过提示付款期限；印鉴与预留印鉴是否相符；出票人账户是否有足够支付的存款；是否背书等。经审查无误后，经办员将出纳对号单交给收款人，凭以取款。同时，以现金支票代现金付出传票登记分户账。其会计分录为：

借：单位活期存款——××单位户

　　贷：库存现金

经办员签章、复核并根据现金支票登记现金付出日记簿，配款复核后，凭对号单向取款人支付现金。

样式 3—2

现金支票

中国 ××银行现金支票　　XIV 00000000

本支票期限十天付款

出票日期（大写）贰零零柒年叁月零陆日　　付款人名称：××银行城北支行

收款人：元鑫商厦　　出票人账号：2010009

人民币（大写）	伍万元整	亿	千	百	十	万	千	百	十	元	角	分
					¥	5	0	0	0	0	0	0

用途：购货款

上列款项请从

我账户内支付

出票人签章　　复核　　记账

（三）内外账务核对

活期存款账户存取款较频繁，在银行与开户单位之间的资金往来中，由于双方记账时间有先后以及发生技术性差错等原因，会导致双方账务不相符或产生未达账项。为此，银行与开户单位之间就有必要定期或不定期地进行账务核对。内外账务核对方式分为随时对账和定期对账。

1. 随时对账

活期存款账户平时记满账页后和月度终了时，即打印对账单交开户单位对账。开户单位收到对账单，应切实进行逐笔勾对，如有不符，及时查找。

2. 定期对账

每季度末和11月末，银行还要向开户单位填发一式两联“余额对账单”，第一联加盖业务公章后，两联一并交给开户单位对账。开户单位核对后，将对账单第一联留存，第二联回单加盖预留印鉴后退回银行，如经核对发现不符，开户单位应在对账单回单联注明未达账项及金额，以便双方查找处理。银行对于双方账务长期不符的开户单位，要采取必要的措施，限期查清。银行将开户单位退回的对账回单按科目、账号顺序排列和装订。

三、单位定期存款

单位定期存款是单位存入款项时约定期限，到期支取本息的一种存款业务。单位如有一定时期内闲置不用的资金，可在银行办理定期存款。定期存款金额起点为1万元，多存不限，本金一次存入，存入时由银行发给存单，到期一次支取本息。存期分为3个月、半年、1年、2年、3年、5年六个档次。

（一）存入定期存款

单位存入定期存款时，应签发活期存款账户转账支票交开户银行。银行审查无误后，以支票作转账借方传票并凭以填制一式三联“单位定期存款证实书”，经复核后，第一联代定期存款转账贷方传票，第二联存单加盖业务公章和经办人员名章后交存款人做存款凭据，第三联做定期存款卡片账。其会计分录为：

借：单位活期存款——××单位户

　　贷：单位定期存款——××单位户

（二）支取定期存款

单位定期存款可以提前全部或部分支取，但提前支取只限一次，本息只能转入其活期存款账户，不能直接支付现金。

单位支取定期存款时，应将存单提交银行。经办人员将该户存单与账卡核对无误后，计算利息，填制利息清单，并在存单上加盖“结清”戳记，以存单代定期存款转账借方传票，账卡做附件，另编制三联特种转账传票，一联代“利息支出”科目转账借方传票，一联代“单位活期存款”账户转账贷方传票，另一联代收账通知交存款人。其会计分录为：

借：单位定期存款——××单位户

　　应付利息（或利息支出）

　　贷：单位活期存款——××单位户

定期存款到期后，如果单位要求续存，可以按结清旧户另开新存单办理。

四、单位通知存款

单位通知存款是存款时不约定存期，支取时提前通知银行并约定支取日期和支取金额，按支取日相应档次通知存款利率计付利息的存款业务。

单位通知存款的起存金额为50万元，每次支取的最低金额为10万元。存款人必须一次存入本金，可一次或分次支取。单位通知存款不论实际存期多长，按存款人提前通知的期限长短划分为1天通知存款和7天通知存款两个品种，在存入时约定。通知存款一律记名，存款凭证丧失时可向银行申请挂失。

单位通知存款的存入与支取使用“单位通知存款”科目核算。存款人应当书面通知开户银行支取存款的时间和金额并在通知上注明。其他手续与定期存款基本相同。

通知存款部分支取后留存的部分高于最低起存金额的，需要重新填写证实书，起息日为原存款的起息日。部分支取后的留存金额低于最低起存金额的，予以清户，并按清户日挂牌公告的活期利率计付利息，或根据存款人的意愿转为其他存款。

通知存款采取利随本清的方式计算利息。存款人按规定提前通知，并于通知期满支取确定金额的，其利息按支取日挂牌公告的相应档次的利率计息。存款人未提前通知而支取的、已办理通知手续而又提前支取的、支取金额低于最低支取金额的，按支取日挂牌公告的活期利率计息。支取金额高于约定金额的，其超过部分按活期利率计息。通知存款已办理通知手续而未支取，或在通知期限内取消通知的，通知期限内不计息。

五、单位协定存款

单位协定存款是指由可以开立基本存款账户的法人及其他组织与商业银行签订单位协定存款合同，在基本存款账户之上开立协定存款账户，由双方协商结算户的最低留存金额，超过留存额度的结算存款或结算存款不足部分由开户银行主动转存的存款业务。银行对协定存款账户按协定存款利率单独计息。协定存款的基本规定如下：

（1）协定存款必须由结算存款户的存款人与开户行签订协定存款合同后才能办理。

（2）协定存款合同期限为一年。到期时如任何一方没有提出终止或修改合同，即视作自动延期。

（3）结算户留存额度最低为人民币10万元。

（4）协定存款户的款项收支一律经过结算户。每日营业终了，由开户行主动将当日结算户存款余额中超过留存额度的部分转入协定存款账户内，不足部分主动从协定存款账户转入结算户中，转户金额以万元为单位，万元以下金额不转。

（5）营业过程中，如果结算户存款不足支付，应主动将协定存款户中的存款转入结算户中用于支付，如果结算户的存款余额和协定存款户的存款余额之和仍不足支付，银行不予垫款，并按人民银行的有关规定加收罚金。

协定存款在会计核算上，由开户行根据协定存款合同在原结算存款科目下开设协定存款账户办理。具体手续不再叙述。

六、存款利息计算

金融企业对客户存款计付利息是有偿使用存款人的资金而支付的代价，存款利息是金融企业营业成本的重要组成部分。存款的基准利率由中央银行统一制定，金融企业可以根据自身经营的需要，在规定的范围内确定利率的浮动幅度，国家也可以通过对利率水平的调整，影响信贷资金的集中和分配。为此，会计部门应当按结息期和计息方法，准确地计算利息。对于应付未付的存款利息，应按权责发生制原则进行核算。

（一）利息计算的一般规定

1. 计息的一般公式

利息＝本金×存期×利率

本金、存期、利率称为利息计算的“三要素”，它们与利息成正比。

存期是存款时间，存期“算头不算尾”，也就是存入日计算利息，支取日不计算利息，其计算方法是从存入日算至支取的前一日为止。在计算存期时，应注意与利率在计算单位上的一致性，即存期以天数计算时，用日利率；存期以月计算时，用月利率；存期以年计算时，用年利率。

利率是指一定存款的利息与存款本金的比率。利率由国务院授权中国人民银行制定并公布，各金融机构执行。利率的表示方法有：年利率（%）、月利率（‰）、日利率(‱)。在运用利率时应注意相互的换算关系，即：

年利率÷12＝月利率，月利率÷30＝日利率

本金元位起息，元位以下不计息。计算的利息保留到分位，分位以下四舍五入。

2. 单位活期存款的计息

单位活期存款采取定期结息做法，按日计息，按季结息，计息期内遇利率调整分段计息，每季度末月的20日为结息日。具体操作时，可以在计息期内按日累加计息积数，结息日以累计计息积数与日利率相乘计算利息。

3. 单位定期存款的计息

单位定期存款采用逐笔计息法。计息期为整年（月）的，计息公式为：

利息＝本金×年（月）数×年（月）利率

计息期有整年（月）又有零头天数的，计息公式为：

利息＝本金×年（月）数×年（月）利率＋本金×零头天数×日利率

同时，银行可选择将计息期全部化为实际天数计算利息，即每年为365天（闰年366天），每月为当月公历实际天数，计息公式为：

利息＝本金×实际天数×日利率

[注：本书中对到期支取的定期存款按计息期为整年（月）的计息公式计算。]

4. 计息利率

单位活期存款计息期内如遇利率调整的分段计息。定期存款按存入日利率计息，存期内遇利率调整不分段计息；提前支取按活期利率计息，过期支取的，过期部分按活期利率计息。

（二）活期存款的利息计算

活期存款的利息计算，一般采用余额表或计息式账页计算计息积数的方法。

1. 余额表计息法

余额表按存款账户编制，会计部门每日营业终了按存款账户当日的最后余额填制余额表，每旬末、月末，加计累计未计息积数，余额表中各户余额逐日相加即累计积数。如遇错账冲正，应调整应加或应减积数。结息日将“本期未计息累计积数”乘以日利率，即利息。

【例 3—1】 如样式 2—13 所示，某企业 3 月 21 日至 6 月 20 日活期存款账户累计积数为 237 283 562.16 元，由于错账冲正应加积数 30 000 元，累计计息积数 237 313 562.16 元，月利率 0.6‰。

利息＝237 313 562.16×（0.6‰÷30）＝4 746.27（元）

金融企业计息后，一般于次日入账。编制的“存款利息通知单”一式三联，第一联作贷方传票，第二联作借方传票（汇总编制“利息支出”科目传票的，此联作附件），第三联代收账通知交给各存款单位。其会计分录为：

借：利息支出——活期利息支出户　　4 746.27

　贷：单位活期存款——某企业户　　4 746.27

2. 账页计息法

利用账页计算计息积数的，采用带积数的计息式账页（见样式 2—10）。当存款账户发生资金收付后，按前一日最后余额乘以该余额的实存天数计算出积数，记入账页的“日数”和“积数”栏内。更换账页时，将旧账页的累计积数过入新账页的第一行内。结息日（季末月 20 日）营业终了后，加计本结息期内的累计天数和累计积数，然后计算利息。

利息＝43 832 600×（0.6‰÷30）＝876.65（元）

（三）定期存款的利息计算

为了准确地反映各期的成本和利润水平，金融企业应按权责发生制的原则对单位定期存款按期计算应付利息，一般为按季计算。

应付利息的计算方法，是按定期存款不同存期档次设立计息余额表，逐日抄制。结息日累计各存期档次的计息积数后，乘以同存期档次存款的日利率即利息。根据计算的利息额，汇总编制转账借方、贷方传票转账。其会计分录为：

借：利息支出——定期存款利息支出户

　贷：应付利息——应付定期存款利息户

单位支取定期存款时，冲减应付利息。其会计分录为：

借：单位定期存款——××单位定期存款户

　　应付利息——应付定期存款利息户

　贷：单位活期存款——××单位活期存款户

【例 3—2】 某支行 9 月 20 日结息时，一年期单位定期存款累计应计息积数658 500 000 元，两年期单位定期存款累计应计息积数 265 200 000 元。假设一年期存款月利率为 3.225‰，两年期存款月利率为 3.76‰。计算利息如下：

658 500 000×（3.225‰÷30）＝70 788.75（元）

265 200 000×（3.76‰÷30）＝33 238.40（元）

其会计分录为：

借：利息支出——定期存款利息支出户　　104 027.15

　贷：应付利息——应付定期存款利息户　　104 027.15

【例 3—3】 东方电子商场一年期定期存款 60 000 元，假设一年期存款月利率为 3.225‰，6 月 25 日到期时支取。

利息＝60 000×12×3.225‰＝2 322（元）

其会计分录为：

借：单位定期存款——东方电子商场定期存款户　　60 000.00

　　应付利息——应付定期存款利息户　　2 322.00

　贷：单位活期存款——东方电子商场活期存款户　　62 322.00

第二节　储蓄存款

储蓄存款是金融企业通过信用方式动员和吸收城乡居民暂时闲置和节余货币资金的一种存款业务，它是存款的重要组成部分，是信贷资金的重要来源。

储蓄业务的基础工作主要是柜台办理存取款，这项工作业务量大，接触面广，关系到储蓄政策、原则的贯彻执行，甚至直接影响居民个人参加储蓄的积极性。因此，做好储蓄存款的会计核算工作对于促进储蓄业务的发展有着重要意义。

国家对居民储蓄实行鼓励和保护的政策。为了正确贯彻执行国家鼓励和保护人民储蓄的政策，金融企业对个人储蓄存款实行“存款自愿，取款自由，存款有息，为储户保密”的原则。储蓄原则是储蓄政策的具体化，是办理储蓄存款业务必须遵循的准则。储蓄政策、原则是相互联系的，在办理存取款业务时要认真、全面地贯彻执行。同时，储蓄机构办理储蓄业务实行实名制，即以本人有效身份证件的姓名办理存入手续。

一、储蓄存款的种类

根据居民个人经济收入和消费的特点以及金融机构聚集和运用资金的需要，设置的储蓄种类如下所述。

（一）活期储蓄

活期储蓄是不固定存款期限，随时可以存取的一种储蓄存款。它适用于居民个人生活待用资金和单位互助储金款项的存储。

（二）定期储蓄

定期储蓄是在存款时约定存款期限，一次或在存期内分次存入本金，到期整笔或分期平均支取本金和利息的一种储蓄存款。它适用于居民个人生活节余款和有计划积累或有计划使用款项的存储。定期储蓄根据其款项存取特点分为整存整取、零存整取、存本取息和整存零取四种。

1. 整存整取

整存整取储蓄存款是一次存入一定数额本金，约定期限，到期一次支取本息的储蓄存款。它适用于节余款项的存储。

2. 零存整取

零存整取储蓄存款是开户时约定期限，存期内按月存入，中途若漏存仍可续存，未存月份应在次月补存，到期一次支取本金和利息的储蓄存款。它适用于储户欲积零成整的储蓄。

3. 存本取息

存本取息储蓄存款是一次存入本金，存期内分次支取利息，到期一次支取本金的储蓄存款。它适用于储户有整笔收入，不动本金，而按期支取利息以安排生活的储蓄。

4. 整存零取

整存零取储蓄存款是一次存入，约定期限，存期内分次提取本金，到期一次计付利息的储蓄存款。它适用于储户有较大数额收入，而需分期陆续使用的储蓄。

（三）定活两便储蓄

定活两便储蓄是开户时不确定存期，储户可以随时提取，利率随实际存期长短而变动的一种储蓄存款。这种储蓄既有活期储蓄随时可取的灵活性，又可在达到一定存期时，享受相应存期定期储蓄存款利率按一定比例折扣的优惠。

（四）个人通知存款

个人通知存款是指存款人在存入款项时不约定存期，支取时需提前通知储蓄机构，约定支取日期和金额方能支取的存款。存款人需一次存入，可以一次或分次支取。存入时，存款人自由选择通知存款品种（1 天通知存款或 7 天通知存款），但存单或存款凭证上不注明存期和利率，储蓄机构按支取日挂牌公告的相应利率水平和实际存期计息，利随本清。

除上述储蓄存款以外，各地还可根据当地情况，经批准后，办理其他种类的储蓄存款。

二、储蓄所的劳动组织与业务处理基本程序

储蓄业务的核算必须根据安全、严密和加强服务的要求，科学地组织。目前，储蓄业务核算较广泛地采用电子计算机操作，所以，这里我们只介绍电子计算机操作的劳动组织和业务处理的基本程序。

储蓄业务采用电子计算机处理的，储蓄所的劳动组织有两种：一种是遵照钱账分管、相互复核的要求，由会计和出纳按规定程序办理款项收付与账务核对；另一种是实行柜员制，即一人临柜，兼办出纳收付款与会计登记账折等业务，存取款业务在一处即可办完，这种做法是将经办人员的权、责、利结合起来，能够调动经办人员的积极性，提高处理业务的速度，减少储户等待的时间。但由于一人兼办出纳和会计业务，因此，对经办人员的素质要求高，企业应加强对储蓄业务人员的培训，不断提高其工作能力。

三、储蓄存款的核算

（一）活期储蓄存款

活期储蓄存款 1 元起存，多存不限，开户时由储蓄机构发给存折，预留密码，凭存折

和密码存取款项。

1. 存入活期储蓄存款

存入活期储蓄存款包括开户和续存的处理。

（1）开户。储户第一次存入活期储蓄存款亦即开户应填写“活期储蓄存款凭条”（见样式3—3）（或由经办人员打印交储户签字），连同现金、身份证一并交由银行经办人员。经办人员审查凭条、清点现金无误后，登记“活期储蓄存款开销户登记簿”（见样式3—4）并编列账号；开立“活期储蓄存款分户账”（见样式3—5）和“活期储蓄存折”（见样式3—6），预留密码。记账时银行以存款凭条代现金收入传票。其会计分录为：

借：库存现金

　　贷：活期储蓄存款——××户

样式 3—3　　**活期储蓄存款凭条**

（贷）活期储蓄存款　　20××年5月20日　　账号：02—00037656

户　名	金　额								附记：
	十	万	千	百	十	元	角	分	
李光远			¥	8	0	0	0	0	

以下由银行填写									（收讫章）
存款	十	万	千	百	十	元	角	分	
余额			4	1	0	0	0	0	复核
月　日									记账
事后监督									

样式 3—4　　**活期储蓄存款开销户登记簿**

开户日期			账号	户名	销户日期			备注
年	月	日			年	月	日	
××××	2	6	02—00037654	刘树亮	××××	8	10	
××××	2	7	02—00037655	张光法				
××××	3	4	02—00037656	李光远				
			…					

样式 3—5　　**活期储蓄存款分户账**

储户印鉴	

户名：李光远

账号：02—00037656

××××年		摘要	借方		贷方		存款余额		积数	
月	日		（位数）		（位数）		（位数）		（位数）	
3	4	开户			2 000	00	2 000	00	74 000	00
4	10	支取	200	00			1 800	00	39 600	00
5	2	存入			1 500	00	3 300	00	59 400	00
5	20	存入			800	00	4 100	00		
		……								
		……								

样式 3—6

活期储蓄存折（内页）

××××年		支取（借方）（位数）		存入（贷方）（位数）		结存（位数）		记账	复核
月	日								
3	4			2 000	00	2 000	00	×××	×××
4	10	200	00			1 800	00	×××	×××
5	2			1 500	00	3 300	00	×××	×××
5	20			800	00	4 100	00	×××	×××
		…							

复核各项内容并复点现金无误后，经办人员在存款凭条上加盖“现金收讫”章和名章后留存，存折加盖业务公章及名章后交储户，作为以后存取款的依据。

（2）续存。储户来所续存时，亦应开具存款凭条，并连同现金、存折一并交经办人员。经办人员应清点现金并审核账、折与密码。除另开立账户及存折外，其余收款、记账、登折等处理方法基本与前述开户手续相同。

2. 支取活期储蓄存款

储户支取活期储蓄存款时，应向经办人员提交存折，经办人员核对账、折及密码无误后，打印取款凭条（见样式 3—7）交储户签字，以取款凭条代现金付出传票记账、登折。其会计分录为：

借：活期储蓄存款——××户

贷：库存现金

样式 3—7

活期储蓄取款凭条

（借）活期储蓄存款　　　　××年 4 月 10 日　　　　账号：02—00037656

户　名	金　额								附记：
李光远	十	万	千	百	十	元	角	分	
			¥	2	0	0	0	0	

以下由银行填写　　　　（收讫章）

存款余额	十	万	千	百	十	元	角	分
			1	8	0	0	0	0

月　　日

事后监督

复核

记账

经办人员复核账、折内容无误，配款，并在取款凭条上加盖“现金付讫”章及名章后，将现金及存折交储户。

3. 清户

所谓清户就是指储户将存款全部取清并销户。储户应根据存折上的最后余额填写取款凭条，经办人员除按一般支取手续办理外，还应计算出利息，同时按规定代扣储蓄利息所得税[①]。经办人员办理业务时填制两联利息清单，一联留存，于营业终了后，据以汇总编制“利息支出”科目传票，另一联连同本息交给储户。其会计分录为：

① 储蓄利息所得税自 1999 年 11 月 1 日起缴纳，凡 1999 年 11 月 1 日以后孳生的利息，按利息所得的 20%缴纳所得税，由银行代扣代交。利息所得税税率自 2007 年 8 月 15 日起调整为 5%。

借：活期储蓄存款——××户

利息支出——活期储蓄利息支出户

贷：库存现金

代扣利息所得税的会计分录为：

借：库存现金

贷：其他应付款——应交利息税

经办人员应在取款凭条及账、折上加盖“结清”戳记，作为取款凭条附件，同时销记开销户登记簿，结清户账页另行保管。

4. 活期储蓄存款的利息计算

活期储蓄存款是一种储户可以随时存取，存期不受限制的储蓄种类。因此，其利息不是逐笔计算，而是按季结息，以每季末月的20日为结息日，按当日挂牌活期存款利率计息，并把利息并入存款本金起息。结息期内遇有利率调整，不分段计息。不到结息日清户的，应按清户日挂牌活期储蓄利率计算利息，算至清户前一天为止。

活期储蓄存款的利息计算采用日积数计息法。当储户活期存款账户发生款项存取后，按上一次存款余额乘以该余额的实存天数计算出积数，记入账页的积数栏内。结息日营业终了，加计本结息期内的累计积数，用累计积数乘以当日挂牌公告的活期储蓄存款日利率，即得出利息。其会计分录为：

借：利息支出——活期储蓄利息支出户

贷：活期储蓄存款——××户

其他应付款——应交利息税

【例3—4】 某储户活期储蓄存款账户存取情况如表3—1所示。该储户于2008年3月18日清户，当日活期储蓄存款利率为0.72%，计息期间利率没有调整，按实际天数累计计息积数。

表3—1 **活期储蓄存款账户** 单位：元

日　期	存入	支取	余额	计息积数
2008年1月2日	20 000		20 000	20 000×32=640 000
2008年2月3日		5 000	15 000	15 000×18=270 000
2008年2月21日	6 000		15 600	15 600×13=202 800
2008年3月5日		3 000	12 600	12 600×13=163 800
2008年3月18日		12 600	0	

注：2008年2月有29天。

应付利息＝（640 000＋270 000＋202 800＋163 800）×（0.72%÷360）

＝25.53（元）

利息税＝25.53×5%＝1.28（元）

清户的会计分录为：

借：活期储蓄存款——××户　　12 600.00

利息支出——活期储蓄利息支出户　　25.53

贷：库存现金　　12 625.53

借：库存现金　　1.28

贷：其他应付款——应交利息税　　1.28

（二）整存整取定期储蓄存款

整存整取储蓄存款50元起存，多存不限，存期分3个月、半年、1年、2年、3年、5年数个档次，本金一次存入，由储蓄机构发给存单，到期凭存单支取本息。储户亦可在存款时与银行约定，由银行在存款到期时自动转存，整存整取储蓄未到期，储户可全部或部分提前支取，但如部分提前支取，以一次为限。

1. 存入整存整取储蓄存款

储户申请办理整存整取定期储蓄时，应填写“整存整取定期储蓄存款开户书”连同现金一起交经办人员。

经办人员点收现金并审核开户书无误后，开具“整存整取定期储蓄存单”（见样式3—8），如储户要求凭印鉴或密码支取，应在卡片账上加盖预留印鉴或预留密码。然后，登记“定期储蓄存款开销户登记簿”。存单交给储户作为取款依据，并以开户书代现金收入传票。其会计分录为：

借：库存现金

　贷：定期储蓄存款——整存整取××户

样式3—8　　**整存整取定期储蓄存单**　No.××××

凭密码支取　　2006年5月10日存入　　账号：07—01023456

<table>
<tr><td colspan="2">户名：王利华
存入人民币：壹万元整
（大写）
期限1年2007年5月10日到期</td><td>印鉴户支
取时盖章
￥10 000.00
利率年2.25%</td><td rowspan="4">（银行公章及
经办人章）</td></tr>
<tr><td>利息　￥225.00</td><td rowspan="3" colspan="2">（支取时代借方传票）
（借）“定期储蓄存款”科目</td></tr>
<tr><td>2007年5月10日支取</td></tr>
<tr><td>月　日　　事后监督　　复核　　记账</td></tr>
</table>

2. 支取整存整取储蓄存款

（1）到期和过期支取。储户持到期或过期的存单来行取款时，经办人员应审查存单上的公章，确认是由本行签发时，调出分户账核对账号、户名、密码、金额后，按规定计算利息，填制两联利息清单，在存单上填写利息金额，并加盖“结清”戳记，销记开销户登记簿。经办人员经复核无误后，根据本息金额合计付款。以存单代现金付出传票，利息支出科目传票可在营业终了时汇总编制。其会计分录为：

借：定期储蓄存款——整存整取××户

　　利息支出——定期储蓄利息支出户

　贷：库存现金

借：库存现金

　贷：其他应付款——应交利息税

配款后，利息清单一联交储户，另一联作利息支出传票附件。

（2）提前支取。储户要求提前支取存款时应交验身份证件，经办人员验对后，将证件名称、发证机关及号码记录在存单背面。同时，应审查是否挂失存单，无误后在存单及卡片账上加盖“提前支取”戳记，按提前支取的规定计付利息。其余手续与到期支取相同。

若储户要求提前支取一部分存款时，采取满付实收、更换新存单的做法，即对原存单本金视同一次付出，同时按规定计付提前支取部分利息。对未支出部分按原定存期、到期日、利率等内容另开新存单。为了便于日后查考，经办人员须在原存单及卡片账上注明“部分支取××元”，新存单上注明“由××号存单部分转存”字样以及原存入日，同时在开销户登记簿上作相应注明。其他手续与到期支取及存入时手续相同。其会计分录为：

借：定期储蓄存款——整存整取××户（全部本金）
　　利息支出——定期储蓄利息支出户（提取支取部分的利息）
　贷：库存现金
借：库存现金
　贷：定期储蓄存款——整存整取××户（未支取本金）
　　　其他应付款——应交利息税

经办人员根据“库存现金”科目借贷方差额付款。

3. 整存整取储蓄存款利息计算

（1）整存整取储蓄存款在原定存期内的利息，一律按存入日（开户日）挂牌公告的利率计付利息，存期内遇利率调整，不分段计息。利息按“整年（月）”公式计算。

【例3—5】 储户张亮2006年3月15日存入定期1年的整存整取储蓄存款30 000元，于2007年3月15日支取。假设存入日的1年期利率为2.25%（利息所得税税率按20%计算）。

利息＝30 000×1×2.25%＝675.00（元）

利息所得税＝675.00×20%＝135.00（元）

金融企业的会计分录为：

	借方	贷方
借：定期储蓄存款——整存整取张亮户	30 000.00	
利息支出——定期储蓄利息支出户	675.00	
贷：库存现金		30 675.00
借：库存现金	135.00	
贷：其他应付款——应交利息税		135.00

（2）整存整取储蓄存款未到期，如储户全部提前支取，按支取日挂牌公告的活期储蓄存款利率计付利息；部分提前支取的，提前支取部分按支取日挂牌公告的活期储蓄存款利率计付利息，其余部分到期时，按原存入日挂牌公告的定期储蓄存款利率计付利息。

【例3—6】 储户王佳怡2005年6月8日存入整存整取储蓄存款50 000元，定期2年，存入时两年期存款年利率2.70%，该储户于2006年8月10日要求提前支取20 000元，当日活期储蓄存款年利率0.72%，剩余30 000元于2007年6月8日到期支取。

1）2006年8月10日计息：

利息＝20 000×428×0.72%÷360＝171.20（元）

利息所得税＝171.20×20%＝34.24（元）

金融企业的会计分录为：

	借方	贷方
借：定期储蓄存款——整存整取王佳怡户	50 000.00	
利息支出——定期储蓄利息支出户	171.20	
贷：库存现金		50 171.20
借：库存现金	30 034.24	
贷：定期储蓄存款——整存整取××户		30 000.00
其他应付款——应交利息税		34.24

2）2007 年 6 月 8 日计算利息：

利息＝30 000×2×2.70％＝1 620.00（元）

利息所得税＝1 620×20％＝324.00（元）

金融企业的会计分录为：

借：定期储蓄存款——整存整取王佳怡户　　30 000.00

　　利息支出——定期储蓄利息支出户　　1 620.00

　贷：库存现金　　31 620.00

借：库存现金　　324.00

　贷：其他应付款——应交利息税　　324.00

（3）整存整取储蓄存款逾期支取，除约定自动转存的以外，其超过原定存期的部分，按支取日挂牌公告的活期储蓄存款利率计付利息。

【例 3—7】 储户李华英 2007 年 9 月 8 日存入整存整取储蓄存款 35 000 元，定期半年，该储户于 2008 年 4 月 3 日来行支取本息，存入时半年期存款年利率为 3.15％，2007 年 9 月 15 日调整为 3.42％，2008 年 4 月 3 日挂牌活期年利率 0.72％，利息所得税税率 5％（自 2007 年 8 月 15 日调整）。

到期利息＝35 000×6×(3.15％÷12)＝551.25（元）

过期利息＝35 000×26×(0.72％÷360)＝18.20（元）

利息合计＝551.25＋18.20＝569.45（元）

利息所得税＝569.45×5％＝28.47（元）

（三）零存整取定期储蓄存款

零存整取储蓄存款每月固定存额，5 元起存，存期分 1 年、3 年和 5 年，存款金额由储户自定，每月存入一次，中途如有漏存，可在次月补齐，未补存者，到期支取时按实存金额和实际存期计息。

1. 存入零存整取储蓄存款

（1）开户。零存整取储蓄存款开户时，由储户填具“零存整取定期储蓄存款凭条”（见样式 3—9），连同现金一并交经办人员。经办人员审查存款凭条和点收现金无误后，登记“开销户登记簿”，编列账号，开立零存整取分户账与存折（见样式 3—10）。如凭密码支取，应在分户账上预留密码，并在存折和分户账上加盖“凭密码支取”戳记。复核无误后，经办人员以存款凭条代现金收入传票。账务处理时，借记“库存现金”科目，贷记“定期储蓄存款”科目。存折加盖业务公章后交储户，分户账按账号顺序保管。

样式 3—9　　**零存整取定期储蓄存款凭条**

（贷）定期储蓄存款科目　　2005 年 3 月 10 日　　账号：02—0010825

户　名	次　数	存入金额				
		千	百	十	元	
苑风玲	1		1	0	0	

以下由银行填写　　年　月　日到期

存款余额		千	百	十	元	第 1 次	复核　　记账 事后监督
			1	0	0		

样式 3—10

零存整取储蓄存款存折内容

（凭 支取）

户名______ 年 月 日到期 利率月 ‰ 账号

印 鉴

年	月	日	存入（位数）	结存（位数）	次数	记账	复核	年	月	日	存入（位数）	结存（位数）	次数	记账	复核

（2）续存。在存期内储户续存时，亦应填制“零存整取定期储蓄存款凭条”，与存折、现金一并交经办人员，经办人员将分户账与存折核对并点收现金无误后，登记存折、分户账，手续与开户基本相同。

2. 支取零存整取储蓄存款

（1）到期支取。到期支取时，储户应将存折交与经办人员，经办人员验明存折确系本所签发并已到期，经账、折核对后，计算利息并代扣利息所得税，注销存折、登记分户账及销记开销户登记簿，并在存折和分户账上加盖“结清”戳记，以存折代现金付出传票处理账务。

（2）过期支取。储户持过期零存整取存折前来支取存款，除按规定计算到期利息和过期利息外，其余手续与到期支取相同。

（3）提前支取。储户提前支取零存整取储蓄存款时，应提交身份证件，经办人员审查无误后，办理提前支取手续，在存折和分户账上加盖“提前支取”戳记，按提前支取的计息规定计算利息，其余手续与到期支取相同。零存整取储蓄存款只能全部提前支取，不能部分提前支取。

3. 零存整取储蓄存款的利息计算

零存整取储蓄存款是逐月存入，余额逐月增加而不是固定余额。在计算机处理账务的情况下，企业可以采用在账页上计算“计息积数”的方法计算利息，计息积数的计算与活期储蓄存款计息积数的计算方法相同。

（四）整存零取定期储蓄存款

整存零取储蓄存款 1 000 元起存，存期分 1 年、3 年和 5 年，由银行发给存单，凭存单分次支取本金，支取期分别为 1 个月、3 个月和半年，由储户与银行协商确定，利息于存款到期结清时一并计付。

储户开立整存零取定期储蓄存款账户，经办人员开具“整存零取定期储蓄存单”，存单中填明储户姓名、存入金额、期限、支取的次数和间隔时间，分别代现金收入传票、分户账和给储户的存单。账务处理时，借记“库存现金”科目，贷记“定期储蓄存款”科目“整存零取”明细账户。

储户按约定时间来行取款，应填交“整存零取定期储蓄取款凭条”，连同存单一同交经办人员，经办人员登记存单和卡片账后办理付款手续。

若储户要求部分提前支取，可提前支取一至两次，但须在以后月份内停支一至两次。其余支取日期按原定不变。如果提前支取全部余额，则根据实存金额及实存日期按规定利率计息。

储户于存款期满最后一次取款时，除按分次取款手续处理外，还应计付利息，并在原存单上加盖“结清”戳记作为取款凭条附件。如过期支取，银行按规定利率加付过期利息。

整存零取储蓄存款是一次存入，余额逐渐减少，而不是固定本金。因此，其利息计算可比照零存整取存款，采用在账页上计算“计息积数”的方法。

（五）存本取息定期储蓄存款

存本取息定期储蓄存款 5 000 元起存，存期分 1 年、3 年和 5 年，由储蓄机构发给存款凭证，到期一次支取本金，利息凭存单分期支取，一个月或几个月取息一次均可，由储户与银行协商确定。

开户时由储户填交开户书，注明姓名、存期及每次取息的日期。审核无误后，经办人员开具“存本取息定期储蓄存款存单”，计算每次支取的利息，填入凭证有关栏内。账务处理时，借记“库存现金”科目，贷记“定期储蓄存款”科目“存本取息”明细账户。

每次支付利息金额＝（本金×存期×利率）÷支取利息的次数

存期内储户按约定时间来银行支取利息时，应持存单并按每次应支取利息数填交一联“存本取息定期储蓄取息凭条”，经办人员审核无误后凭以登记账、卡、存单，代扣利息所得税并支付现金。如到取息日储户未来行支取，以后随时可以支取利息。存款到期，储户支取最后一次利息，同时凭存单支取本金。

储户要求提前支取本金时，可凭有关身份证件来行办理。存本取息定期储蓄存款只允许全部提前支取，不办理部分提前支取。提前支取部分的利息按规定计算。但对于已支取的利息金额，应用红数冲回，即编制红字现金付出传票记账。其会计分录为：

借：利息支出——定期储蓄利息支出户（红字）
　贷：库存现金（红字）
　　其他应付款——应交利息税（红字）

然后，按提前支取计息规定计算应付的利息，与本金一并支付给储户。其会计分录为：

借：利息支出——定期储蓄利息支出户
　　定期储蓄存款——存本取息××户
　贷：库存现金
借：库存现金
　贷：其他应付款——应交利息税

冲回的已支付利息应从计算的应支付利息中扣除。如果红字冲回的已支付利息大于计算的提前支取利息，应从本金中扣除，然后办理付款手续。

（六）定活两便储蓄存款

定活两便储蓄存款 50 元起存，由储蓄机构发给存单，分记名和不记名两种，记名式可挂失，不记名式不办理挂失，存期不限。实际存期在 1 年以内的，利息按实际存期的整存整取储蓄存款利率打一定折扣计算。实际存期在 1 年以上的，一律按 1 年期整存整取利率打折扣计算。在《储蓄管理条例》实施后存入的定活两便储蓄存款，存期不满 3 个月的，按实际天数计付活期利息；存期 3 个月以上（含 3 个月）不满半年的，按支取日整存整取 3 个月存款利息打六折计算；存期满半年不满 1 年的，按支取日整存整取 6 个月存款利率打六折计算；存期在 1 年以上，无论存期多长，整个存期一律按支取日整存整取 1 年存款利率打六折计算。《储蓄管理条例》实施以前存入的定活两便储蓄存款，在上述的存期内按整存整取储蓄利率打九折计息，遇有利率调整的亦需分段计息。

【例 3—8】 某储户 2007 年 9 月 10 日存入定活两便储蓄存款 50 000 元，于 2008 年 3 月 22 日全额支取。假设支取日银行挂牌公告的半年期整存整取利率为 3.42%。

利息＝本金×实际天数×日利率

＝50 000×194×（3.42%×60%÷360）＝552.90（元）

利息所得税＝552.90×5%＝27.65（元）

（七）通存通兑储蓄业务

通存通兑储蓄业务是指储户可以凭存折、存单、储蓄卡等在非开户所之外的系统内储蓄机构办理存取款手续，储蓄机构通过“通存通兑清算专户”进行账务处理。

1. 有关规定

采取集中式联网的储蓄所在各自的营业时间内，均可代理他所办理通存通兑业务，不受原开户所的营业时间的制约。采取分布式联网的储蓄所应由管辖行统一规定通存通兑时间。

储蓄业务通存通兑必须由储户自设密码，储户凭自设密码办理通兑业务。无密码和凭印鉴支取的储蓄存款不能进行通兑业务。

异所之间通存通兑，原则上要存足一日以上才可兑付。特殊情况下，必须通过内部电话查询核实后，方可兑支。为控制通存通兑风险，凡异地大额支取应规定通兑限额和次数，一般每日通兑支取累计不应超过 5 万元。

2. 存取款账务处理

（1）续存业务。储户填写存款凭证来所办理续存业务时，经办人员审核凭证、清点现金无误后，进行账务处理。会计分录为：

借：库存现金

　　贷：其他应付款（或通存通兑往来）——通存通兑清算专户

（2）支取业务。储户填写取款凭证来所办理取款业务时，经办人员审核凭证要素、验对密码无误后，进行账务处理。会计分录为：

借：其他应收款（或通存通兑往来）——通存通兑清算专户

　　贷：库存现金

配款、付款手续与取款人在本所开户相同。

四、储蓄所结账

储蓄所按账务设置情况分为并账和并表两种，采用并账和并表的储蓄机构结账的做法有一定区别。并表储蓄所账务设置完整，只将储蓄业务日报表的内容并入管辖行的日计表中统一平衡账务。并账储蓄所账务设置不完整，一般只设各种储蓄存款分户账，各种存取款凭证交管辖行统一办理结账和平衡账务，以下以并账储蓄所结账的做法为主介绍储蓄所结账的处理。

（一）储蓄所结账

1. 编制汇总传票

储蓄所每日营业终了应根据各种储蓄存款的存取款凭条，以及利息清单分别科目进行合计，编制汇总传票，并将存取款凭条及利息清单作汇总传票附件，报送管辖行，凭以记载明细账和总账。

2. 编制营业汇总日报表

营业汇总日报表（见样式3—11）是综合反映储蓄所当天业务活动情况的报表，是轧平当日账务的工具。它根据各种储蓄存款的存取款凭证及其他有关数字编制。

样式3—11

××储蓄所营业汇总日报表

2008年2月12日

业务种类	本日发生额				余额		储蓄户数		
	借方（位数）		贷方（位数）		（位数）		本日开户	本日销户	结存户数
整存整取	337 000	00	862 000	00			56	45	7 896
零存整取	23 000	00	45 000	00			15	6	286
整存零取									
存本取息									
小　计	360 000	00	907 000	00			80	55	30 548
活期储蓄	650 000	00	580 000	00			218	12	88 941
储蓄合计	1 010 000	00	1 487 000	00			298	67	119 489
利息支出	89 000	00							
库存现金	1 487 000	00	1 099 000	00					
合　计	2 586 000	00	2 586 000	00					
昨日库存	20 300	00							
今日库存	497 300	00							

空白重要凭证			
种　类	本日收进	本日支出	本日结存
整整存单	500	72	605
零整存折		8	56
整零存单			
取息存单			
活期存折	1 000	218	856

传　票	张　　数	
种　类	本日数	本月累计数
整整储蓄	245	4 125
零整储蓄	36	93
整存零取		
存本取息		
活期储蓄	168	19 560
合　计	449	23 778

（1）根据当日各种储蓄汇总传票填列本日储蓄存款的借方和贷方发生额、传票张数、开销户数，并根据昨日报表中的各项储蓄存款结存数，结出本日结存，填入本日结存栏内。

（2）根据“利息支出”科目汇总传票填列“利息支出”科目发生额。

（3）对“库存现金”科目发生额则应根据各种储蓄存款及“利息支出”科目借方、贷方发生额合计反方向填入，今日库存应根据昨日库存加减本日发生额填列。同时根据当日收入、付出现金数，结计应缴回现金或补领现金数。

（4）同时，根据当日实际领取和使用的重要空白凭证数编制表外科目传票，计入营业汇总日报表有关栏内，并根据昨日结存加减本日领取和使用数，结出本日结存数。

(5) 分别结计各种储蓄的传票张数，求出本日及全月累计数。

营业汇总日报表一式两份，一份留存，一份连同各科目汇总传票及有关附件一同报送管辖行。

3. 账务核对

为保证结账正确，储蓄所还需经过账务核对后方能报管辖行，核对的主要内容有：

(1) 核对库存现金。现金实际库存数同营业汇总日报表"库存现金"科目本日余额核对相符。

(2) 核对各种储蓄存款余额。同类储蓄存款昨日余额，加减本日贷方、借方发生额，计算出本日余额，与加计的该类储蓄存款的余额合计数核对相符。

(3) 账户数量以及空白重要凭证数量，也应与实存数核对，以保证账实相符。

（二）管辖行并账的处理

管辖行对各储蓄所送来的储蓄凭证及营业汇总日报表应进行全面审核，审核无误后，对各种储蓄存款应分别储蓄种类，按所设立分户账进行登记，并根据各储蓄所送来的汇总传票按科目编制汇总科目日结单，据以登记总账。然后，将分户账余额合计同总账余额进行核对，核对相符后并入全辖账内，编制全辖日计表。

本章小结

吸收存款是商业银行重要的负债业务。存款账户的开立与使用有较强的政策性，账户管理会涉及会计科目的使用；不论单位存款或储蓄存款，存款的存入与支取手续很简单，但是也应当掌握存取款凭证的使用、审查、存入与支取的核算。

利息计算是存款业务核算中的重点，也是难点。存款利息是商业银行财务支出的重要组成部分，也体现商业银行的资金成本。对于会计工作来说，主要是根据计息的基本原理以及相关规定，选用合理的方法准确地计算利息并及时入账。

重点概念

基本存款账户	一般存款账户	临时存款账户	专用存款账户
活期储蓄	整存整取储蓄	零存整取储蓄	定活两便储蓄

复习思考题

一、思考题

1. 单位开立的不同存款账户办理业务的范围有何区别？账户管理的内容有哪些？

2. 单位活期存款、定期存款、通知存款、协定存款的核算有何区别？

3. 储蓄存款的种类有哪些？

4. 活期储蓄存款与整存整取定期储蓄存款的存入、支取的核算手续如何？

5. 如何对活期储蓄存款与整存整取定期储蓄存款进行利息计算？

二、业务处理题

1. 元凯公司（账号：2010007）销售部交存销货收入现金 15 600 元。

2. 迅达公司（账号：2010018）提取现金 30 000 元，作为备用金。

3. 某商业银行 20××年 9 月 20 日结息时，单位 1 年期定期存款的计息积数为 766 000 000元，利率为 2.52%，计算应付利息并转账；当年 10 月 15 日，开户单位瑞明公司支取定期 1 年期的到期存款 200 000 元，该笔存款存入时的利率为 2.52%，计算利息并做出转账会计分录。

4. 储户刘士惠的活期储蓄存款账户如表 3—2 所示：

表 3—2　活期储蓄存款账户　单位：元

日　期	存入	支取	余额	计息积数
2008 年 4 月 5 日	7 000			
2008 年 4 月 19 日		2 000		
2008 年 5 月 11 日	5 000			
2008 年 6 月 3 日		3 000		
2008 年 6 月 12 日		12 600		

要求：根据活期储蓄分户账，做出 4 月 5 日、4 月 19 日的会计分录；在账页内结出余额；计算计息积数并根据计息积数计算出 6 月 20 日结息时的利息以及利息所得税。（活期存款利率 0.72%）

5. 储户张力强 2005 年 6 月 10 日存入整存整取定期储蓄存款 30 000 元，定期 3 年，2007 年 6 月 12 日支取 10 000 元，其余部分到期支取。存入时 3 年期储蓄存款利率 3.24%，2007 年 6 月 12 日两年期储蓄存款利率 4.41%，活期储蓄存款利率 0.72%。计算 2007 年 6 月 12 日支取存款的利息及利息所得税并做出存入、支取的会计分录。

第四章　支付结算业务

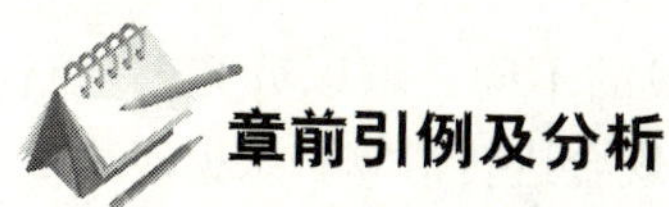

章前引例及分析

S市润华出租汽车公司向上海大众汽车有限公司购进“桑塔纳”牌汽车100辆，价款及运费共计9 670 000元。

问题：这笔交易的价款如何结算？采用何种结算方式？

第一种方法是润华出租汽车公司带现金前往上海大众汽车有限公司，一手交钱、一手提货，但是如此大额交易使用现金结算，显然既不方便，也不安全，且不符合《现金管理规定》。第二种方法是润华出租汽车公司向上海汇款。第三种方法是润华出租汽车公司向S市的银行申请签发银行汇票派人携带到上海大众汽车有限公司购车，但是如果汇票签发的金额是11 000 000元，而实际只需9 670 000元，那么剩余的款项怎么处理？如果润华出租汽车公司当时无支付能力，需要延期3个月付款，双方又该怎样处理？

通过本章的学习，大家将了解该笔交易的款项应采用何种结算方法。

本章内容概要与学习目标

在社会经济生活中，不论单位或个人，经常会与其他经济实体发生诸如商品交易、劳务供应等不同形式的经济往来关系，且随着经济发展，这些经济往来关系呈现出广泛性、多样性和复杂性等特点。但不论何种经济往来关系，都必然产生债权债务关系，从而引起货币的给付与清偿，亦即债权人（收款人）和债务人（付款人）之间的货币资金清算，这就是货币结算。货币结算的手段可以是收付现金，也可以通过票据让渡或通过银行转账实现，而票据让渡与转账构成了支付结算。

支付结算是商业银行重要的中间业务，是银行会计日常核算的重要内容，也是实现商品交易和资金转移的重要手段，除现金业务以外，存款的存入与支取也都是通过支付结算实现的。本章将系统叙述支付结算的原则和纪律，各种结算方式（包括汇兑、托收承付、委托收款）、票据（包括银行汇票、商业汇票、支票、本票）以及信用卡的概念、使用规定和核算手续。

支付结算业务的核算具有很强的程序性。通过本章学习，大家应全面理解与认识结算业务的性质、原则和纪律等问题；熟悉各种结算方式与票据的概念；掌握各种结算方式和信用支付工具的核算程序及账务处理方法。

第一节　支付结算概述

一、支付结算的概念

结算是各单位、个人间由于商品交易、劳务供应、债务清偿以及资金调拨等而引起的货币收付行为，因此也被称为货币结算。

在以货币作为交换媒介的社会里，货币结算按照结算手段的不同，可以分为现金结算、票据转让和转账结算三种。现金结算是收付款双方直接以现金进行清算；票据转让是以票据的给付表明债权债务关系，而票据的转让又会形成多层次的债权债务关系或连环式的债权债务关系，这种债权债务关系的最终清算，还要通过银行转账予以实现；转账结算是通过银行将款项从付款人账户划转到收款人账户的货币收付行为，表现为各存款账户之间的资金转移，由于转账结算是在存款的基础上进行的，因而，结算的过程也就体现为存款货币的流通过程。票据转让和转账结算统称支付结算。

可见，支付结算就是指单位、个人在社会经济活动中使用票据及规定的结算方式、信用卡进行货币给付及资金清算的行为。

二、银行结算的性质和任务

（一）银行结算的性质

银行结算是实现社会经济活动中的货币给付、资金清算的重要手段，是社会经济活动中各项资金清算的中介。

所谓资金清算中介，是指银行在办理结算中，只负责为交易双方提供资金清算服务，而不承担资金清算之外的职能。当然为保证服务的质量，银行尚需对资金清算的内容进行合法性、合规性审查，但不对双方的债权、债务负责，这有利于强化各经济单位的债权、债务观念和履约的责任感。因为，在市场经济条件下，各单位之间的经济往来是独立的经济主体之间的经济关系，双方应当对自己的经济行为负责，对于在经济活动中发生的债权债务关系，也应该由双方直接处理，即使发生纠纷，也应由双方依据有关的法律、法规予以解决。

（二）银行结算的任务

银行办理结算业务所承担的任务主要是根据经济往来，合理组织和准确、及时办理结算，按照有关法律、行政法规和结算办法的规定管理支付结算，保障结算活动的正常进行，为经济发展和商品流通服务。

三、银行结算的原则

银行结算原则是参与结算的收付款双方、承办结算业务的银行在组织结算时应遵循的准则。为促进商品经济的发展，强化各单位的信用观念和承担资金清算的责任，单位和个人办理结算以及银行在组织结算业务核算时，必须全面贯彻执行结算原则，以保证资金清算的顺利进行。

（一）恪守信用，履约付款

这一原则要求结算的当事人必须依法承担义务和行使权利，任何单位和个人办理结算时，必须按照事先的承诺，履行各自的职责。销货方应按合同提供商品，购货方应按规定的时间、方式支付货款，双方都必须恪守信用，如有违约行为，开户银行应给予制裁。同时，银行处于结算的中介地位，受购销双方委托为其办理资金清算。为此，在组织和办理结算业务时，银行应帮助企业选择使用恰当的结算方法，准确、及时地传递凭证，并按规定对结算中的问题及时予以处理。凡银行对外签发的汇票、本票都必须见票付款，凡银行承兑的汇票到期，都应无条件予以支付，从而维护正常的结算秩序。

（二）谁的钱进谁的账，由谁支配

银行作为资金清算的中介，在办理结算时必须按照委托人的要求收款和付款，以保护客户对存款的所有权和自主支配存款的合法权益。为此，在办理结算业务时，银行必须按照收款人的账号及户名，准确、及时地为其收账；而对各单位支取的款项，必须根据付款人的委托办理。同时，银行还必须依法为单位、个人的存款保密，除国家法律规定和国务院授权中国人民银行的监督项目以外，其他部门委托监督的事项，均不予受理，亦不代任何单位扣款，不得停止单位、个人对存款的正常支付。

（三）银行不垫款

银行办理结算业务是在信用和存款的基础上，受单位的委托进行资金划拨的。因此，各单位只能在存款余额内支用款项，而银行必须在将款项从付款人账户付出后，再为收款人收账。收款人必须在款项收妥进账后才能支用。

四、结算纪律

结算纪律是国家财经纪律的重要组成部分，是维护结算秩序，促进结算业务正常进行的重要保证。为此，参与结算的购销双方以及银行都应严格执行《中华人民共和国票据法》（以下简称《票据法》）、《支付结算办法》和账户管理的规定并遵守结算纪律。

（一）单位和个人应当遵守的结算纪律

办理支付结算的单位和个人必须重合同、守信用，严格执行以下结算纪律：

（1）不准违反规定开立和使用账户。

（2）不准签发没有资金保证的票据套取银行信用，如空头支票、远期支票和空头汇票等。

（3）不准签发、取得和转让没有真实商品交易和债权、债务的票据，套取银行和他人资金。

(4) 不准无理拒付，任意占用他人资金。

(二) 银行应当遵守的结算纪律

银行要履行“清算中介”的职责，严格遵守各项结算纪律：

(1) 不准以任何理由压票、任意退票、截留挪用客户和他行资金。

(2) 不准无理拒绝支付应由银行支付的票据款项。

(3) 不准无理拒付，不扣、少扣滞纳金，影响社会资金的正常周转。

(4) 不准违章签发、承兑、贴现票据，套取资金。

(5) 不准签发空头银行本票、银行汇票和办理空头汇款。

(6) 不准在支付结算制度之外规定附加条件，影响汇路畅通。

(7) 不准违反规定开立和使用账户。

(8) 不准拒绝受理、代理他行正常结算业务。

(9) 不准放弃对企业违反结算纪律的制裁。

(10) 不准逃避向人民银行转汇大额汇划款项。

五、支付结算工具

支付结算工具是记载结算业务内容，实现资金在收付款人账户之间转移的载体。支付结算工具的制定和运用应当根据市场经济发展的情况，满足各种不同单位、个人的各种不同经济往来对结算的需要。我国《支付结算办法》按照方便、通用、快捷、安全的要求，通过简化结算种类、发展信用支付工具，促使支付结算更好地与银行信用以及资金融通相结合，同时考虑商品交易的各种条件，如：合同交易与非合同交易，商品交易与非商品交易，先货后款交易和先款后货交易，发货制、提货制与送货制交易，即期付款和约期付款，同城结算与异地结算等。

我国目前采用的支付结算工具主要是用于国内结算的支付结算工具，由支付结算方式和票据构成，形成了以票据为主体，多种结算方式合理配置、互为补充的结算工具体系，能较好地适应多种形式商品交易和经济活动款项结算的需要。

结算方式是指由单位或个人填写结算凭证，直接提交银行委托收款或付款的结算手段。它主要包括汇兑、托收承付和委托收款。

单位、个人采用结算方式委托银行办理结算，必须按规定准确填写有关结算凭证，并按规定正确签章后提交银行。结算凭证上填写的事项必须符合《支付结算办法》的规定，否则，除另有规定外，所记载事项不具有支付结算的效力。结算凭证上必须记载汇款人、付款人和收款人账号，账号与户名必须一致。结算凭证必须具有符合规定的签章，单位在结算凭证上的签章应为该单位的财务专用章或者公章加其法定代表人或者其授权代理人的签名或盖章。银行办理结算向外发出的结算凭证，必须在当日，最迟次日寄发；收到的结算凭证要及时通知付款人付款，或及时将款项支付给收款人。

票据包括银行汇票、商业汇票、银行本票、支票等。另外，支付结算工具还包括信用卡。

六、票据的概念、特征与基本规定

（一）票据的概念与特征

票据是出票人签发由出票人自己或委托他人在见票时，或在票据到期日无条件支付确定金额给收款人或持票人的有价证券。广义的票据包括各种有价证券和商业凭证。《票据法》规定的是狭义票据，主要指银行汇票、商业汇票、银行本票和支票。

票据的成立必须具备一定的实质条件和形式条件。因此，其具有无因性、设权性、要式性、文义性、流通性、返还性等特征。

（二）票据的基本规定

1. 票据基础

票据是用以反映在商品货币让渡中，债权、债务关系的发生、转移以及清偿的一种信用工具。因此，票据签发、取得和转让的基础是必须具有真实的交易关系和债权、债务关系。同时，票据的取得必须给付对价。所谓给付对价就是票据双方当事人认可的相对应的代价。但因税收、赠与、继承等可以依法无偿取得票据的，不受给付对价的限制。

2. 票据记名

为使票据关系明确，票据一律记名。出票时出票人必须记载收款人名称，背书时必须记载背书人、被背书人名称，被背书人即现实收款人。

3. 票据行为

票据行为是票据权利、义务关系成立的相关法律行为，包括出票、背书、承兑、保证等。其中出票和背书是票据的共有行为，承兑是商业汇票的独有行为，保证是汇票和本票的独有行为。

4. 票据权利

票据权利是体现在票据上的一种债权，是持票人向票据债务人请求支付票据金额的权利。票据权利与票据是密不可分的，有票据就有权利，无票据就没有权利。票据权利包括付款请求权和追索权。

付款请求权是持票人向主债务人或其他债务人请求支付票据金额的权利。

追索权是持票人行使付款请求权得不到实现时，可以向出票人、背书人或其他债务人行使的第二次权利。

持票人在票据到期被拒绝付款或者在到期前被拒绝承兑，承兑人或付款人死亡、逃匿的，承兑人或付款人被依法宣告破产的或者因违法被责令终止业务活动的，持票人可以对背书人、出票人以及票据的其他债务人行使追索权。持票人可以按票据债务人的先后顺序，也可以不按票据债务人的先后顺序而对其中任何一人、数人或全体行使追索权。追索时需在规定时间内按债务人的先后顺序依次发出书面通知，也可以同时向各票据债务人发出书面通知。被追索人清偿债务后，享受持票人的权利。

5. 票据背书转让

流通转让是票据的一个重要特点。正因为票据可以流通转让，才使票据在商品交换及债务清偿中发挥着重要作用。流通转让是在债权人与债务人之间进行的，双方必须按统一规定进行，以保证流通转让的规范。

流通转让的票据必须要经过背书。所谓背书是指票据持票人为了转让票据权利，或者为了将一定的票据权利授予他人行使而在票据的背面或粘单上记载一定事项并签章的票据行为。背书可分为转让背书和非转让背书。转让背书以转让票据权利为目的，非转让背书分为委托背书和质押背书。背书必须记载背书人、被背书人和背书日期。背书未记载日期的，视为在票据到期日前背书。

各种票据中，除填明“现金”字样的银行汇票、银行本票和用于支取现金的支票不能背书转让外，其他票据均可以背书转让。但银行本票、支票的转让仅限于同一票据交换区域。区域性银行汇票仅限于在本区域内背书转让。

出票人或转让后的背书人决定票据不得转让并在票据上载明“不得转让”字样的，其后手再背书转让的，出票人或原背书人对其后手的被背书人不承担保证责任。被拒绝承兑、拒绝付款或者超过付款提示期限的票据，不得背书转让，如果背书转让了，背书人应当承担票据责任。

背书不得附有条件，背书附有条件的，所附条件不具有票据上的效力。

背书转让的票据，背书应当连续，只有背书连续的票据，才能证明持票人的票据权利。非经背书转让，而以其他方式取得票据的，能依法举证，也可以证明其票据权利。所谓背书连续是指第一背书人是汇票上载明的收款人；前一次背书的被背书人为后一次背书的背书人；最后一次的持票人是最后一次背书的被背书人。票据的背书人应在票据背面的背书栏依次背书。背书栏不敷背书的，可以使用统一格式的粘单黏附于票据凭证上，第一次使用粘单的背书人，应当在粘接处加盖骑缝章。

6. 票据保证

票据保证即票据债务人以外的人为担保票据债务的履行，在票据上或者粘单上所做的表示愿意与被保证人负相同责任的票据行为。保证人只能由汇票债务人以外的他人担当。保证不得附有条件，附有条件的，不影响对汇票的保证责任。保证人对合法取得汇票的持票人所享有的汇票权利承担保证责任，但被保证人的债务因汇票记载事项欠缺而无效的除外。被保证的汇票，保证人应当与被保证人对持票人承担连带责任，汇票到期后得不到付款的，持票人有权向保证人请求付款，保证人应当足额付款。汇票为两人以上保证的，保证人之间承担连带责任。保证人清偿汇票债务后，可以行使持票人对被保证人及其前手的追索权。

7. 提示付款

票据的收款人或持票人必须按《票据法》规定的期限提示付款。商业汇票的持票人超过规定期限提示付款的，丧失对其前手的追索权。

银行汇票、银行本票的持票人超过规定期限提示付款的，丧失对出票人以外的前手的追索权。持票人在作出说明后，商业汇票的持票人仍可以向承兑人请求付款，银行汇票、银行本票的持票人仍可以向出票人请求付款。如为通过委托收款银行或者通过票据交换系统向付款人提示付款的，提示付款日期以收款人或持票人向开户银行提交票据为准，付款人或代理付款人应于见票当日足额付款。

8. 票据签章

单位在票据上的签章，应为该单位的财务专用章或者公章加其法定代表人或其授权的代理人的签名或者盖章。个人在票据上的签章，应为该个人的签名或者盖章。

支票的出票人和商业承兑汇票的承兑人在票据上的签章，应为其预留银行的签章。

银行汇票的出票人在票据上的签章以及银行承兑商业汇票的签章，应为经中国人民银行批准使用的该银行的汇票专用章加其法定代表人或其授权经办人的签名或者盖章。银行本票的出票人在票据上的签章，应为经中国人民银行批准使用的该银行本票专用章加其法定代表人或其授权经办人的签名或盖章。

9. 票据抗辩

票据抗辩是票据债务人基于某些合法的事由，对票据债权人拒绝履行义务的行为。

票据的债务人对到期的票据应当向持票人支付款项，但在下述情况下，可以对持票人拒绝付款：持票人与债务人有直接债权、债务关系，而持票人不履行约定义务的；持票人系以欺诈、偷盗或者胁迫等手段取得票据的；持票人明知有欺诈、偷盗或者胁迫等情形，但出于恶意而取得票据的；明知债务人与出票人或者持票人的前手存在抗辩事由但仍取得票据的；因重大过失取得不符合《票据法》规定的无效票据；持票人通过转让取得票据，其背书不连续等。

但票据债务人对与出票人之间有抗辩事由以及与持票人的前手之间有抗辩事由的票据，不得拒绝付款。

10. 票据的丧失与挂失

票据丧失是指票据的权利人因被盗、遗失、毁损等原因而失去了对汇票的占有。票据丧失并非出于票据权利人的本意，其票据权利并不因票据丧失而消灭。票据丧失后可以采取相应的补救措施，对于允许挂失的票据可以办理挂失支付，并在挂失止付后的 3 日内向人民法院申请公示催告或提起诉讼。允许挂失止付的票据有：已承兑的商业汇票、支票，填明“现金”字样和代理付款人的银行汇票以及填明“现金”字样的银行本票。

未填明“现金”字样和代理付款人的银行汇票以及未填明“现金”字样的银行本票丧失，不得挂失止付。

第二节　支　票

一、支票的概念、种类及基本规定

（一）支票的概念与种类

1. 支票的概念

支票是出票人签发的，委托办理支票存款业务的银行或其他金融机构在见票时无条件支付确定的金额给收款人或者持票人的票据。

支票必须具备出票人、收款人和付款人三个关系人。

支票的出票人限于在经批准办理支票业务的银行或其他金融机构开立可以使用支票的存款账户的单位和个人。

支票的付款人限于办理支票存款业务的银行或其他金融机构，并且出票人与付款人之间要存在资金关系，出票人在付款人处如没有足够支付的资金，亦不能签发支票。

由于支票的签发是以出票人在银行的存款为基础的，因此，支票只能是即期的。

2. 支票的种类

支票分为现金支票、转账支票和普通支票。转账支票只能用于转账；现金支票只能用于支取现金；普通支票既可以用于支取现金，也可以用于转账。在普通支票左上角划两条平行线的，为划线支票，划线支票只能用于转账，不得用于支取现金。

（二）支票的基本规定

（1）凡单位和个人在同一票据交换区域的各种款项结算，均可以使用支票。

（2）签发支票必须记载的事项包括：表明“支票”的字样，无条件支付的委托，确定的金额，付款人名称，出票日期，出票人签章等。支票上欠缺任何一项内容，均无效。如果出票人在支票上签名后将支票交给收款人，可以授权收款人将支票中应当记载而没有记载的事项进行补记，出票人授权补记的事项仅限于支票的金额和收款人名称。未补记前的支票不能背书转让和提示付款。

（3）出票人在支票上的签章，必须与预留印鉴相符；签发支票应使用碳素墨水或墨汁填写，中国人民银行另有规定的除外；大小写金额、日期和收款人不得更改，更改的支票无效。

（4）出票人签发支票，必须控制在存款账户余额范围内，禁止签发空头支票。对于签发空头支票或印鉴与预留印鉴不符的支票以及使用支付密码地区，支付密码错误的支票，均按支票面额处以5%但不低于1 000元的罚款，持票人有权要求出票人赔偿支票金额2%的赔偿金。对屡次签发空头支票或印鉴与预留印鉴不符以及密码错误的支票单位，银行应停止其向收款人签发支票。

（5）支票的提示付款期为自出票日起10天，超过付款提示期限的，付款人不予付款。

（6）用于支取现金的支票仅限于收款人向付款人提示付款。转账支票可以由持票人委托银行收款，也可以直接向付款人提示付款。

（7）转账的支票经背书后可以流通转让，但仅限于同一票据交换地区；用于支取现金的支票不能背书转让。

二、转账支票的核算

转账支票有出票人与持票人在同一行处开户和不在同一行处开户之分。而出票人与持票人不在同一行处开户的，又包括双方开户银行属于同一系统行处和属于跨系统行处两种情况，后一种情况另章叙述。

（一）持票人与出票人在同一行处开户

持票人向银行提交支票时，应填制一式三联进账单（见样式4—1），并在支票（见样式4—2）上作委托背书，进账单与支票一并提交银行。进账单第一联是回单，第二联是贷方凭证，第三联是收账通知。

样式 4—1

中国××银行进账单（贷方凭证）　2

20××年2月6日

<table>
<tr><td rowspan="3">出款人</td><td>全称</td><td colspan="2">渤海集团公司</td><td rowspan="3">收款人</td><td>全称</td><td colspan="11">中创公司</td></tr>
<tr><td>账号</td><td colspan="2">2010009</td><td>账号</td><td colspan="11">2010017</td></tr>
<tr><td>开户银行</td><td colspan="2">工商银行市北支行</td><td>开户银行</td><td colspan="11">工商银行市北支行</td></tr>
<tr><td rowspan="2">金额</td><td colspan="5" rowspan="2">人民币：（大写）壹拾伍万元整</td><td>亿</td><td>千</td><td>百</td><td>十</td><td>万</td><td>千</td><td>百</td><td>十</td><td>元</td><td>角</td><td>分</td></tr>
<tr><td></td><td></td><td>¥</td><td>1</td><td>5</td><td>0</td><td>0</td><td>0</td><td>0</td><td>0</td><td>0</td></tr>
<tr><td colspan="2">票据种类</td><td>支票</td><td>张数</td><td>1</td><td colspan="12" rowspan="3">复核　　　　记账</td></tr>
<tr><td colspan="2">票据号码</td><td colspan="3">7012</td></tr>
<tr><td colspan="5">备注：</td></tr>
</table>

样式 4—2

中国××银行支票　　　　支票号码××××7012

<table>
<tr><td rowspan="6">本支票付款期限十天</td><td colspan="12">出票日期（大写）贰零零柒年贰月伍日　　付款行名称：工商银行市北支行</td></tr>
<tr><td colspan="12">收款人：中创公司　　出票人账号：2010017</td></tr>
<tr><td rowspan="2">人民币：（大写）壹拾伍万元整</td><td>亿</td><td>千</td><td>百</td><td>十</td><td>万</td><td>千</td><td>百</td><td>十</td><td>元</td><td>角</td><td>分</td></tr>
<tr><td></td><td></td><td>¥</td><td>1</td><td>5</td><td>0</td><td>0</td><td>0</td><td>0</td><td>0</td><td>0</td></tr>
<tr><td colspan="12">用途：</td></tr>
<tr><td colspan="12">上列款项请从我账户支付
出票人签章　　　　复核　　　　记账</td></tr>
</table>

银行收到支票和进账单应认真审查：支票是否真实；填明的持票人是否在本行开户，持票人的名称是否为该持票人，与进账单上的名称以及账号是否一致；支票和进账单金额是否相符；大小写金额是否一致；支票是否在提示付款期内；印鉴与预留印鉴是否相符；签发人账户是否有足够支付的款项；背书转让的支票是否属规定的范围，背书是否连续；在支票背面是否作委托收款背书。

审查无误后，支票作借方凭证，第二联进账单作贷方凭证。其会计分录为：

借：单位活期存款——出票人户

　贷：单位活期存款——持票人户

转账后，进账单第一联回单和第三联收账通知一并交给持票人。

（二）持票人与出票人不在同一行处开户

1. 支票提交持票人开户银行

基本处理程序如图 4—1 所示。

持票人开户银行受理客户提交的支票及进账单，由于支票的出票人不在本行开户，当时无法从其账户付款，为贯彻银行不垫款的结算原则，应坚持收妥后入账。先将支票送到出票人开户银行办理款项支付手续，待款项划回持票人开户银行，再为持票人办理收账。但是，这样处理，凭证需往返传递，结算时间长，不利于加速资金周转。因此，一般均通过影像交换技术进行票据交换，凭证一次传递，约定时间记账，资金通过“小额支付系统”清算。如发生退票，出票人开户银行须在约定时间内通知持票人开户银行，若超过约定时间没有通知，持票人开户银行即可为持票人收账。其具体处理方法如下：

（1）持票人开户银行。持票人开户银行在进账单第一联加盖“收妥入账”戳记作为回

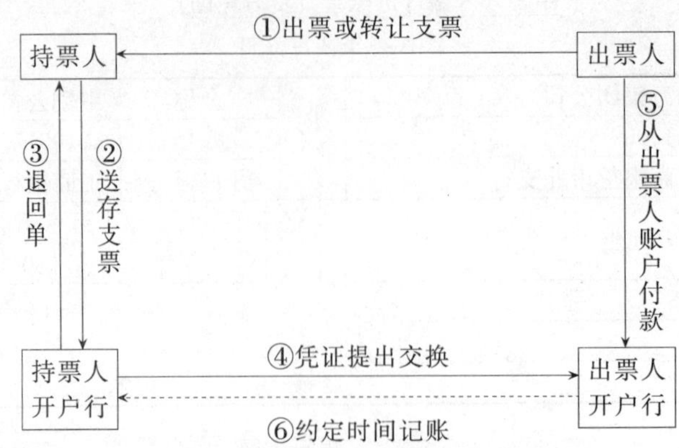

图 4—1　支票提交持票人开户行基本处理程序

单交给持票人。然后，根据第二联进账单和所附支票登记托收票据登记簿，在支票上加盖"托收票据"戳记；如持票人开户银行与出票人开户银行同属一个商业银行，则按出票人开户银行分别编制清算资金往来报单（或规定的票据交换凭证，以下同），连同托收支票一并通过票据交换送出票人开户银行，其余报单（或交换凭证）与进账单留存，如持票人与出票人开户银行不属同一商业银行则应通过人民银行进行资金清算。

超过退票时间，出票人开户银行未通知退票，说明款项已从出票人账户付出。持票人开户银行即可以第二联进账单代转账贷方传票，另编清算资金往来转账借方传票办理转账。其会计分录为：

借：清算资金往来（或待清算票据款项、存放中央银行款项）

　　贷：单位活期存款——持票人户

进账单第三联作为收账通知交给持票人。

（2）出票人开户银行。出票人开户银行收到持票人开户银行通过票据交换送来的清算资金往来报单及支票，经审查确定可以转账时，即以支票代转账借方传票，另编清算资金往来转账贷方传票办理转账。其会计分录为：

借：单位活期存款——出票人户

　　贷：清算资金往来（或待清算票据款项、存放中央银行款项）

【例 4—1】 光华公司向开户银行建设银行南岗支行提交进账单和转账支票一张，金额 22 700 元，支票的出票人为本市建设银行中环支行开户单位宏升电解铝厂。中环支行提入支票后，经过审查无异议办理付款；约定时间到后，南岗支行没有收到退票，为收款人收账。该市票据交换使用"清算资金往来"科目核算。

南岗支行的会计分录为：

借：清算资金往来　　22 700.00

　　贷：单位活期存款——光华公司户　　22 700.00

中环支行的会计分录为：

借：单位活期存款——宏升电解铝厂户　　22 700.00

　　贷：清算资金往来　　22 700.00

（3）退票。出票人开户行收到支票经过审查，如发现为空头支票（即签发人签发的超过其存款账户余额的支票），支票内容填写有误，印鉴不符或缺少印鉴，使用支付密码地区支付密码错误等情况，均不能转账，须在约定时间内通知持票人开户行，双方行处对所退支票可以通过“其他应收款”和“其他应付款”科目处理。

如所退支票属空头支票或印鉴与预留印鉴不符以及支付密码错误的支票，除退票外，还应按规定处以罚款。另编特种转账借方、贷方传票办理转账。其会计分录为：

借：单位活期存款——出票人户

　贷：其他应付款——应付空头支票罚款户

商业银行代收的空头支票罚款，应当就地上缴中央国库。其会计分录为：

借：其他应付款——应付空头支票罚款户

　贷：存放中央银行款项

每年终了后的20个工作日内，人民银行按上年实际罚款的10%（每笔最高不超过10万元），向商业银行支付协助执行手续费。商业银行收到后，转入“手续费及佣金收入”科目。

【例4—2】 假如【例4—1】所示业务，中环支行提入票据后，经过审查支票印鉴与预留印鉴不符，当即退票并收取罚款。

南岗支行的会计分录为：

	借方	贷方
借：清算资金往来	22 700.00	
贷：其他应付款		22 700.00

中环支行的会计分录为：

	借方	贷方
借：其他应收款	22 700.00	
贷：清算资金往来		22 700.00
借：单位活期存款——宏升电解铝厂户	1 000.00	
贷：其他应付款——应付空头支票罚款户		1 000.00
借：其他应付款——应付空头支票罚款户	1 000.00	
贷：存放中央银行款项		1 000.00

2. 支票提交出票人开户银行

持票人与出票人如不在同一行处开户，转账支票和进账单亦可提交出票人开户行，由出票人开户行将进账单提出交换，双方行处分别根据进账单和转账支票办理转账，其会计分录同持票人开户银行受理支票的核算。其基本处理程序见图4—2。

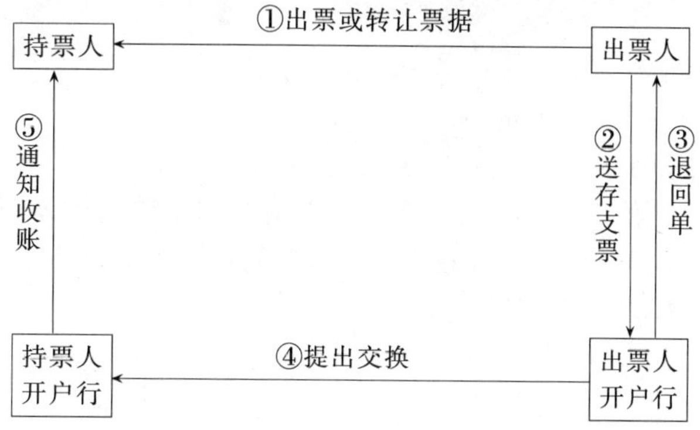

图4—2　支票提交出票人开户行基本处理程序

第三节　银行本票

一、银行本票的概念及基本规定

（一）银行本票的概念

银行本票是由银行签发，承诺自己在见票时无条件支付确定的金额给持票人的票据。

银行本票的当事人包括付款人和收款人，付款人即银行本票的签发银行。

（二）银行本票的基本规定

（1）单位和个人凡在同一票据交换区域需要支付的各种款项，均可以使用银行本票。

（2）银行本票可以用于转账，也可以用于支取现金。但签发注明“现金”字样的银行本票，其申请人和收款人必须均为个人。

（3）银行本票的提示付款期限为自出票日起最长不得超过 2 个月，超过提示付款期限的银行本票，代理付款行或付款人不予受理。持票人或申请人因银行本票超过付款提示期限或其他原因，可持银行本票到签发银行请求付款或退款。遗失的银行本票，失票人可以在提示付款期限满后 1 个月内确定未被冒领时，凭法院出具的享有票据权利的证明，向付款人请求付款或退款。

（4）银行本票的出票人，限于在人民银行开立清算账户、参加票据交换、内部管理健全并经当地人民银行批准办理银行本票业务的金融机构。

（5）银行本票必须载明的内容有：表明“银行本票”的字样，无条件支付的承诺，确定的金额，收款人名称，出票日期，出票人签章等。银行本票欠缺任何上列内容之一的均无效。

银行本票由于是银行签发并付款，所以信誉较高，收款人或持票人将本票送存银行即可入账用款。

二、转账银行本票的核算

基本处理程序见图 4—3。

（一）出票行签发银行本票

单位或个人使用银行本票时，应填写一式三联银行本票申请书（见样式 4—3），第一联存根由申请人留存，第二、三联提交银行。申请人和收款人均为个人并需要支取现金的，应注明“现金”字样。申请人和收款人为单位的，不能申请签发现金银行本票。交现金办理本票的第二联本票申请书注销。

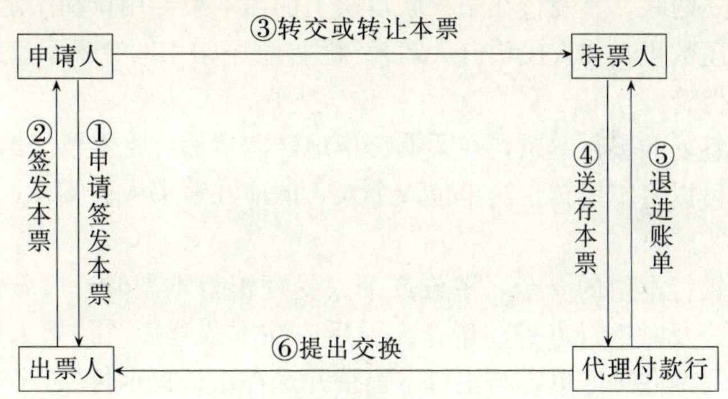

图 4—3　银行本票基本处理程序

样式 4—3　　**中国××银行本票申请书（借方凭证）** 2　**第　号**

委托日期 20××年 2 月 7 日

<table>
<tr><td>申请人</td><td>亿立集团公司</td><td>收款人</td><td colspan="9">中运公司</td></tr>
<tr><td>账号与地址</td><td>2010013</td><td>账号与地址</td><td colspan="9">2010004</td></tr>
<tr><td>用途</td><td>购货款</td><td>代理付款行</td><td colspan="9">前江办事处</td></tr>
<tr><td rowspan="2">本票金额</td><td colspan="2" rowspan="2">人民币：（大写）玖万伍仟元整</td><td>百</td><td>十</td><td>万</td><td>千</td><td>百</td><td>十</td><td>元</td><td>角</td><td>分</td></tr>
<tr><td></td><td>¥</td><td>9</td><td>5</td><td>0</td><td>0</td><td>0</td><td>0</td><td>0</td></tr>
<tr><td colspan="2">上列款项请从我账户内支付

（申请人盖章）</td><td colspan="10">科目：（借）单位活期存款
对方科目（贷）本票
转账日期：20××年 2 月 7 日
复核　　记账</td></tr>
</table>

签发行审查本票申请书无误后，对于转账签发本票的，以申请书第二、三联分别作转账借方、贷方传票；交现金签发本票的，以第三联作现金收入传票。其会计分录为：

借：单位活期存款（或库存现金）——申请人户

　贷：本票

款项收妥后，即据以签发银行本票（见样式 4—4），本票的签发日期要大写，用于转账兑付的本票需划去“现金”二字，按照规定可以支取现金的则划去“转账”二字，未划去的一律按转账处理。

样式 4—4　　**中国××银行**

本　票　　2　地名　号码××××××××

出票日期（大写）贰零××年贰月柒日

<table>
<tr><td colspan="2">收款人：中运公司</td><td colspan="2">申请人：亿立集团公司</td></tr>
<tr><td colspan="4">凭票即付　人民币：（大写）玖万伍仟元整</td></tr>
<tr><td>转账</td><td>现 金</td><td rowspan="2">出票行签章</td><td rowspan="2">出纳　复核　经办</td></tr>
<tr><td colspan="2">备注：</td></tr>
</table>

银行本票一式两联，签发行在第二联本票上加盖本票专用章和法定代表人或其授权代理人名章，并用压数机在“人民币（大写）”栏右端压印小写金额后交给申请人，第一联卡片留存，专夹保管。

申请人接到签妥的银行本票，在票据交换地区购货后，将本票交给收款人。在提示付款期内，收款人可以将本票转让给单位或个人，但应在背书人栏签章，并填明背书日期和被背书人。

为保证使用银行本票的安全，单位或个人受理银行本票时，应着重就本票内容的真实、正确、完整、及时进行审查。审查无误后，在本票背面“持票人向银行提示付款签章”处签章并填写两联进账单，与银行本票一并送存银行提示付款。

（二）代理付款行办理银行本票付款

代理付款行接到在本行开立账户的持票人直接交来的本票和两联进账单，应认真审查：本票是否为统一印制的凭证；本票是否真实；是否超过提示付款期限；本票填明的持票人是否在本行开户，持票人名称是否为该持票人，与进账单上的名称是否相符；出票行的签章是否符合规定，加盖的本票专用章是否与印模相符；是否有统一制作的压数机压印金额，与大写的出票金额是否一致；本票必须记载的事项是否齐全，出票金额、日期、收款人名称是否更改，其他记载事项的更改是否由原记载人签章证明；持票人是否在本票背面“持票人向银行提示付款签章”处签章；背书转让的本票是否按规定的范围转让，其背书是否连续，签章是否符合规定，背书使用粘单的是否按规定在粘接处签章。

审查无误后，代理付款行将本票款支付给持票人，以进账单第二联作转账贷方传票。其会计分录为：

借：清算资金往来（或待清算票据款项、存放中央银行款项）

　贷：单位活期存款——持票人户

代理付款行付款后，在本票上加盖转讫章，通过票据交换将本票提交出票行，进账单第一联加盖业务公章作为回单，第三联加盖转讫章作收账通知，一并交给持票人。

（三）出票行结清本票

出票行收到票据交换提入的本票时，抽出保管的本票卡片，经核对无误后，以本票作借方传票，第一联卡片联作附件进行转账。其会计分录为：

借：本票

　贷：清算资金往来（或待清算票据款项、存放中央银行款项）

如果受理的转账银行本票，其持票人在出票行开户，则支付本票款项亦即结清本票，应以“本票”科目与持票人存款账户对转。

三、出票行兑付现金本票

出票行接到收款人交来的注明“现金”字样的本票时，抽出专夹保管的本票卡片或存根，经核对相符并确认属于本行签发后，还要审查本票上填写的申请人和收款人是否均为个人，收款人在本票背面“持票人向银行提示付款签章”处是否签章和注明身份证件名称、号码及发证机关，同时要审查身份证件并要求收款人提交身份证件复印件，以留存备查。

如为收款人委托他人向出票行提示付款的，必须查验收款人及被委托人的身份证件，并审查在本票背面是否作委托背书，是否注明收款人和被委托人证件名称、号码及发证机关，并要求提交收款人和被委托人身份证件复印件留存备查。

审查无误后，方可办理付款手续，以本票作借方传票，以第一联卡片联作附件。其会计分录为：

借：本票

　贷：库存现金

四、本票退款

本票如因超过付款提示期限或其他原因需要退款，应由申请人填制三联进账单与本票一并提交出票行办理。出票行审查无误后，凭以办理退款手续。

第四节　银行汇票

一、银行汇票的概念及基本规定

（一）银行汇票的概念

银行汇票是出票银行签发的，由其在见票时按实际结算金额无条件支付给收款人或持票人的票据。银行汇票签发后，一般系交给申请人自带到异地，由异地银行代签发银行审核后支付汇票款项。为此，异地代签发银行审核并支付汇票款项的银行为代理付款人，而银行汇票的签发银行为付款人。

（二）银行汇票的基本规定

（1）单位和个人的各种经济活动款项的结算，均可以使用银行汇票。

（2）银行汇票上包含的内容有：表明“银行汇票”的字样，签发金额，付款人名称，收款人名称，出票日期，出票人签章。银行汇票上缺少以上任何一项内容均无效。银行汇票可以用于转账，填明“现金”字样的银行汇票也可用于支取现金，但仅限于申请人和收款人均为个人的银行汇票。签发转账银行汇票，不得填写代理付款人名称。

（3）银行汇票的出票和付款，全国业务范围限于中国人民银行和各商业银行参加“全国联行往来”的银行机构。

（4）银行汇票的提示付款期限为 1 个月，自出票日算起。持票人超过期限提示付款的，代理付款人不予受理。

（5）持票人向银行提示付款时，必须同时提交银行汇票和解讫通知，缺少任何一联，银行均不予受理。申请人因银行汇票超过付款提示期限或其他原因要求退款时，应将银行汇票和解讫通知同时提交到出票银行办理，缺少解讫通知要求退款的，出票银行应于银行汇票提示付款期满 1 个月后办理。

（6）银行汇票的背书转让以不超过出票金额的实际结算金额为准，未填写实际结算金额或实际结算金额超过出票金额的银行汇票不得背书转让。

二、银行汇票的核算

银行汇票的处理过程分为签发、兑付和结清三个阶段，其基本处理程序见图 4—4。

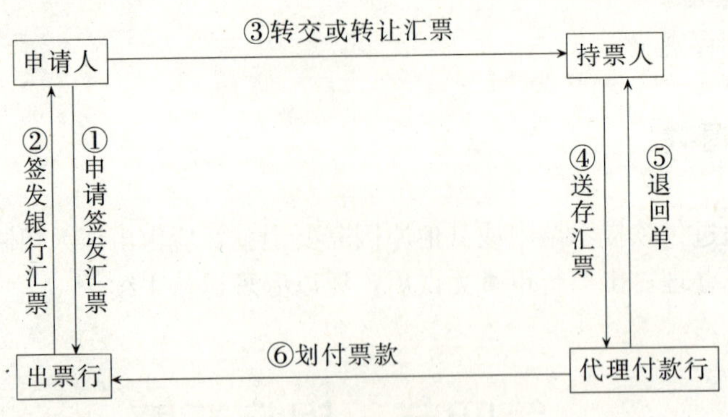

图 4—4　银行汇票基本处理程序

（一）出票行签发银行汇票

申请人需要使用银行汇票时，应向银行提交一式三联银行汇票申请书（格式同银行本票申请书），详细填明申请书内所列各项内容。申请人和收款人都是个人、交存现金并需要在代理付款行支取现金的，可以申请签发现金汇票。申请人应在汇票申请书“汇款金额”栏先填写“现金”二字，后填大写汇款金额。申请人或收款人为单位的，不得申请签发现金汇票。汇票申请书第一联为存根，第二联加盖印章与第三联提交银行，如为交付现金的，第二联注销。

签发行受理汇票申请书时要认真审查：内容填写是否齐全、清晰；其签章是否为预留银行的签章；申请书填明“现金”字样的，申请人和收款人是否都是个人。

出票行审查后，转账付款的以申请书第三联作贷方传票，第二联作借方传票。其会计分录为：

借：单位活期存款——申请人户

　　贷：汇出汇款

现金交付的，以申请书第三联代现金收入传票（贷方传票）。其会计分录为：

借：库存现金

　　贷：汇出汇款

出票行进行转账或收妥现金后，根据申请书签发一式四联银行汇票（见样式 4—5）。

为了防止涂改，填写汇票时，日期及金额必须大写，在“实际结算金额”栏的小写金额上端需用总行统一制作的压数机压印出票金额。申请人和收款人为个人，并在收妥现金后签发现金汇票的，须在四联汇票第二栏“出票金额人民币（大写）”之后紧接着填写“现金”字样，然后再填大写金额，并在代理付款行名称栏填明指定的本系统银行名称，以便支取现金。

样式 4—5

中国××银行
银行汇票　3

汇票号码：33667788

出票日期（大写）贰零××年陆月拾日											代理付款行：　　　行号：
收款人：轧钢厂	账号：2010031										
出票金额 人民币（大写）壹拾贰万伍仟元整											
实际结算金额 人民币（大写）壹拾贰万叁仟壹佰元整	千	百	十	万	千	百	十	元	角	分	
		¥	1	2	3	1	0	0	0	0	
申请人：博雅公司	账号：2010018										
出票行：华县滨海支行	行号：×××××	密押：									
备注：______		多余金额									
凭票付款		万	千	百	十	元	角	分			
出票行签章		¥	1	9	0	0	0	0	复核	记账	

签发转账汇票，不得填写代理付款行名称。如申请人在汇票申请书备注栏内注明有“不得转汇”字样的，签发行亦应在汇票的用途栏内加以注明。

汇票填写完毕并审核无误后，在第二联加盖汇票专用章和法定代表人或其授权代理人名章，第一联与第四联于登记汇出汇款账后妥善保管，第二联汇票与第三联解讫通知一并交与申请人持往代理付款行办理转账或取现。

申请人收到已签妥的第二联汇票和第三联解讫通知，在付款期内应带往兑付地，可直接交收款人办理结算，也可以背书后转让给被背书人，但应在汇票背面（见样式 4—6）填明背书人和被背书人以及背书日期。

样式 4—6

汇票背面及粘单

被背书人	被背书人
背书人签章 年　月　日	背书人签章 年　月　日

持票人向银行
提示付款签章：

证件名称：　　　　发证机关：

号码：□□□□□□□□□□□□□□□□□□

为确保汇票真实，收款人或被背书人对汇票内容要进行详细审查，如有疑问可交由当地银行验证。审查无误后，在汇款金额内根据实际交易额办理结算，并在汇票和解讫通知上填写实际结算金额和多余金额（没有多余金额的填写“—0—”），然后按实际结算金额填制一式三联进账单，并在汇票背面“持票人向银行提示付款签章”处盖章，一并提交开户行办理进账手续。个人收款的现金汇票，亦应在汇票背面“持票人向银行提示付款签章”处盖章或签字，并批注身份证件或证明，填制一式三联进账单，一并提交代理付款行。

【例 4—3】 博雅公司向开户银行工商银行滨海支行提交汇票申请书，申请签发银行汇票 125 000 元，拟持往异省华县采购商品。滨海支行审查无误，转账收款后签发汇票，汇票号码为 33667788。

借：单位活期存款—— 博雅公司存款户　　125 000.00

　贷：汇出汇款　　125 000.00

签发银行汇票的第二联和第三联交博雅公司。博雅公司派人持汇票赴异省华县。

（二）代理付款行支付汇票款

代理付款行受理收款人或持票人提交的汇票、解讫通知和三联进账单，应着重审查汇票的真实性、正确性和及时性。其具体审查内容有：汇票和解讫通知是否同时提交（缺少任何一联均不予受理）；汇票上的持票人名称是否为该持票人，与进账单上的户名是否相符；汇票上加盖的印章是否符合规定并真实；使用密押的，密押是否正确；压数机压印的金额是否由统一制作的压数机压印，与大写的出票金额是否一致；汇票是否真实，填写是否符合要求，内容有无涂改；提示付款期是否超过；持票人是否在汇票背面盖章；汇票实际结算金额是否在签发金额以内，与进账单所填金额是否一致，多余金额结计是否正确；背书转让的汇票，其背书是否连续等。代理付款行经审查无误，按规定进行处理。

1. 持票人在银行开有账户

持票人在代理付款行开有账户，并且代理付款行与出票行均属同一银行系统，则可当时为持票人进账。进账时将进账单第一联和第三联一并退交持票人，第二联作贷方传票，同时以汇票作借方传票（或凭联行汇总传票办理转账），将票款划付出票行。其会计分录为：

借：联行往账

　贷：单位活期存款——持票人户

代理付款行填制联行借方报单与解讫通知一并寄出票行。

【例 4—4】（接【例 4—3】）博雅公司采购人员持银行汇票至异省华县，经过洽谈，与华县轧钢厂达成供货协议，协议价款 123 100 元。轧钢厂遂填制进账单将汇票送存开户银行工商银行开发区支行。开发区支行审查无误后为轧钢厂进账并从滨海支行划付。

华县工商银行开发区支行的会计分录为：

借：联行往账　　123 100.00

　贷：单位活期存款——轧钢厂存款户　　123 100.00

2. 持票人未在银行开立账户

如果持票人未在银行开立账户，可以选择任何一家银行提示付款，并填写三联进账单和解讫通知送存银行。

代理付款行在办理付款手续时，应先查验持票人的身份证件，请持票人在“持票人向银行提示付款签章”处签章并填明证件名称、号码及发证机关，并要求提交持票人身份证件复印件留存备查。

对现金汇票持票人委托他人向代理付款行提示付款的，代理付款行须查验持票人和被委托人的身份证件，在汇票背面是否作委托收款背书，以及是否注明持票人和被委托人身份证件名称、号码及发证机关，并要求提交持票人和被委托人身份证件复印件留存备查。

代理付款行审查无误后，先转入“应解汇款”科目，以持票人姓名开立临时存款户并注明汇票号码，然后再一次或分次支取。该账户只付不收，付完清户，不计付利息。不直接从联行科目支付而通过“应解汇款”科目的原因是便于日后有明细分类账的记载可查。

转入“应解汇款”科目时，应以第二联进账单作转账贷方传票。其会计分录为：

借：联行往账

　　贷：应解汇款——持票人户

转入“应解汇款”科目后，如需转账支取款项时，由原持票人填制支款凭证并交验身份证件。该账户款项只能转入单位或个体工商户的存款户，不能转入储蓄和信用卡账户。其会计分录为：

借：应解汇款——原持票人户

　　贷：××科目

如需支取现金，经查验汇票上出票行确已按规定填明“现金”字样，汇款人与收款人均为个人，填写的代理付款银行名称确为本行时，可一次办理支付手续。如汇票上未填明“现金”字样，需要支取现金的，应由代理付款行按照现金管理规定审查支付。其会计分录为：

借：应解汇款—— 原持票人户

　　贷：库存现金

（三）出票行结清银行汇票

出票行接到代理付款行寄来联行借方报单以及解讫通知时，经与汇票卡片核对无误后，分别情况进行处理。

汇票全额付款时，出票行应在汇票卡片和多余款收账通知上，按全部金额填入实际结算金额栏，并在多余款收账通知多余金额栏填写“—0—”。以汇票卡片作借方传票，解讫通知与多余款收账通知作附件办理转账。其会计分录为：

借：汇出汇款

　　贷：联行来账

同时销记“汇出汇款”账。

汇票有多余款的，应在汇票卡片和多余款收账通知上填写实际结算金额，并在多余款收账通知上填多余金额后作收账通知交申请人，以解讫通知作贷方传票，汇票卡片作借方传票，办理转账。其会计分录为：

借：汇出汇款

　　贷：联行来账

　　　　单位活期存款——申请人户

如申请人未在银行开户，则需将多余款先转入“其他应付款”科目，再通知申请人来行取款。取款时，申请人需持申请书存根及本人身份证件办理手续，银行从“其他应付款”科目付出。

【例 4—5】（接【例 4—3】、【例 4—4】）滨海支行收到华县开发区支行划付款项的报单，核对无误后，结清 33667788 号汇票，将余款 1 900 元转入博雅公司存款账户。

借：汇出汇款	125 000.00
贷：联行来账	123 100.00
单位活期存款——博雅公司存款户	1 900.00

（四）汇票退汇

1. 申请人退款的处理

由于汇票系由申请人自带凭证且账务通过“汇出汇款”科目处理，因此汇票的退款应向出票行申请办理。

申请人由于汇票超过付款期限或其他原因申请办理退款时，除应向出票行交验公函或身份证件并说明退款原因外，还应交回汇票和汇款解讫通知。出票行与原留存的卡片核对无误后，在汇票和汇款解讫通知的实际结算金额大写栏填写“未用退回”字样，将款项转入申请人存款账户，在多余款收账通知上按原汇款金额填入多余金额栏，并加盖转讫章作为退款收账通知交给申请人。

如果申请人由于汇票和解讫通知缺少一联，无法在代理付款行所在地办理结算时，也应备函向出票行说明原因，并将剩余一联交回，经出票行审查并于提示付款期满一个月后办理退款手续。

2. 持票人超过付款期限不获付款的处理

持票人超过付款期限不获付款的，在票据权利时效内请求付款时，应当向出票行说明原因，并提交汇票和解讫通知。持票人为个人的，还应交验本人身份证件。出票行将汇票与原专夹保管的汇票卡片核对无误，并审核多余金额结计正确，即在汇票和解讫通知的备注栏填写“逾期付款”字样，办理付款手续，并通过“应解汇款”科目核算，分别情况作如下处理：

（1）汇票应全额付款的，即持票人应获得全部汇票款的，在汇票卡片的实际结算金额栏填入全部金额，在多余款收账通知的多余金额栏填写“—0—”，汇票卡片作借方凭证，解讫通知作贷方凭证，多余款收账通知作贷方凭证附件。其会计分录为：

借：汇出汇款

　　贷：应解汇款——持票人户

同时销记“汇出汇款”账，由持票人填写信汇、电汇凭证或银行汇票申请书，通过银行汇款或签发银行汇票，将款项汇往持票人开户行。其会计分录为：

借：应解汇款——持票人户

　　贷：联行往账（或汇出汇款）

（2）汇票有多余款的，即持票人不能全额获得汇票款的，应在汇票卡片和多余款收账通知上填写实际结算金额，汇票卡片作借方凭证，解讫通知作多余款贷方凭证，另填制一联特种转账贷方凭证。其会计分录为：

借：汇出汇款

　　贷：应解汇款——持票人户

　　　　××科目——申请人户

其余手续与全额付款相同。

（3）持票人提交填明“现金”字样的汇票，不论应全额付款，还是有多余款，均将应支付持票人的款项转入“应解汇款”科目，然后通过信汇、电汇或签发银行汇票，将款项汇往持票人所在地银行，信汇、电汇凭证或银行汇票上亦应注明“现金”字样。多余款转入“其他应付款”科目并通知申请人来行取款。

第五节　商业汇票

一、商业汇票的概念、种类及基本规定

（一）商业汇票的概念与种类

1. 商业汇票的概念

商业汇票是由出票人签发，委托付款人在指定日期无条件支付确定的金额给收款人或持票人的票据。

商业汇票签发后，必须经过承兑。所谓承兑就是承兑人同意按汇票载明的事项到期付款，而在票据上做文字记载或签章的票据行为。

2. 商业汇票的种类

按承兑人的不同，商业汇票分为商业承兑汇票和银行承兑汇票。商业承兑汇票是由银行以外的付款人承兑的商业汇票，可以由付款人签发并承兑，也可以由收款人签发交由付款人承兑。银行承兑汇票是由银行承兑的商业汇票，由出票人签发，交给其开户银行承兑，银行对商业汇票承兑后，即为商业汇票的付款人或主债务人，承担到期无条件支付款项的责任。

商业汇票的当事人有出票人、收款人、付款人、承兑人、背书人、被背书人、持票人和保证人。商业汇票签发环节主要应标明出票人和收款人。出票人是依照法定方式签发票据并交付给收款人的人，在票据承兑前，其为票据的主债务人；收款人是票据到期后有权收取票据金额的人，亦即债权人。商业汇票签发后必须经过承兑，承兑后的商业汇票需要标明承兑人。承兑人是同意按照票据载明的事项承担到期无条件支付票载金额的人，所以承兑人就是付款人。商业汇票经承兑后，承兑人亦即付款人成为主债务人，而出票人则退为次债务人。商业汇票流通转让要标明背书人和被背书人。保证人是指对商业汇票的出票、背书、承兑、付款等行为予以保证的人。

（二）商业汇票的基本规定

（1）凡是在银行开立账户的法人以及其他组织之间，根据购销合同进行商品交易和清偿债权、债务，均可以使用商业汇票。

（2）签发商业汇票必须有真实的交易关系或债权债务关系，亦即商业汇票的签发必须给付对价，不得签发无对价的商业汇票。

（3）商业承兑汇票的出票人必须是在银行开立存款账户的法人及其他组织，与付款人之间必须具有真实的委托付款关系，并且具有支付商业汇票金额的可靠的资金来源。银行承兑汇票的出票人必须是在承兑银行开立存款账户的法人或其他组织，与承兑银行具有真实的委托付款关系，资信状况好，具有支付汇票金额的可靠资金来源。

（4）商业汇票可以在签发时向付款人提示承兑后使用，也可以在汇票出票后，先使用再向付款人提示承兑。定日付款或者出票后定期付款的汇票，持票人应当在汇票到期日前向付款人提示承兑；见票后定期付款的汇票，持票人应当自出票日起 1 个月内向付款人提

示承兑。商业汇票的付款人接到出票人或持票人向其提示承兑的汇票后，应当在自收到提示承兑的汇票之日起3日内承兑或拒绝承兑。付款人承兑商业汇票不得附有条件，承兑附有条件的，视为拒绝承兑。

（5）商业汇票的付款期限，最长不得超过6个月。定日付款的汇票付款期限自出票日起计算，并在汇票上记载具体的到期日；出票后定期付款的汇票付款期限自出票日起按月计算，并在汇票上记载；见票后定期付款的汇票，付款期限自承兑或拒绝承兑日起按月计算，并在汇票上记载。

（6）商业汇票的提示付款期限为自汇票到期日起10日内。不论是商业承兑汇票还是银行承兑汇票，持票人应在提示付款期内委托银行收款或直接向付款人提示付款；对异地承兑的汇票，持票人应匡算邮程，提前通过开户银行委托收款；对超过提示付款期限的汇票，开户银行不予受理。

二、商业承兑汇票的核算

商业承兑汇票是经付款人承兑的汇票，只有在票据即将到期时，持票人才委托银行代为收取款项，其基本处理程序见图4—5。

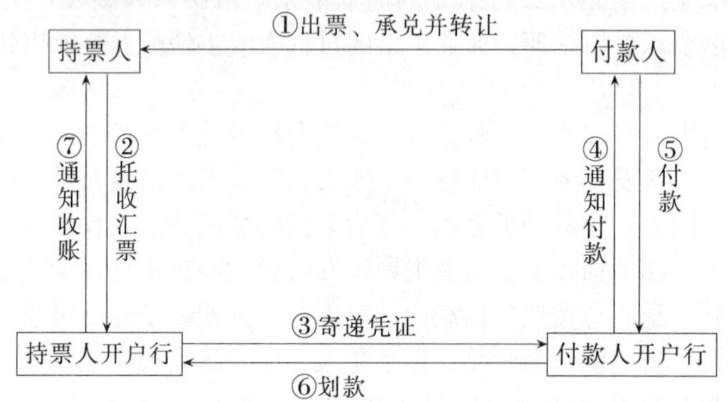

图4—5　商业承兑汇票基本处理程序

付款人在接到出票人或持票人向其提示承兑的汇票时，应当向出票人或持票人签发收到汇票的回单，证明汇票提示承兑的日期并签章，并在自收到提示承兑的汇票之日起3日内承兑或拒绝承兑。对承兑的汇票必须在汇票正面签署“承兑”字样并加盖预留银行印鉴。

商业承兑汇票（见样式4—7）一式三联，第一联卡片由承兑人留存，第二联承兑后交收款人作为到期收款的凭据，第三联存根由出票人存查。

付款人既已对汇票承兑，就必须在到期前将汇票款足额交存其开户银行，以便银行代收款人收款。

（一）持票人开户行受理委托代收汇票款

持票人在提示付款期内填写托收凭证，在“托收凭据名称”栏注明“商业承兑汇票”及其号码，汇票附后作为收款凭据，一并送交开户银行。

样式 4—7

商业承兑汇票　2　汇票号码××××××××

出票日期 贰零××年陆月玖日

（大写）

<table>
<tr><td rowspan="3">付款人</td><td>全称</td><td>维宏公司</td><td rowspan="3">收款人</td><td colspan="2">全称</td><td colspan="10">陆江集团公司</td></tr>
<tr><td>账号</td><td>2010033</td><td colspan="2">账号</td><td colspan="10">2010018</td></tr>
<tr><td>开户银行</td><td>丰县支行</td><td colspan="2">开户银行</td><td colspan="10">华县支行</td></tr>
<tr><td colspan="2" rowspan="2">出票金额</td><td colspan="4" rowspan="2">人民币：
（大写）伍拾万元整</td><td>千</td><td>百</td><td>十</td><td>万</td><td>千</td><td>百</td><td>十</td><td>元</td><td>角</td><td>分</td></tr>
<tr><td></td><td>¥</td><td>5</td><td>0</td><td>0</td><td>0</td><td>0</td><td>0</td><td>0</td><td>0</td></tr>
<tr><td colspan="2" rowspan="2">汇票到期日
（大写）</td><td rowspan="2">贰零××年玖月玖日</td><td colspan="2" rowspan="2">付款人
开户行</td><td>行号</td><td colspan="10">×××××</td></tr>
<tr><td>地址</td><td colspan="10">丰县大马路 78 号</td></tr>
<tr><td colspan="2">交易合同号码</td><td colspan="14">齐经字 1032 号</td></tr>
<tr><td colspan="3">本汇票已经承兑，到期无条件支付票款

承兑人签章
承兑日期 20××年 6 月 9 日</td><td colspan="13">本汇票请予以承兑，于到期日付款

出票人签章</td></tr>
</table>

银行审查无误后，在托收凭证各联上加盖“商业承兑汇票”戳记。第一联托收凭证退交持票人，第二联托收凭证专夹保管，并登记发出托收结算凭证登记簿。付款人在异地的，托收凭证第三、四、五联与商业承兑汇票一并寄交付款人开户行。收、付款人如在同一票据交换地区，银行对商业承兑汇票通过票据交换处理。

（二）付款人开户银行代收款

付款人开户银行接到持票人开户银行寄来的第三、四、五联托收凭证及汇票，审核无误后，将第五联托收凭证连同汇票交付款人，通知其付款。第三、四联托收凭证与汇票留存凭以付款。

（1）付款人接到银行交来的付款通知，应于当日通知银行付款，如果付款人开户行在付款人收到付款通知的 3 天内，未接到付款人支付款项的通知，应于付款人接到付款通知的第 4 天上午开业办理划款。划款时，付款人账户有足够资金支付汇票款的，以第三联托收凭证作转账借方传票，汇票作附件。其会计分录为：

借：单位活期存款——付款人户

　贷：联行往账

（2）付款人存款账户资金不足支付的，付款人开户行在付款期满日填制一式三联“付款人未付款项通知书”（以异地结算通知书改用），在托收凭证备注栏注明“付款人无款支付”字样，并在托收凭证和“收到托收凭证登记簿”备注栏注明单证退回日期和“无款支付”字样，将一联通知书与第三联托收凭证保管备查，第二联通知书与第四联托收凭证及汇票一并寄交收款人开户银行。

（3）付款人拒绝支付票款的，应在接到付款通知的次日起 3 日内，向开户行提交一式四联拒绝付款理由书与第五联托收凭证。银行审查拒付理由书填写无误，将第一联拒付理由书盖章退交付款人，第二联拒付理由书与第三联托收凭证留存备查，第三、四联拒付理由书与所退汇票以及第四、五联托收凭证一并寄交持票人开户行，并在登记簿注明“拒绝付款”字样和日期。

（三）持票人开户行收到划回款项或退回凭证

（1）持票人开户行收到付款人开户行寄来的联行报单和第四联托收凭证时，以第二联托收凭证作贷方传票，为收款人进账。其会计分录为：

借：联行来账

贷：单位活期存款——持票人户

（2）持票人开户行如接到付款人开户行寄来的未付款项通知书或拒付理由书、汇票和托收款凭证，应与留存的第二联托收凭证核对；第二联托收凭证、一联未付款项通知书或拒付理由书留存；第四联托收凭证（拒付的还应当包括托收凭证第五联）、未付票款通知书或拒付理由书第四联及汇票退交持票人，由持票人与付款人自行交涉解决。

三、银行承兑汇票的核算

银行承兑汇票虽然也是商业汇票，但是由银行承担到期付款的责任，银行对商业汇票一经承兑，就要负绝对付款的责任，其基本处理程序见图 4—6。

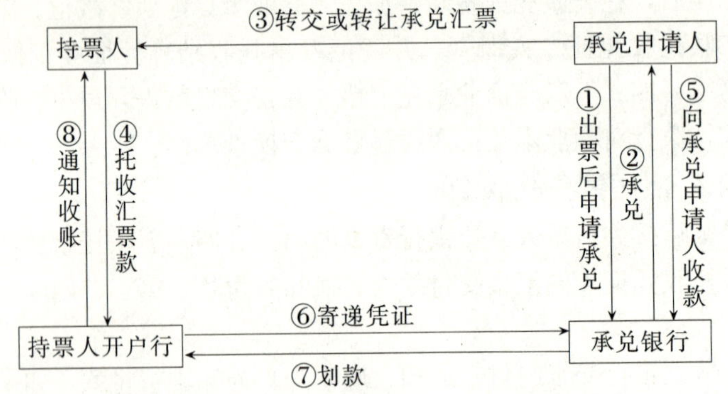

图 4—6　银行承兑汇票基本处理程序

（一）承兑银行办理汇票承兑

银行承兑汇票在签发后，由出票人向汇票上记明的承兑银行（一般为出票人的开户行）申请承兑。承兑申请人申请承兑时，应提交三联银行承兑汇票（见样式 4—8），第一联为卡片，第二联为汇票，第三联为存根。出票人在第一联上盖章，同时填写一式三联银行承兑协议（见样式 4—9），连同购销合同送交承兑银行申请承兑。

承兑银行的信贷部门按照信贷办法的有关规定和审批程序，对企业的资信情况、购销合同、汇票的使用对象和汇票记载的内容进行认真审查，必要时可由承兑申请人提供抵押或担保。符合规定和承兑条件的，与承兑申请人签订承兑协议，双方在协议上盖章，协议书一联留存，另两联以及第一、二联汇票交会计部门。对不符合规定和承兑条件的，一律不予办理。

会计部门负责汇票记载内容和使用对象的审查，符合规定并具有承兑协议的，即在汇票各联上注明承兑协议编号，在第二联汇票上加盖汇票专用章，用压数机压印汇票金额，将第二联汇票连同一联承兑协议交给承兑申请人。同时，按照承兑协议规定向承兑申请人收取承兑手续费，承兑手续费按票面金额的 5‰收取。其会计分录为：

样式 4—8　　　　**银行承兑汇票　2**　汇票号码××××××××

出票日期（大写）贰零××年陆月叁日

<table>
<tr><td>出票人</td><td>海化公司</td><td rowspan="3">收款人</td><td>全称</td><td>虹兴公司</td></tr>
<tr><td>出票人账号</td><td>2010011</td><td>账号</td><td>2010033</td></tr>
<tr><td>付款行全称</td><td>××银行华县支行</td><td>开户银行</td><td>××银行丰县支行</td></tr>
<tr><td>出票金额</td><td colspan="2">人民币（大写）伍拾万元整</td><td colspan="2">百 十 万 千 百 十 元 角 分
¥ 5 0 0 0 0 0 0 0</td></tr>
<tr><td>汇票到期日（大写）</td><td>贰零××年拾月叁日</td><td rowspan="2">付款银行</td><td>行号</td><td>×××××</td></tr>
<tr><td></td><td></td><td>地址</td><td>华县河沿大街 16 号</td></tr>
<tr><td>承兑协议编号</td><td colspan="4">87 号</td></tr>
<tr><td colspan="2" rowspan="2">本汇票请你行承兑，到期无条件付款</td><td colspan="2">本汇票已经承兑，到期日由本行付款
承兑行盖章
承兑日期 20×× 年 6 月 6 日</td><td rowspan="2">复核　记账</td></tr>
<tr><td colspan="2">备注：</td></tr>
</table>

样式 4—9　　　　**银行承兑协议　1**

银行承兑汇票的内容：

出票人全称：海化公司　　　　收款人全称：虹兴公司

开户银行：××银行华县支行　　　　开户银行：××银行丰县支行

账　　号：2010011　　　　账　　号：2010033

汇票号码：××××××　　　　汇票金额（大写）：伍拾万元整

出票日期：20××年 6 月 3 日　　　　到期日期：20××年 10 月 3 日

以上汇票经银行承兑，出票人愿意遵守《支付结算办法》的规定及以下条例：

一、出票人于汇票到期日将应付款足额交承兑银行。

二、承兑手续费按票面金额万分之五计算，在银行承兑时一次交清。

三、出票人与持票人如发生任何交易纠纷，均由双方自行处理，票款于到期前仍按第一条办理不误。

四、承兑汇票到期日，承兑银行付票款。如到期日之前出票人不能够足额交付票款时，承兑银行对不足支付部分的票款转作出票申请人逾期贷款，并按照有关规定计收罚息。

五、承兑汇票款付清后本协议自动失效。

承兑银行签章　　　　出票人签章

订立承兑协议日期 20××年 6 月 6 日

借：单位活期存款——承兑申请人户

　　贷：手续费及佣金收入——承兑手续费户

然后，根据第一联汇票填制银行承兑汇票表外科目收入传票，登记表外科目登记簿，并将第一联汇票卡片和承兑协议副本专夹保管。其会计分录为：

收入：银行承兑汇票——承兑申请人户

承兑银行对银行承兑汇票登记簿的余额要经常与保存的第一联汇票进行核对，以保证金额相符。

为防止汇票到期时，承兑申请人无力支付汇票款，在实际工作中，商业银行在承兑时，一般要求承兑申请人要交存汇票面额一定比例的保证金。

【例 4—6】 如样式 4—8、样式 4—9 所示，华县支行与承兑申请人海化公司签署承兑协议并收取承兑手续费。

借：单位活期存款——海化公司户　　250.00

　贷：手续费及佣金收入——承兑手续费收入　　250.00

收入：银行承兑汇票——海化公司户　　500 000.00

（二）汇票到期时承兑银行收款

银行承兑汇票的承兑申请人应于汇票到期前将票款足额交存其开户行，承兑银行应随时掌握汇票到期情况，对到期的银行承兑汇票应于到期日（法定假日顺延）根据承兑申请人账户存款情况分别处理。

1. 承兑申请人有足够资金支付汇票款

汇票到期日，承兑申请人存款账户有足够的资金支付时，承兑银行填制两联特种转账借方传票，一联特种转账贷方传票，并在“转账原因”栏注明“根据××号汇票划转票款”，以一联特种转账借方传票与一联特种转账贷方传票对转。其会计分录为：

借：单位活期存款——承兑申请人户

　贷：应解汇款——承兑申请人户

另一联特种转账借方传票代支款通知交承兑申请人。如果承兑时收取保证金，则应当冲减保证金存款。

2. 承兑申请人存款账户不足支付

汇票到期日，承兑申请人存款账户不足支付的（冲减保证金存款后仍不足支付的），不足支付部分的票款作为承兑申请人的逾期贷款（或承兑汇票垫款）。填制四联特种转账借方传票，一联特种转账贷方传票，以两联特种转账借方传票与一联特种转账贷方传票对转。其会计分录为：

借：单位活期存款——承兑申请人户

　　逾期贷款（或承兑汇票垫款）——承兑申请人逾期贷款（垫款）户

　贷：应解汇款——承兑申请人户

另两联特种转账借方传票交承兑申请人，分别代存款账户和逾期贷款账户的支款通知。对转入逾期贷款户的资金，每天按 5‱计收利息。

3. 承兑申请人无款支付

承兑申请人存款账户无款支付（冲减保证金后无款支付的）的，填制两联特种转账借方传票和一联特种转账贷方传票，转入承兑申请人的逾期贷款（或承兑汇票垫款）账户，每天按 5‱计收利息。

【例 4—7】（接【例 4—6】）10 月 3 日，承兑汇票到期，华县支行向海化公司收取承兑汇票款时，海化公司账户只能支付 380 000 元，其余 120 000 元作为承兑汇票垫款。

借：单位活期存款——海化公司存款户　　380 000.00

　　承兑汇票垫款—— 海化公司垫款户　　120 000.00

　贷：应解汇款——海化公司户　　500 000.00

（三）持票人开户行受理托收汇票款

持票人对将要到期的银行承兑汇票，要匡算至付款人（即承兑银行）的邮程，提前委托开户银行收款，并填制托收凭证，在“托收凭据名称”栏注明“银行承兑汇票”字样与汇票号码，连同汇票一并送交开户行。

银行审查后，在托收凭证各联上加盖“银行承兑汇票”戳记，其余手续按托收商业承兑汇票的手续处理，第二联托收凭证专夹保管，并登记发出托收凭证登记簿。

（四）承兑银行支付汇票款项

承兑银行收到持票人开户行寄来的托收凭证及汇票，应抽出专夹保管的汇票卡片和承兑协议副本认真核对、审查，无误后，于汇票到期日或到期日之后的见票当日，将款项从“应解汇款”科目付出，划往持票人开户行。划款时，以第三联托收凭证代转账借方传票，汇票作附件。其会计分录为：

借：应解汇款——承兑申请人户

　贷：联行往账

填制联行报单与第四联托收凭证寄持票人开户行。

汇票款划出后，填制银行承兑汇票表外科目付出传票，销记表外科目。其分录为：

付出：银行承兑汇票应付款

【例 4—8】（接【例 4—6】、【例 4—7】）10 月 7 日，华县支行收到丰县支行寄来的托收凭证与银行承兑汇票第二联，当日付款并划往丰县支行，同时销记表外科目。

借：应解汇款——海化公司户　　500 000.00

　贷：联行往账　　500 000.00

付出：银行承兑汇票——海化公司户　　500 000.00

（五）持票人开户行收到划款

持票人开户行收到承兑银行划款的报单和托收凭证，按照委托收款结算的款项划回手续处理，将款项收入持票人账户。其会计分录为：

借：联行来账

　贷：单位活期存款——持票人户

【例 4—9】（接【例 4—7】、【例 4—6】、【例 4—8】）10 月 10 日，丰县支行收到华县支行划回的承兑汇票款项，审查无误后，当即为虹兴公司收账。

借：联行来账　　500 000.00

　贷：单位活期存款——虹兴公司户　　500 000.00

第六节　汇　兑

一、汇兑的概念、种类及基本规定

（一）汇兑的概念与种类

汇兑是汇款人委托银行将款项汇给外地收款人的一种结算方式。汇兑适用范围广泛，便于汇款人向异地收款人主动付款。汇兑按凭证传递方式的不同，分为信汇、电汇两种，由汇款人选择使用。

（二）汇兑的基本规定

(1) 汇兑结算适用于单位、个体经济户和个人汇拨各种款项。

(2) 汇兑结算凭证必须记载的事项包括：表明“信汇”或“电汇”的字样，无条件支付的委托，确定的金额，汇款人的名称，收款人的名称，汇入地点、汇入行名称，汇出地点、汇出行名称，委托日期，汇款人签章。

(3) 为了满足个体户和个人在汇入行支取现金的需要，凡汇款人和收款人均为个人，需要在汇入行支取现金的，汇款时可以在信汇、电汇凭证汇款金额大写栏先填写“现金”二字，再填写大写金额，并由汇出行审查。未填明“现金”字样而需要在汇入行支取现金的，由汇入行按现金管理的有关规定审查支付。

(4) 汇款人可将款项直接汇给收款人，也可申请“留行待取”，还可在汇入地分次支取汇款或凭印鉴支取。凭印鉴支取的，应在汇兑凭证上预留收款人签章。

(5) 为了适应商品采购的需要，收款人在汇入行可以对汇款申请转汇，汇款人确定不得转汇的，应在汇兑凭证备注栏注明“不得转汇”字样。

(6) 汇款人对汇出行尚未汇出的款项可以申请撤销，对已经汇出的款项可以申请退汇。汇入银行对收款人拒收的汇款或经过两个月无法交付的汇款，应主动办理退汇。

汇兑的处理过程分为汇出行汇出款项和汇入行解付汇款两个阶段。

二、信汇的核算

信汇是汇款人委托银行以邮寄凭证的方式将款项汇给外地收款人的一种汇款方式。其基本处理程序见图4—7。

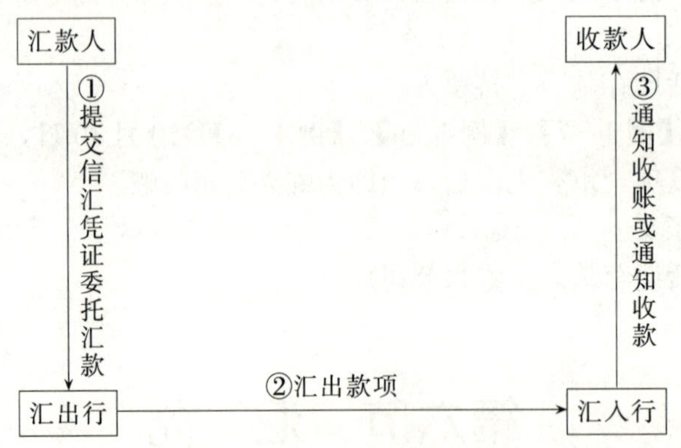

图4—7　信汇基本处理程序

（一）汇出行汇出款项

汇款人委托银行办理信汇时，应填交一式四联信汇凭证（见样式4—10），第一联为回单，第二联为借方凭证，第三联为贷方凭证，第四联为收账通知，在第二联上加盖预留银行印鉴。

样式 4—10　　**中国××银行信汇凭证（借方凭证）** 2

委托日期　20××年 6 月 10 日

<table>
<tr><td rowspan="3">汇款人</td><td>全称</td><td>路江集团公司</td><td rowspan="3">收款人</td><td>全称</td><td colspan="10">维宏公司</td></tr>
<tr><td>账号</td><td>2010018</td><td>账号</td><td colspan="10">2010033</td></tr>
<tr><td>汇出地点</td><td>××省　华　市/县</td><td>汇入地点</td><td colspan="10">××省　丰　市/县</td></tr>
<tr><td colspan="2">汇出行名称</td><td>中国××银行华县支行</td><td colspan="2">汇入行名称</td><td colspan="10">中国××银行丰县支行</td></tr>
<tr><td colspan="2" rowspan="2">金额</td><td colspan="3" rowspan="2">人民币：
（大写）伍仟陆佰元整</td><td>千</td><td>百</td><td>十</td><td>万</td><td>千</td><td>百</td><td>十</td><td>元</td><td>角</td><td>分</td></tr>
<tr><td></td><td></td><td></td><td>¥</td><td>5</td><td>6</td><td>0</td><td>0</td><td>0</td><td>0</td></tr>
<tr><td colspan="3" rowspan="2">此汇款支付给收款人

汇款人签章</td><td colspan="2">支付密码</td><td colspan="10"></td></tr>
<tr><td colspan="12">附加信息及用途：交易尾欠

复核　　记账</td></tr>
</table>

汇款人应按规定并根据不同的收款人和取款方式完整地填写汇兑凭证。必须记载的内容包括：表明“信汇”或“电汇”的字样，无条件支付的委托，确定的金额，汇款人名称，收款人名称，汇入地点、汇入行名称，汇出地点、汇出行名称，委托日期，汇款人签章。

收款人为个人并需到汇入银行领取汇款的，应在凭证上注明“留行待取”字样；留行待取需要指定单位的收款人领取汇款的，应填明收款人的单位名称；凭印鉴取款的，应在第四联凭证加盖收款人印鉴；符合在汇入行支取现金规定的，应在信汇凭证“汇款金额”大写栏先填写“现金”字样，再填汇款金额；如确定不得转汇，则需在“备注”栏注明。

汇出行接到汇款人提交的四联信汇凭证审查无误后，如果是在银行开有账户的单位转账汇款，则在第一联信汇凭证上加盖转讫章退交汇款单位，以第二联信汇凭证代转账借方传票，另编制“联行往账”科目转账贷方传票（或日终汇总编制）办理转账。其会计分录为：

借：单位活期存款——汇款人户

　贷：联行往账

如果交现金汇款，则信汇凭证第一联在出纳部门收款盖章后，退给汇款人，信汇凭证第二联作借方传票，另编制一联特种转账贷方传票。其会计分录为：

借：库存现金

　贷：应解汇款——汇款人户

借：应解汇款——汇款人户

　贷：联行往账

然后，汇出行编制联行邮划贷方报单，并在信汇凭证第三联加盖联行凭证专用章，将报单连同信汇凭证第三、四联以及汇款人委托代寄的与汇款有关的单证，一并寄交汇入行。

【例 4—10】 3 月 1 日，农业银行 A 省华县支行收到客户刘志良提交信汇凭证和现金 2 800元，款项汇往农业银行 H 省南大分理处，用途系生活费，收款人为刘运章，华县支行审查无误后受理汇款并于当日汇出。

华县支行的处理：

借：库存现金　　2 800.00

　贷：应解汇款——刘志良户　　2 800.00

借：应解汇款——刘志良户　　2 800.00

　贷：联行往账　　2 800.00

（二）汇入行解付汇款

汇入行收到汇出行寄来的邮划贷方报单与第三、四联信汇凭证，应审查第三联信汇凭证的联行专用章与报单上的印章是否一致，凭证是否为本行受理等。审查无误后，按不同的解付方式处理。

1. 直接收账

直接收账就是收款人在汇入行开有账户，可以将汇款直接记入其账户内。收账时，以第三联信汇凭证代转账贷方传票，另编制“联行来账”科目转账借方传票，办理转账。其会计分录为：

借：联行来账

　贷：单位活期存款——收款人户

第四联信汇凭证作收账通知交收款人。

2. 不直接收账

不直接收账就是指收款人未在银行开立账户，一般属于个人收款和留行待取等，应通过“应解汇款”科目处理。

以第三联信汇凭证代转账贷方传票，另编制“联行来账”科目转账借方传票，转入“应解汇款”科目。其会计分录为：

借：联行来账

　贷：应解汇款——××人户

然后，在第三、四联信汇凭证上编列应解汇款顺序号，并登记“应解汇款登记簿”（见样式4—11），第四联信汇凭证专夹保管，另以便条通知收款人来行办理取款手续（留交的不另通知）。收款人来行取款时，汇入行抽出第四联信汇凭证，验对取款人的有关证件，并将证件名称和号码在凭证空白处批注，同时由收款人盖章。如系留行待取并凭印鉴取款的，其所盖印章必须同预留印鉴核对相符，然后按取款人的不同要求支付款项。

样式4—11　　**应解汇款登记簿**

××年		编号	汇出行		汇出日期		报单		收款人全称	解付（借方）			销账		汇入（贷方）		未解	
月	日		行号	行名	月	日	种类	号码		原编号	笔数	金额	月	日	笔数	金额	笔数	金额
3	5	012	××××	华县	3	1	邮	221	刘运章				3	9	1	2 800	1	2 800
3	7	013	××××	辉县	3	4	电	543	赵　良						1	26 000	2	28 800
3	9								刘运章	012	1	2 800					1	26 000

收款人需要提取现金的，必须是凭证上填明“现金”字样，并一次办理现金支付手续，否则需按《现金管理规定》审查支付。支付现金时，需另填制现金付出传票，第四联信汇凭证为附件。其会计分录为：

借：应解汇款——××人户

　贷：库存现金

同时销记应解汇款登记簿。

如系分次支付，应首先凭第四联信汇凭证从应解汇款登记簿内注销该笔汇款，另开立临时存款户，不通过会计分录如数转入。当取款人分次取款时，应填制取款凭证。最后一次付清时，将第四联信汇凭证作取款凭证附件。

收款人要求转汇的，应重新办理汇款手续，但转汇后的收款人与汇款用途必须是原收款人和用途，并在转汇的信汇凭证第三联加盖“转汇”戳。其会计分录为：

借：应解汇款——××人户

　贷：联行往账

原信汇凭证注明不得转汇的，汇入行不予办理。

【例 4—11】（接【例 4—10】）3 月 5 日，南大分理处收到汇款，审查无误后，登记应解汇款登记簿并通知收款人；收款人刘运章于 3 月 9 日前来取款，要求全部提取现金。

南大分理处的处理：

3 月 5 日收到汇款：

借：联行来账　　2 800.00

　贷：应解汇款——刘运章户　　2 800.00

登记应解汇款登记簿，见样式 4—11。

3 月 9 日解付汇款：

借：应解汇款——刘运章户　　2 800.00

　贷：库存现金　　2 800.00

销记应解汇款登记簿，见样式 4—11。

三、电汇的核算

电汇是汇款人委托银行将所汇款项用电报通知汇入行的一种汇款方式。电汇与信汇的区别主要在于凭证传递方式不同，因而处理手续也有所不同，下面仅就其不同点加以说明。

（一）汇出行

汇款人向银行申请办理电汇时，应填送一式三联电汇凭证（见样式 4—12），第一联为回单，第二联为借方凭证，第三联为发电依据。

汇出行审查与转账后，根据第三联电汇凭证填写电稿，向汇入行拍发电报，并凭以编制电划贷方报单。电汇凭证填明“现金”字样的，在电报金额前需加拍“现金”二字，其余手续与信汇相同。

样式 4—12 中国××银行电汇凭证（汇款依据） 3

委托日期 2×××年6月10日

<table>
<tr><td rowspan="3">汇款人</td><td>全称</td><td>路江集团公司</td><td rowspan="3">收款人</td><td>全称</td><td colspan="10">维宏公司</td></tr>
<tr><td>账号</td><td>2010018</td><td>账号</td><td colspan="10">2010033</td></tr>
<tr><td>汇出地点</td><td>××省 华 市/县</td><td>汇入地点</td><td colspan="10">××省 丰 市/县</td></tr>
<tr><td colspan="2">汇出行名称</td><td>中国××银行华县支行</td><td colspan="2">汇入行名称</td><td colspan="10">中国××银行丰县支行</td></tr>
<tr><td colspan="2" rowspan="2">金额</td><td colspan="3" rowspan="2">人民币：（大写）伍仟陆佰元整</td><td>千</td><td>百</td><td>十</td><td>万</td><td>千</td><td>百</td><td>十</td><td>元</td><td>角</td><td>分</td></tr>
<tr><td></td><td></td><td></td><td>¥</td><td>5</td><td>6</td><td>0</td><td>0</td><td>0</td><td>0</td></tr>
<tr><td colspan="3" rowspan="2">此汇款支付给收款人

汇款人签章</td><td colspan="2">支付密码</td><td colspan="10"></td></tr>
<tr><td colspan="12">附加信息及用途：交易尾欠

复核　　记账</td></tr>
</table>

（二）汇入行

汇入行接到汇出行发来的电报经译电并审查无误后，按电报内容编制三联（或四联）电划贷方补充报单，以第一联代联行来账卡片账，第二联（或第三联）代转账贷方传票，第三联（或第四联）代收账通知交收款人或另以便条通知收款人来行取款。其余手续和信汇相同。

第七节 托收承付

一、托收承付的概念、种类及基本规定

（一）托收承付的概念与种类

托收承付是收款人根据购销合同发货后，委托银行向异地付款人收取款项，付款人根据购销合同核对单证或验货后，向银行承认付款的一种结算方式。

托收承付按款项划回方式分为邮划和电划两种，承付货款分为验单付款和验货付款两种，由收付双方协商选用。

（二）托收承付的基本规定

(1) 托收承付结算方式适用于异地国有企业、供销合作社以及经营管理较好，并经开户银行审查同意的城乡集体所有制工业企业之间的商品交易，以及由于商品交易而产生的劳务供应（应随同当次或并入下次货款办理托收）的款项结算。代销、寄销、赊销商品的款项，不得办理托收承付结算。

(2) 使用托收承付结算的收付款双方必须订有购销合同，并在合同中订明使用托收承付结算方式；双方信用好，能遵照合同规定办理；商品采用发货制，并凭货物确已发运的证件（包括铁路、航运、公路等承运部门签发的运单、运单副本和邮局包裹回执等）办理托收，对于其他没有发运证件的，按规定凭其他有关证件办理托收。

(3) 托收承付结算每笔金额起点为1万元，新华书店系统每笔的金额起点为1 000元。

(4) 收款人对同一付款人发出托收累计三次收不回货款的，银行应暂停其向该付款人办理托收；付款人累计三次提出无理拒付的，银行应暂停其向外办理托收并处以罚款。

托收承付的基本处理程序见图4—8。

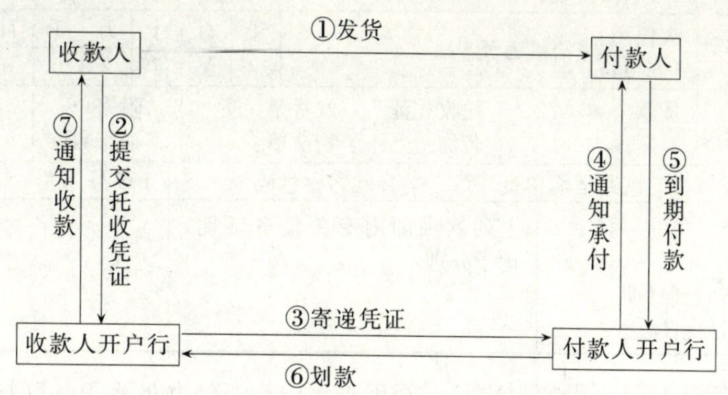

图4—8　托收承付基本处理程序

二、托收承付的核算

(一) 托收阶段

托收承付结算由收款人委托银行收款开始，在托收阶段，双方开户银行只是对凭证进行处理、登记和传递，未发生资金的实际收付。

1. 收款人开户行受理托收

收款人办理托收承付结算，应当向银行提交托收凭证（见样式4—13）与有关的交易单证。托收凭证一式五联，第一联为回单，第二联为贷方凭证，第三联为借方凭证，第四联为收账通知（电划的为发电依据），第五联为付款通知，收款人在第二联凭证上加盖印章。

开户银行收到托收凭证及其附件后，应进行认真审查：托收款项是否符合结算办法规定的使用范围、条件、金额起点以及其他有关规定；有无商品确已发运的证件，如提供的证件需要取回的，收款人在托收凭证上是否注明“发运日期”和“证件号码”，对提供发运证件有困难的，要审查其是否符合《异地托收承付结算办法》规定的其他条件；托收凭证各栏是否填写齐全和符合要求；托收凭证与所附单证的张数是否相符；第二联托收凭证上是否加盖收款人的印章。必要时，还应查验收付款人签订的购销合同。

样式 4—13

中国××银行托收凭证　2

委托日期　××××年3月1日

业务类型		委托收款（邮划　电划）托收承付（邮划　电划）			
付款人	全称	电视机厂	收款人	全称	电子器件厂
	账号	2010023		账号	2010045
	地址	××省××县		地址	××省××市
金额		人民币（大写）壹拾贰万元整			千 百 十 万 千 百 十 元 角 分 ¥ 1 2 0 0 0 0 0 0
款项内容	货款	托收凭证名称	发货票、货物清单	附寄单证张数	
商品发运证件	铁路运输单证	合同名称号码	105号		
收款人开户银行收到日期 年　月　日		上列款项随附有关债务证明，请予办理 收款人签章		复核　　记账	

银行审查凭证时间不得超过次日。经审查无误后，经办员将第一联托收凭证加盖业务公章退给收款人。对收款人需要将发运证件取回保管或自寄的，应在各联凭证上加盖“已验发运证件”戳记，然后将发运证件退给收款人。第二联托收凭证专夹保管并凭以登记“发出托收结算凭证登记簿”（见样式4—14）。然后，在托收凭证第三联上加盖结算专用章，连同第四、五联及交易单证一并寄交付款人开户行。收款人开户行如不办全国或省辖联行业务，应在托收凭证备注栏加盖“款项收妥请划×××××（行号）转划我行”戳记，以便付款人开户行向指定的转划行填发报单。

样式 4—14

发出托收结算凭证登记簿

××××年		摘　要	收入			付出			余额		
月	日		份数	金额		份数	金额		份数	金额	
3	1	承前页							22	305 000	00
3	2	发出托收	6	87 900	00				28	392 900	00
3	2	划回托收				3	21 500	00	25	371 400	00

2. 付款人开户行通知付款

付款人开户行接到收款人开户行寄来的邮划或电划第三、四、五联托收凭证及交易单证时，应审查其是否属于本行受理的凭证，所附单证的张数与凭证的记载是否相符。审查无误后，在凭证上填注收到日期和承付期限。

承付期是给予付款人审查单证、检验货物和筹措资金的时间。承付期分验单付款和验货付款两种。验单付款的承付期为3天，从付款人开户行发出承付通知的次日算起（承付期内遇法定休假日顺延），承付通知须邮寄的，应加邮寄时间；验货付款的，收款人必须在托收凭证上加盖“验货付款”戳记，其承付期为10天，从运输部门向付款人发出提货通知的次日算起，如收付双方在合同上明确规定验货付款的，银行从其规定。付款人收到提货通知后，应立即向银行交验提货通知。付款人在银行发出承付通知后（次日算起）的10天内如未收到提货通知，应在第10天将货物尚未到达的情况通知银行，如不通知，银行即视作已经验货，于10天期满的次日上午银行开始营业时，将款项划给收款人。在第10天，付款人通知银行货物未到，而以后收到提货通知没有及时送交银行的，银行仍按10天期满的次日作为划款日期，并按超过的天数，计扣逾期付款赔偿金。

托收凭证第三、四联在据以逐笔登记“定期代收结算凭证登记簿”（见样式4—15）后专夹保管，托收凭证第五联加盖业务公章连同交易单证一并及时送交付款人，或由付款人来行自取。

样式4—15

定期代收结算凭证登记簿

凭证到达日期		顺序号	付款人名称（账号）	收款人		凭证号码	托收金额		销账日期		通知方式与签收	备注	复核
月	日			名称或账号	开户行名（或行号）		（位数）		月	日			
3	3	106	2010018	2010033	丰县支行	43	18 500	00	3	7	×××		
3	4	107	2010023	2010045	前江支行	39	120 000	00	3	8	×××		

（二）承付划款阶段

在承付期内，付款人应认真审查凭证或检验货物，并积极筹措资金，如有异议或其他要求，应在付款期内通知银行，否则银行视为同意付款。

1. 全额付款

（1）付款人开户行划款。承付期满日银行营业终了前，付款人账户有足够资金支付全部款项的，开户银行应在次日上午（法定休假日顺延）将款项划往收款人开户行。开户行以第三联托收凭证作借方传票，办理转账。其会计分录为：

借：单位活期存款——付款人户

　　贷：联行往账

开户行转账后，在登记簿上填注转账日期，将第四联托收凭证注明支付日期后随联行邮划贷方报单寄交收款人开户行，如为电报划款的，向收款人开户行拍发电报。

（2）收款人开户行收款。收款人开户行收到付款人开户行寄来的邮划贷方报单及第四联托收凭证后，应进行审查并抽出留存的第二联托收凭证与第四联核对，经审查无误后，在凭证上填注转账日期，以第二联托收凭证作贷方传票，为收款人收账。其会计分录为：

借：联行来账

　　贷：单位活期存款　　收款人户

转账后，第四联托收凭证作收账通知交收款人，销记发出托收结算凭证登记簿。

如系电报划回，应编制电划贷方补充报单，分别代联行来账卡片账、贷方凭证（第二联托收凭证作附件）和收账通知，其余手续与邮划相同。

2. 提前承付

付款人在承付期满前通知银行提前付款，银行应立即办理划款并在托收凭证和登记簿备注栏分别注明“提前承付”字样，其余手续与全额付款相同。

3. 部分支付

承付期满日营业终了，付款人账户资金不足以全额支付托收款项时，可在次日上午支付部分托收款划往收款人开户行，其剩余部分在以后有款时陆续扣收。

(1) 付款人开户行。承付期满次日上午一开业，付款人开户银行办理部分支付时，应在托收凭证第三、四联上注明当天扣收的金额，另外编制特种转账借方、贷方传票各两联，注明原托收号码与金额，以其中的一联特种转账借方传票代凭证按划款金额转账，另一联特种转账借方传票作为支款通知交付款人，两联特种转账贷方传票随划款报单寄给收款人开户行。在“定期代收结算凭证登记簿”备注栏注明已支付和未支付金额，批注“部分付款”字样，或将未支付金额登记“到期未收登记簿”(以“定期代收结算凭证登记簿”代替)。将第三、四联托收凭证单独保管，作为继续扣款的依据。

如为电划，填制两联特种转账借方传票办理转账，并按规定格式向收款人开户行拍发电报。

以后陆续扣款时，除按上述手续处理以外，应逐次扣收逾期付款赔偿金，每天按逾期付款金额的5‰计算，连同当次扣收的托收款一并划转收款单位开户行转收款单位，以弥补其损失。赔偿金的计算公式是：

赔偿金＝逾期支付金额×逾期支付天数×赔偿金率

其中，逾期支付天数的计算方法是：在承付期满日银行营业终了之前，付款单位账户如无足够资金支付托收款时，其不足部分，算作逾期支付1天；承付期满的次日（如遇法定休假日顺延，但在以后遇法定休假日应当照算逾期天数）银行营业终了前仍无足够资金支付，其不足部分，算作逾期支付2天，其余类推。

托收款项逾期如遇跨月时，应在月末单独计算赔偿金，于次月3日内划给收款人。在月内有部分付款的，其赔偿金从当月1日起计算并随同部分支付的款项划给收款人，对尚未支付的款项，月末再计算赔偿金，于次月3日内划给收款人。赔偿金的扣付列在企业销货收入扣款顺序的首位，如付款人账户余额不足以全额支付时，应排列在工资之前，并对该账户采取“只收不付”的控制办法，待一次足额扣付赔偿金后，才准予办理其他款项的支付。

【例4—12】 电视机厂需付款的托收承付款项一笔，金额50万元，4月10日承付期满，4月11日上午开业划款时，由于付款人存款账户余额不足，只能支付10万元，逾期至4月25日开业时支付25万元，其余款项于5月21日上午开业全部扣清。应计收的赔偿金为：

4月25日计算赔偿金＝250 000×14×5‰＝1 750（元）

4月末计算赔偿金＝150 000×21×5‰＝1 575（元）

5月21日计算赔偿金＝150 000×19×5‰＝1 425（元）

待最后一次清算完毕，在第三联托收凭证说明“扣清”字样及日期，作特种转账借方传票附件，并销记“定期代收结算凭证登记簿”或“到期未收登记簿”，第四联托收凭证随报单和特种转账贷方传票寄收款人开户行。

托收承付款项的延付期最长为3个月，3个月期满托收款项仍未付清，银行不再负责扣收，应于次日通知付款人将有关交易单证在2日内退回银行。单证已作账务处理或已部分支付的，可以填制“应付款项证明单”，银行将有关结算凭证连同交易单证或应付款项证明单退回收款人开户银行转交收款人，并将应付的赔偿金划给收款人。对付款人逾期不退回单证的，开户银行应自发出通知的第三天起，按照尚未付清欠款的金额，每天处以5‰但不低于50元的罚款，并暂停付款人向外办理结算业务，直到退回单证为止。

付款人如不按银行合同规定，三次拖欠货款，其开户行应通知收款人开户行转告收款人，停止对该付款人办理托收，如收款人不听劝告，继续对该付款人办理托收，付款人开户行对发出通知的次日起一个月之后收到的托收凭证，可以拒绝受理，注明理由，原件退回。

(2) 收款人开户行。收款人开户行接到部分划回的上述凭证，以一联特种转账贷方传票作贷方凭证为收款人入账，其会计分录与全额付款相同。

转账后，将另一联特种转账贷方传票加盖转讫章，作收账通知交给收款人，在第二联托收凭证上注明部分划回的金额，并按划回的托收款项销记登记簿。

俟最后付清，在托收凭证第三联注明结清日期作传票附件，第四联托收凭证作收账通知的附件。

收款人开户行在逾期付款期满后接到退回的第四、五联托收凭证或两联应付款项证明单及有关单证时，应抽出第二联托收凭证，在备注栏注明未付金额，销记登记簿，将第四、五联托收凭证或应付款项证明单和有关单证退交收款人，由收款人在另一联无款支付通知书上签收，然后与第二联托收凭证一并保管备查。

4. 逾期付款

付款人在承付期满日银行营业终了前，账户无款支付的，开户行应在托收凭证和登记簿备注栏分别注明"逾期付款"字样或注销登记簿，另登记"到期未收登记簿"，并填制三联"托收承付到期未收通知书"(用异地结算通知书格式)，将第一、二联通知书寄收款人开户行(电划的不另拍发电报)，第三联通知书留存。以后付款人账户有款时，一次或分次扣收款项的处理参照部分支付的手续办理。

收款人开户行收到付款人开户行寄来的"托收承付到期未收通知书"后，应在第二联托收凭证上加注"逾期付款"字样及日期，然后将第二联通知书交给收款人，第一联通知书附于第二联托收凭证后一并保管。

收款人开户行俟接到一次或分次划款或单独划回赔偿金的邮划贷方报单时，比照部分划回的有关手续处理，将划回的货款连同赔偿金转入收款人账户。

5. 拒绝付款

付款人在承付期内对下列情况，可向银行提出全部或部分拒绝付款：没有签订购销合同或合同未订明使用异地托收承付结算方式的款项；未经双方事先达成协议，收款人提前交货或因逾期交货付款人不再需要该项货物的款项；未按合同规定的到货地址发货的款项；代销、寄销、赊销商品的款项；验单付款，发现所列货物的品种、规格、数量、价格与合同规定不符，或货物已到，经查验货物与合同规定或与发货清单不符的款项；验货付款，经查验货物与合同规定或与发货清单不符的款项；货物已经支付或计算有错误的款项等。付款人提出拒付时，应填写"拒绝付款理由书"(见样式4—16)，注明拒绝付款理由。涉及合同的应引证合同上的有关条款；如属于商品质量问题，需要提交商品检验部门的检验证明；如属于商品数量问题，需要提出数量问题的证明及有关数量的记录；属于外贸部门进口商品，应当提交国家商品检验或运输等部门出具的证明，一并送交开户银行。

样式 4—16　托收承付/委托收款　结算　全部/部分　拒绝付款理由书（代借方传票）　2

拒付日期 20××年 3 月 7 日　　原托收号码：52

<table>
<tr><td rowspan="3">付款人</td><td>全称</td><td colspan="4">佳佳超市</td><td rowspan="3">收款人</td><td colspan="2">全称</td><td colspan="8">食品公司</td></tr>
<tr><td>账号</td><td colspan="4">2010017</td><td colspan="2">账号</td><td colspan="8">2010002</td></tr>
<tr><td>开户银行</td><td colspan="4">中国××银行江北办事处</td><td colspan="2">开户银行</td><td colspan="8">中国××银行前江支行</td></tr>
<tr><td rowspan="2">托收金额</td><td rowspan="2" colspan="2">26 000.00</td><td rowspan="2">拒付金额</td><td rowspan="2" colspan="2">5 000.00</td><td rowspan="2">部分付款金额</td><td>千</td><td>百</td><td>十</td><td>万</td><td>千</td><td>百</td><td>十</td><td>元</td><td>角</td><td>分</td></tr>
<tr><td></td><td></td><td>¥</td><td>2</td><td>1</td><td>0</td><td>0</td><td>0</td><td>0</td><td>0</td></tr>
<tr><td>附寄单证</td><td colspan="2">9 张</td><td colspan="3">部分付款金额（大写）</td><td colspan="11">贰万壹仟元整</td></tr>
<tr><td colspan="6">拒付理由：商品质量不达标

付款人签章</td><td colspan="11">

复核　　记账</td></tr>
</table>

（1）全部拒绝付款。付款人开户银行接到拒付理由书及有关的拒付证明和第五联托收凭证，应认真审查拒绝付款理由并查验合同，对手续不全、依据不足、理由不符合拒绝付款的规定，以及超过承付期拒付或者应为部分拒付而提出全部拒付的，均不得受理。对无理拒付的，要实行强制扣款，由此而增加银行审查时间的，应从承付期满日起，为收款人计扣逾期付款赔偿金。

对符合规定同意拒付的，银行应在拒付理由书上签注意见，由经办人员和会计主管人员签章，然后在托收凭证和登记簿备注栏注明"全部拒付"，拒绝付款理由书第一联加盖业务公章，作为回单退还付款人，第二联连同第三联托收凭证留存备查，第三、四联连同有关拒付证明和第四、五联托收凭证等一并寄收款人开户行。

收款人开户行收到上述有关单证后，经核对无误，抽出第二联托收凭证，注明"全部拒付"字样和日期，销记登记簿后，将第四、五联托收凭证及有关单证和第四联拒付理由书及拒付证明退给收款人。收款人在第三联拒付理由书上签收后，与第二联托收凭证一起由银行一并保管备查。

（2）部分拒绝付款。付款人开户行接到付款人提交的四联部分拒付理由书及拒付证明和拒付商品清单后，应按照全部拒付的审查程序和要求认真审查。对符合规定同意拒付的，在托收凭证和登记簿备注栏注明"部分拒付"字样及拒付金额。对同意承付部分，以第二联拒付理由书代借方凭证（第三联托收凭证作附件）办理转账。转账后，第一联拒付理由书盖章退付款人，第三、四联拒付理由书和第四联托收凭证及有关拒付证明、清单随联行报单一并寄收款人开户行。如系电报划回的，除对部分承付款拍发电报外，另将拒付理由书及有关证明、清单寄收款人开户行。

收款人开户行收到上述有关单证后，应抽出第二联托收凭证，注明"部分拒付"字样、日期和部分拒付金额，销记登记簿，以第三联拒付理由书作贷方传票（第二联托收凭证作附件）办理转账。转账后将第四联托收凭证及第四联拒付理由书及有关证明和清单交给收款人。

6. 多承付

付款人如因商品的价格、数量或金额变动等原因，要求对本笔托收多承付，款项一并划回时，应在承付期内，填制四联“多承付理由书”（以托收承付拒绝付款理由书改用）提交开户行。其具体手续，比照托收承付结算部分拒付处理。

第八节　委托收款

一、委托收款的概念、种类及基本规定

（一）委托收款的概念与种类

委托收款是收款人委托银行向付款人收取款项的结算方式。委托收款结算方式便于收款人主动收取款项，既可用于异地单位间款项的结算，也可用于同城单位间款项的结算。

按照款项划回方式，委托收款结算分为邮划和电划两种，由收款人选用。

（二）委托收款的基本规定

（1）委托收款适用于单位和个人凭已承兑的商业汇票、债券、存单等付款人的债务证明委托银行收取款项，以及同城公用事业费的收取。

（2）在同城范围内，公用事业费采用委托收款结算的，收付双方必须事先签订合同，由付款人向开户银行授权，经开户银行同意，并报当地人民银行批准，才能办理，因此，也被称为同城特约委托收款。

二、委托收款的核算

（一）收款人开户行受理委托收款

收款人办理委托收款结算时，应填制邮划（或电划）托收凭证，连同有关的票据或其他凭证一并提交开户银行委托代收款项。

用于办理委托收款的托收凭证必须记载的事项包括：表明“委托收款”的字样，确定的金额，收付款人名称，委托收款凭据名称及附寄单证张数，委托日期，收款人在第二联凭证上的签章。以银行以外的单位为付款人的，委托收款凭证还须记载付款人开户银行名称；以银行以外的单位或在银行开立存款账户的个人为收款人的，委托收款凭证还须记载收款人开户行的名称；以未在银行开立存款账户的个人为收款人的，委托收款凭证还须记载被委托银行名称。

银行收到收款人提交的凭证，经审查无误后，第一联加盖业务公章退给收款人，第二联在凭以登记“发出委托收款凭证登记簿”（格式与“发出托收凭证登记簿”相同）后专夹保管，第三联加盖联行专用章与第四、五联及有关债务证明一并寄付款人开户行。

（二）付款人开户行办理付款

1. 通知付款

付款人开户银行收到有关凭证后，在各联凭证上填注收到日期，并登记“收到托收凭

证登记簿”（格式与“定期代收登记簿”相同），第三、四联托收凭证专夹保管，付款人为单位的，将第五联托收凭证作付款通知交付款人，并由付款人签收。

付款人开户行必须及时办理委托收款结算的款项支付。以银行为付款人的，应在收到寄来托收凭证和有关债务证明的当日将款项支付给收款人。以单位为付款人的，银行应及时通知付款人，付款人应在接到付款通知的当日通知银行付款；付款人在接到付款通知的次日起3日内未通知银行付款的，银行视同其同意付款，并于付款人接到付款通知的次日起第4日上午开业将款项划给收款人。如果付款人提前收到付款的债务证明，应通知银行于债务证明的到期日付款。付款人未于接到付款通知的次日起3日内通知银行付款，并且在接到通知的次日起第4日债务证明尚未到期的，银行于债务证明到期日将款项划给收款人。

2. 付款人付款

（1）以银行为付款人。银行接到托收凭证和有关债务证明，如果系银行为付款人的，应在债务证明到期时，以第三联托收凭证作借方凭证，有关债务证明作附件，办理转账。其会计分录为：

借：××科目——××户

　贷：联行往账

转账后，银行销记“收到托收凭证登记簿”，第四联托收凭证注明支付日期后，随联行邮划贷方报单寄交收款人开户行。属电划的，凭第四联托收凭证向收款人开户行拍发电报。

（2）以单位为付款人。付款人开户行接到付款人的付款通知书或未接到付款通知书，在付款人签收日的次日起第4天上午开业时，若付款人账户有足够的资金支付全部款项，则以第三联托收凭证作借方凭证，债务证明和付款通知书作附件，办理转账。其会计分录为：

借：××科目——付款人存款户

　贷：联行往账

付款人开户行注销登记簿并寄出第四联托收凭证及报单或拍发电报。

付款人对委托收款只要同意支付，就要在债务证明到期内筹足资金一次付清，如果债务证明期满时付款人账户上没有足够的资金支付全部款项，即按无款支付处理。发生了无款支付，应由付款人开户银行在付款期满日填制一式三联“付款人未付款项通知书”（以异地结算通知书改用），并在托收凭证和“收到托收凭证登记簿”备注栏注明单证退回日期和“无款支付”字样，将一联通知书与第四联托收凭证及有关债务证明一并寄交收款人开户银行。如系电报划款，亦不另拍电报。

3. 拒绝付款

付款人在付款期内经过验单，发现商品的品种、规格、数量、价格不符，或款项已付，或计算错误等，应在接到付款通知的次日起3日内，持拒绝付款理由书和债务证明，向银行提出全部或部分拒绝支付款项。其核算手续与托收承付结算拒绝付款相同。

（三）收款人开户行收到划回款项

收款人开户行收到付款人开户行寄来的划款报单与第四联托收凭证，应抽出专夹保管的第二联凭证进行核对。核对无误后，在第二联凭证上填注转账日期，作转账贷方传票，办理转账。其会计分录为：

借：联行来账

　　贷：××科目——收款人户

转账后，收款人开户行销记“发出托收凭证登记簿”，并将第四联托收凭证作收账通知交收款人。

如收到划款电报，则以电划贷方补充报单第二联作贷方传票。

收款人开户银行如果收到第二、三联“付款人未付款项通知书”与所附第四联托收凭证，经与第二联托收凭证核对无误后，在第二联托收凭证和“发出托收凭证登记簿”的备注栏注明“无款支付”字样，一联通知书与第二联托收凭证一并留存，另一联通知书与第四联托收凭证及单证送交收款人。

第九节　信用卡

一、信用卡的概念、种类及基本规定

（一）信用卡的概念与种类

1. 信用卡的概念

信用卡是由商业银行向社会发行的具有消费信用、转账结算、存取现金等全部或部分功能的信用支付工具。

2. 信用卡的分类

信用卡按使用对象的不同分为单位卡和个人卡，按币种分为人民币卡和外币卡，按载体材料分为磁条卡和芯片（IC）卡。

信用卡事先存入款项后使用，但可以透支，为准贷记卡；事先不存入款项，需要资金时从信用卡中支用，为贷记卡。

（二）信用卡的基本规定

（1）信用卡仅限于合法持卡人使用，不得转借或转让。

（2）准贷记卡规定有起存金额，申领的单位和个人，其存款账户必须保持足以支付的存款余额以备支用，在存款余额不足而又急需款项的情况下，允许善意透支并要定期归还。

（3）贷记卡与准贷记卡的透支，不准超过最高透支额。一般情况下，个人卡每笔透支额以 2 万元为上限，月透支余额不得超过 5 万元，单位卡每笔透支额以 5 万元为上限，月透支余额不得超过 10 万元或其综合授信额度的 3%，透支期限最长 60 天。在规定的透支期限内的透支额部分，按月计收单利，按日息 5‱计息。超过透支期限的透支额按月计收复利。

（4）单位卡账户的资金一律从其基本存款账户转账存入，不得交存现金，不得将销货收入存入其账户。个人卡账户的资金以其持有的现金存入或以其工资性款项及属于个人的劳务报酬收入转账存入，严禁将单位的款项存入个人卡账户。

(5) 单位卡持卡人可持卡在特约单位购物、消费，单位卡不得用于10万元以上的商品交易、劳务供应款项的结算，且一律不得支取现金。个人卡持卡人可持卡在特约单位购物、消费，并可以存取现金。

二、信用卡的核算

(一) 发行信用卡

1. 发行单位卡的核算

单位向银行申领信用卡时，应填写申请书，同时应缴存起存金额的备用金，经审查同意后，办理发卡和开户手续。

申领信用卡的单位在发卡行开有账户的，在申领信用卡时，应签发基本存款账户的转账支票和三联进账单，发卡行填制一联特种转账贷方传票。支票作基本存款账户的借方传票，第二联进账单作信用卡备用金存款户的贷方传票，特种转账贷方凭证作手续费及佣金收入的贷方传票，办理转账。其会计分录为：

借：单位活期存款——××单位户
　贷：银行卡存款——××单位户
　　　手续费及佣金收入

第一、三联进账单退交申请人。

申请人不在发卡银行开户的，应向发卡行提交支票和两联进账单送交银行，发卡行填制一联特种转账贷方传票，办理转账。其会计分录为：

借：支行辖内往来（或存放中央银行款项）
　贷：银行卡存款——××单位户
　　　手续费及佣金收入

转账后，发卡行将支票通过票据交换交申请人基本存款账户的开户行。

2. 发行个人信用卡的核算

个人申领信用卡并开户时，应填写申请表，经发卡银行审查同意后，办理领卡手续。申请人填写存入凭条交发卡行，发卡行填制一联特种转账贷方传票。其会计分录为：

借：库存现金
　贷：银行卡存款——××人信用卡户
　　　手续费及佣金收入

个人申领信用卡转账存入备用金的，应从申请人工资性及其他劳务报酬收入账户支付。

发卡银行发行信用卡后，应登记信用卡账户开销户登记簿和发卡清单，并在发卡清单上记载领卡人身份证件号码，并由领卡人签收。

(二) 凭信用卡存取现金

持卡人凭信用卡存取现金时，银行应认真审查信用卡的真伪及有效期限，核对信用卡号码是否是已付卡的号码，核对当面签字与预留签字是否一致。银行审查无误后，办理存取款手续。

1. 同城存取现金

持卡人凭信用卡存入现金时，银行经审查无误后，压制一式四联存款单，第一联为回单，第二联为贷方凭证，第三联为贷方凭证附件，第四联为存根。持卡人直接存入现金的，由持卡人在存款单上签名，并应核对其签名与信用卡签名是否相符。如为持卡人的代理人交存现金的，应由代理人签名。银行确认无误后办理收款手续。

银行以存款单第二联代转账贷方传票，并填制一联特种转账贷方传票，以第三联存款单作附件，填制一联特种转账借方传票，办理转账。其会计分录为：

借：库存现金

　贷：应解汇款——××人信用卡户

借：应解汇款——××人信用卡户

　贷：银行卡存款——××人信用卡户

第一联存款单交持卡人，第四联存款单留存。

如持卡人在非发卡行存入现金，则收存行收存现金后，应将第二联存款单通过票据交换交给发卡行。收存行的会计分录为：

借：库存现金

　贷：应解汇款——××人信用卡户

借：应解汇款——××人信用卡户

　贷：清算资金往来（或存放中央银行款项）

发卡行收到划来款项，其会计分录为：

借：清算资金往来（或存放中央银行款项）

　贷：银行卡存款——××人信用卡户

持卡人凭信用卡支取现金，需填制取现单并提交身份证件，银行应审查：信用卡的真伪及有效期，持卡人身份证件的照片或卡片上的照片是否与其本人相符，该信用卡是否为止付卡。审查无误后，银行经办员在取现单上办理压卡取现金额、身份证件号码等，由持卡人签名并核对其签名与信用卡签名是否一致，与身份证的姓名是否相同。持卡人取现超过规定限额的应办理授权，并将授权号填入取现单。

取现单一式四联，各联分别为回单、借方传票、贷方传票附件和存根。

凭信用卡取现的，各行账务处理的会计分录与存入现金相反，不再详述。

2. 异地存取现金

持卡人持异地发卡行发行的信用卡存入和支取现金时，经办行应按规定标准收取手续费，并将手续费金额填在存款单和取现单上。经办行对持卡人持异地发卡行发行的信用卡支取现金的，以取现单代传票，并另填制传票收取手续费。在支付现金并收取手续费后，其会计分录为：

借：联行往账

　贷：应解汇款——持卡人户

借：应解汇款——持卡人户

　贷：库存现金

　　　其他应付款——应付手续费户

取现单的有关联次随划款报单寄发卡行。

发卡行收到划款报单后，其会计分录为：

借：银行卡存款——××户

贷：联行来账（或存放中央银行款项）

如为异地存入现金，各行的会计分录相反。

（三）凭信用卡直接消费

持卡人凭信用卡在同城或异地直接消费时，需填制签购单，由特约单位填制进账单及汇计单与签购单一并送存银行，经办行应向特约单位收取手续费。

银行对特约单位提交的凭证应认真审查：签购单及其压印的内容是否为本行可受理的信用卡；签购单上有无持卡人签名、身份证件号码、特约单位名称和编号；签购单的小写金额是否与大写金额相符；签购单上压印的信用卡有效期限是否在有效期内；超过规定交易限额的，有无授权号；汇计单和签购单的内容是否一致，汇计单、签购单和进账单的结计金额是否正确；手续费计算是否正确。银行审查无误后处理账务。

汇计单一式三联，第一联为交费收据，第二联为贷方凭证附件，第三联为存根。签购单一式四联，第一联为回单，第二联为借方凭证，第三联为贷方凭证附件，第四联为存根。

1. 收付款人在同一行处开户的

第一联进账单作收账通知与第一联汇计单一起，退交特约单位；第二联进账单作特约单位存款账户的转账贷方传票；第三联签购单作附件。填制一联“手续费及佣金收入”科目特种转账贷方传票，第二联汇计单作附件；第二联签购单作借方传票；汇计单第三联、签购单第四联留存。其会计分录为：

借：银行卡存款——××户

贷：单位活期存款——特约单位户

手续费及佣金收入

2. 收付款人在同一城市不同行处开户的

经办行需通过票据交换将款项划发卡行。特约单位开户行将第三联签购单连同第三联汇计单通过票据交换提交给发卡行，款项收妥抵用。

经办行的会计分录为：

借：清算资金往来（或存放中央银行款项）

贷：单位活期存款——特约单位户

手续费及佣金收入

发卡行的会计分录为：

借：银行卡存款——××户

贷：清算资金往来（或存放中央银行款项）

3. 收付款人在异地行处开户的

经办行应通过全国联行往来或分行辖内往来，将款项划往发卡行，其具体处理方法不再详述。

第十节　结算业务收费

商业银行为开户单位办理结算业务，应按规定收取费用。结算收费包括邮费、电报费、手续费、凭证工本费等。其中：邮费、电报费按邮局规定的标准收取；手续费按办理结算所承担的责任收取，由中国人民银行统一制定收费标准，各银行执行；凭证工本费则按印制凭证的成本收取。除财政金库全部免缴各项结算业务费用外，凡存款不计息账户免缴邮费、手续费，其他单位和个人办理结算业务均按规定缴纳费用。

一、收取凭证工本费

结算凭证一般由银行印制，开户单位需用时向银行领用，同时应支付凭证工本费。

领用单位应填写一式三联空白凭证领用单，加盖预留印鉴，转账收取工本费。个人领用时，可收取现金。

银行收到开户单位或个人交来的空白凭证领用单，应审查内容的填写和加盖的印鉴是否正确。无误后，如属领用支票等空白重要凭证，应注明领用凭证起讫号码。

空白凭证领用单第一联交领用人作回单，第二联代转账贷方传票，第三联代转账借方传票。如收取现金，第三联自行注销。收取的工本费直接冲减印刷费。其会计分录为：

借：单位活期存款（或库存现金）

　贷：营业费用——印刷费户

为了简化核算手续，凭证工本费也可定期汇总收取。领用单位每次领用时，银行填写领用单，凭领用单登记专设的汇总收费登记簿后，将第二、三联领用单专夹保管。银行定期汇总收费时，将领用单与登记簿核对相符后，汇总编制特种转账传票，以领用单第二、三联分别作附件，办理转账。

二、收取邮电费

银行受开户单位委托办理结算业务，应按邮电部门规定的标准收取邮电费和电报费。邮寄结算业务单程的每笔按邮局挂号信每件收费标准收取，双程的每笔按邮局挂号信两件收费标准收取，超重部分按邮局规定的标准收取。电报划款的结算业务，按规定字数和超过字数的收费标准收取，急电加倍收取电报费。邮电费的收费标准，随邮电局收费标准的变动而变动。收取邮电费的会计分录为：

借：单位活期存款（或库存现金）

　贷：营业费用——邮电费户

三、收取手续费

银行受理结算业务，应按规定标准收取手续费。银行可以随时收，也可以定期收。使用支票办理结算的手续费，是在单位购买时向购买人收取，其他手续费向委托人收取。

收取手续费时，其会计分录为：

借：单位活期存款（或库存现金）

　贷：手续费及佣金收入——结算手续费收入户

本章小结

支付结算是商业银行会计柜台的主要业务之一。支付结算工具是资金划拨与清算的载体，其随着社会经济与交易关系的发展而不断改革与完善，目前形成的是以票据为主体的支付结算工具体系，它基本上可以满足各种货币资金结算的需要。

银行作为支付结算的中介机构，受客户的委托为其收款或付款，这种委托一旦受理，实则形成了一种协议与信用关系，客户与银行都要按照有关业务的规定与要求行使权利、履行义务，其行为要受支付结算原则和结算纪律的约束。为了保障支付结算活动中各方当事人的合法权益，维护社会经济秩序，各方在办理支付结算业务的过程中应认真遵循下列几点要求：

1. 全面贯彻结算原则，严格遵守结算纪律。结算原则与结算纪律是规范结算当事人行为的基本准则与纪律，银行与客户双方必须全面、认真地贯彻执行，任何一方都不能随意违反，这有利于强化各单位的信用观念与资金结算责任，防止相互拖欠，也有利于提高结算效率，加速社会资金周转。

2. 增强票据结算的法律意识，加强管理，规范票据行为，维护结算秩序。使用票据办理结算，必须按照票据法规范结算行为，加强对票据签发、收受以及背书转让的监督、管理，使票据的使用规范化、法律化。银行还应当帮助客户根据不同的经济活动需要，选择相适应的支付结算工具，以加快其资金周转，提高资金使用效益，更好地维护金融秩序。

3. 科学地组织支付结算，准确、及时地办理支付结算业务核算，提高核算工作效率。支付结算业务程序性很强，结算凭证是联结各个结算环节的纽带，因此，应科学组织结算，按照结算业务的流程，加速结算凭证传递，这不仅关系到加速企业资金周转，而且关系到联行之间的账务处理，甚至涉及跨系统行处间的资金划拨。因此，结算各方必须保证：凭证内容正确、完整，传递及时，不积压、不错寄、不漏寄；及时处理账务，以防止相互占用资金；及时做好查询、查复工作，提高核算工作效率。

4. 加强支付结算监督，搞好综合反映，为有关部门提供经济信息。会计部门要依据《票据法》、《支付结算办法》、《中华人民共和国反洗钱法》等法律、规章，切实加强柜面监督，严格执行相关处罚规定；要保证结算业务核算资料的全面、完整，分析核算资料，及时反映货币资金收付的数量和流向，了解市场动态，掌握商品流通规律，引导资金流向；分类积累有关数据资料，为各有关部门提供经济信息。

重点概念

支付结算	转账结算	票据	背书
支票	银行本票	银行汇票	商业汇票
承兑	商业承兑汇票	银行承兑汇票	汇兑
托收承付	承付期限	委托收款	

复习思考题

一、思考题

1. 银行结算的性质与任务如何？

2. 银行结算的原则有哪些？

3. 通过银行办理结算业务的单位和个人应遵守哪些结算纪律？银行作为支付中介应遵守哪些纪律？

4. 使用票据办理结算应当注意的基本规定有哪些？

5. 支票、银行汇票、银行本票、商业承兑汇票、银行承兑汇票有哪些使用规定？各种票据结算的基本程序与核算方法如何？

6. 我国目前规定的结算方式有哪几种？各种结算方式的基本处理程序与核算方法如何？

7. 银行卡使用的一般规定有哪些？

8. 银行结算收费有哪几种？其账务处理有何区别？

二、业务处理题

某商业银行华隆支行发生下列结算业务：

1. 开户单位东佰公司（账号 2010021）提交进账单、送存支票，支票的出票人为在本行开户的海衡公司（账号 2010031），送存支票的金额为 45 000 元，经审查无误，予以转账。

2. 3 月 5 日，开户单位松江集团公司（账号 2010023）提交一式三联银行本票申请书，申请签发银行本票一笔，金额 70 000 元，经审查后签发 22315668 号本票；3 月 12 日，经票据交换，提入划回的 3 月 5 日签发的银行本票款，审查、核对无误后予以结清。

3. 3 月 5 日，松江集团公司提交一式三联银行汇票申请书，金额 190 000 元，要求向在 B 市花园支行开户的汽车配件厂签发银行汇票，银行审查无误，立即办理；3 月 27 日，收到 B 市花园支行填发的全国联行借方报单及汇票解讫通知，报单金额187 200元，经审查、核对，该汇票确系本行签发，确认无误后予以结清。

4. 东佰公司提交进账单及第二、三联银行汇票，汇票金额 120 000 元，进账单及实际结算金额 116 000 元，审查无误，予以办理。

5. 收到 H 省五一路分理处寄来的第三、四、五联委托收款凭证及商业承兑汇票，金额 43 000 元，收款人是百货商场，付款人是海衡公司，经审查无误，即予划款。

6. 开户单位市第一棉纺厂（账号 2010035）申请签发的银行承兑汇票到期，票面金额 95 000元，本行按规定从其账户收取票款，发现该单位存款账户只能支付 70 000 元，按规定办理转账；收到 B 市花园支行填发的委托收款凭证及第三联银行承兑汇票，金额为 95 000元，经审查，该汇票为市第一棉纺厂申请签发的银行承兑汇票，本行系承兑银行，该汇票已到期，当即办理转账。

7. 收到 H 省五一路分理处信汇款，金额为 5 000 元，并注明“现金”字样，收款人为张震，住本市某宾馆 1105 房间，经通知，张震当日来行支取现金，审查无误后立即办理。

8. 海衡公司付款的一笔托收承付款项，金额为 200 000 元，3 月 9 日承付期满，付款人存款账户只能支付 100 000 元，3 月 26 日上午营业开始时又支付 40 000 元，其余款于 4 月 7 日上午营业开始时全部付清（不考虑节假日）。计算应收的赔偿金。

第五章 资金清算

章前引例及分析

济南市润华出租汽车公司向上海大众汽车有限公司购进桑塔纳汽车100辆，价款及运费共计9 670 000元。该笔交易在支付结算中可以使用汇兑、银行汇票、商业汇票或托收承付等结算工具进行结算。但是，不论采用哪种票据或结算方式，都共同存在一个问题：款项怎样从济南的银行划到上海大众汽车有限公司的账户上？这就涉及异地银行机构之间的资金划拨与清算。

假设采用汇兑结算方式支付该笔购车款，济南市润华出租汽车公司填制汇兑凭证，从其存款账户付出款项，银行通过资金汇划系统，将款项划往上海大众汽车有限公司的开户银行，由该行为大众汽车有限公司收账。而济南市润华出租汽车公司开户银行向上海大众汽车有限公司的开户银行汇划资金的应用系统的构成、科目使用、汇划程序及其核算，就是本章需要讲述的问题。

本章内容概要与学习目标

资金汇划与清算是经济发展与商品交易的血液和神经，而实现准确、快速的资金划拨与清算是金融企业的重要职责。伴随经济的发展，金融企业之间资金划拨的规模迅速增长，客观上对资金划拨和清算的要求不断提高。虽然电子化核算在金融企业的广泛运用，使得金融企业之间的资金清算方式不断改革并更加科学和快捷，但是多元化的金融机构体系使得资金划拨关系更加复杂化。充分利用现代科学技术，实现金融机构之间资金划拨的安全、快速、科学、严谨，就成为金融企业不断改革、完善资金清算体系的原动力。目前，人民银行和四大国有独资商业银行各自建立有自己的资金清算系统，但各行的资金清算做法差异很大，形成了明显的多样性和差异性特点，而不同金融机构之间资金往来的清算也随着经济的发展变得越来越重要。因此，本章所讲资金清算从资金往来的关系分析，有同一银行系统内的资金清算、跨系统资金清算的区别。

通过本章的学习，大家要理解资金清算的意义、基本关系与原理，掌握各种资金清算的基本做法、科目设置与核算程序。

第一节　资金清算概述

一、资金清算的意义

资金清算是金融机构之间由于办理结算和资金调拨等业务而汇划资金所引起的相互代收、代付的资金往来及清算。

金融企业是国民经济资金活动的枢纽，承担着为社会各部门、各单位之间商品交易、劳务供应进行货币结算，以及财政预算资金上缴、下拨进行划拨清算的责任。在办理这些业务时，如果收付款人在同一行处开户，那么资金从付款人账户划转到收款人账户，在一个行处内即可以完成；如果收付款人在不同的行处开户（在同一银行系统的不同行处开户、在不同银行系统的营业机构开户），资金则需要在两个行处之间划拨，并对由此而形成的相互之间资金的代收代付进行清偿。由此可见，资金清算是金融机构之间办理资金调拨、划拨支付结算款项，并对由此引起的资金存欠进行的清偿。因此，资金清算可以从两个层面上理解：

第一，完成支付结算的款项从一个行处向另一个行处的划拨，从而实现支付结算业务。这一层面上的资金清算是作为实现支付结算的工具而发挥作用。

第二，对于划拨支付结算款项而形成的行与行之间的资金存欠进行清算。从这一层面上理解，资金清算是由支付结算引起的，支付结算是资金清算的原因，资金清算是实现支付结算的工具，是清偿行与行之间资金存欠的手段。由于支付结算已在第四章叙述，因此，本章所述系指第二层面上的资金清算。

按照参与资金清算的银行机构范围划分，资金清算可以分为系统内资金清算与跨系统资金清算。支付结算涉及的收付款人在同一银行系统内不同行处开户的，结算款项需在系统内行处之间划拨，由此引起的对资金存欠进行的清偿，属于系统内资金清算。支付结算涉及的收付款人在不同银行系统开户的，结算款项需在跨系统行处间划拨，由此引起的对资金存欠进行的清偿，属于跨系统资金清算。

二、系统内资金清算的原理与特点

随着现代通信手段的运用，系统内资金划拨办法发生了很大变化，各行的做法差异较大，采取的实现方式各不相同，比较传统的做法是通过联行往来实现资金划拨。

联行往来是行与行之间的资金账务往来。随着计算机在资金清算中的运用，各行系统内联行往来的做法均做过多次大的改革，改革后的联行往来由于资金划拨更加快捷、便利，有的已经脱离了原本意义上的联行往来，但是很多专用的术语仍然保留联行往来的用法，如发报业务、收报业务、贷报业务、借报业务等。因此，为了更好地理解资金清算的原理，我们以联行往来作为切入点。

（一）联行往来的基本原理

（1）同一笔业务相互往来的行处分为发报行和收报行，资金汇划业务的发生行为发报行，收受汇划资金的行为收报行。

（2）划分往账、来账两个账务系统，发报行（往账行）处理联行往账，收报行（来账行）处理联行来账。

（3）分别设置联行往账系统和联行来账系统的会计科目或账户，核算发出的联行往账与收到的联行来账。发报行发出资金汇划业务，记载往账系统的有关科目；收报行收受汇划资金业务后，记载联行来账系统的有关科目。联行往账和联行来账的关系：有往账必有来账，同一笔业务的往账与来账必相等，往账与来账的记账方向相反。

（4）联行往账与联行来账之间的账务用专用的会计凭证（联行之间资金往来报告单，简称报单）连接起来，通过资金划拨的专用凭证实现资金在发报行与收报行之间的划拨。

（5）制定专门的账务核对方法，通过往账与来账的账务核对，确保联行往来的正确无误。

（二）联行往来的特点

联行往来是联行之间的资金账务往来，它随有关业务的发生而发生，但在核算上又具有与各项业务核算不同的特点。

1. 联行往来产生的原因系由行与行之间的资金划拨业务所引起

联行往来产生的直接原因是各行处间办理的资金划拨业务。每发生一笔资金划拨业务，一方面是收付款单位间的结算，一方面是收付款单位开户银行间的资金往来。

2. 联行往来有着完整的往来账务核算系统

联行往来是在两个划拨资金的行处间的资金往来，按照一般的联行往来关系，联行往来发生后，发报行记往账，收报行记来账，联行往账、联行来账分别是发报行、收报行账务的组成部分。同时，联行的往来账务又相互联系，构成完整的核算体系，有往账必有来账，有来账必有与之相对应的往账，往账和来账必然相等。但从某一个经办行来看，既有发报的往账业务，又有收报的来账业务，为了保持往账、来账核算系统的完整性，各行就需要对往账、来账系统分别核算，严格划分，不得混淆。

但是，随着现代科技手段应用于联行资金划拨，联行往来信息的传递更加方便，尤其是联行往来的管辖行处理大量的系统内资金清算信息的能力不断增强，这样就可以将原有的往账行与来账行之间的横向资金往来关系，转化为上下级行间的纵向资金往来关系，使得每一笔资金划拨都置于联行管辖行的监督之下。而作为经办行，银行仍要严格区分往账业务和来账业务。

3. 联行往来账务处理的时间、空间差决定着联行核算方法的特殊性

从联行往来产生的原因看，其发生在有资金划拨关系的两个行处之间，即使将这种横向的往来关系转化为纵向的往来关系，其资金划拨仍为两个行处之间的往来关系。而双方行处资金的收付不在同一时间、同一地点进行，这样，为了保证联行账务的正确、及时，就采取了一系列特殊的核算方法。如账务划分为往账和来账两个系统，采用特定的往来账核对方法，账务的记载划分年度并按年度进行未达账的清查等。即使采用纵向往来的核算方法，这种账务核算的基本原理也适用。

4. 及时清偿联行往来所形成的资金存欠

联行之间的账务往来会形成相互之间资金的代收、代付关系，这种代收代付所形成的资金存欠，需要及时清偿。目前，对各行处之间由于联行往来形成的资金存欠的清偿方法主要有两种：一是汇差清偿，联行汇差是指联行往来各科目借方、贷方发生额的差额。联行往来经办行定期或每天对于发生的联行往来账务，分别加计借方、贷方发生额，并轧算差额进行清算。二是逐笔清偿，采取逐笔清算联行资金存欠的，其基本做法是联行往来清算行在总行开立清算账户，资金往来采取纵向划拨，往账发生行将往账业务发送到总行，总行在往账行与来账行清算账户之间清算资金，然后将款项划往来账行，从而实现资金存欠清偿与资金划拨的同步。

（三）联行往来核算的基本环节

从联行往来核算方法发展的历史过程来看，不同时期，由于业务量、管理要求以及核算技术手段的不同，联行往来的核算方法也不同，尤其是近年来，随着现代科学技术的发展，各行系统内联行往来的核算系统不断更新，承载业务量不断加大，资金划拨速度不断提高，账务核对更加及时、严密，在途资金明显下降，资金清算更加及时。但不论哪种联行核算方法，其处理过程一般都可以划分为发、收报行日常往来，往来账核对，资金存欠清偿和年终结平四个环节。

1. 发、收报行日常往来

发、收报行日常往来是由有关业务引起的发、收报行之间资金的相互往来，双方行处的主要处理内容是编制报单、收受报单以及分别记载往账和来账，这是联行往来核算的基础环节。日常往来是发、收报行之间横向的资金往来，但反映在联行往来的核算上，不同的资金汇划方法有所不同。一般主要有两种做法：一是横向往来，即发报行直接向收报行填发报单；二是纵向往来，即业务发生后，发报行向联行往来的管理行填发报单，报告资金汇划信息，由管理行将资金汇划信息转发给收报行，发、收报行之间不直接发送汇划信息，但账务仍分别按往账、来账处理。

2. 往来账核对

联行往账、联行来账核对是确保联行账务正确的关键环节。采用一定的对账方法，通过对联行往来账的核对，及时发现差错并予以纠正，可以确保联行往来账务的正确无误。

对账的方法是区别不同联行往来制度的一个重要方面，同时，对账方法与日常往来的核算方法密切相关。日常往来采用横向往来做法的，其往来账的核对一般分散由收报行办理；日常往来采用纵向往来做法的，其往来账的核对一般由管理行集中办理。采用计算机网络进行资金清算后，对账多为集中对账。

3. 资金存欠清偿

资金存欠清偿是对行与行之间由于资金汇划所引起的资金存欠进行的清偿。联行往来发生后，必然引起行与行之间的资金存欠。一般来说，贷记联行往来，为应付他行资金；借记联行往来，为应收他行资金。对联行之间资金存欠进行清偿的方法有逐笔清偿和轧差清偿之分。

采用逐笔清偿资金存欠的，各联行往来清算行需要在管辖行开立清算账户并存入资金。应付他行资金时，管辖行借记该行的清算账户；应收他行资金时，管理行贷记该行的清算账户。

采用轧差清算资金存欠办法的亦称汇差清算，各联行往来经办行将一定时间内（一天或一旬）联行往来的发生额进行汇总后轧计差额，贷方发生额合计大于借方发生额合计为应付汇差，借方发生额合计大于贷方发生额合计为应收汇差。对于轧计的汇差采用抵拨或实拨资金的方式进行清算，从而结清联行之间的资金存欠。

4. 年终结平

年终结平是为了验证年内全部联行往账和来账数字是否一致，而在年度终了以后按规定处理的一个环节。联行往来账务一般要划清年度，每年年终截止当年的往账，而在年度终了后的一定时间内，清查上年度联行往来未达账项，并在未达账项查清后，将上年联行往来划转管辖行，予以汇总结平。

三、跨系统资金清算的基本做法

（一）跨系统资金清算的意义

跨系统资金清算指的是不同系统金融机构之间的资金往来以及由此而产生的资金存欠的清偿，跨系统资金往来通常称为金融机构往来。广义的金融机构往来包括同一金融企业内部各机构间的资金、账务往来，不同金融企业跨系统机构间的资金、账务往来以及金融企业与中央银行之间的资金、账务往来。狭义的金融机构往来仅指金融企业跨系统机构间的资金、账务往来和金融企业与中央银行之间的资金、账务往来，亦即跨系统往来。

在多元化金融机构体制下，金融机构往来既是必然的，也是必要的。首先，商业银行办理的结算业务，除一部分能在同一银行系统内实现资金划拨外，还有的要涉及不同的商业银行系统之间的资金划拨；其次，金融企业需相互融通资金，以调剂资金余缺；最后，中国人民银行行使中央银行职能，运用货币政策工具进行宏观调控，必然引起与金融企业之间的往来。所以，金融机构往来既是实现金融企业间资金划拨与清算的手段，又是中央银行行使职能所必需的。

（二）跨系统资金清算的方法

金融机构跨系统进行资金清算的方法，可以是相互之间调拨现金，也可以是转账，现时的做法是采用后者。转账有两种：一是相互往来的金融机构在中央银行开立准备金账户，当相互之间资金往来业务发生时，通过各自的准备金账户清算资金，可以逐笔清算，也可以轧差清算；二是在往来的对方行开立清算账户，当资金往来业务发生时，由开户行主动通过清算账户清算资金。

由于跨系统资金清算涉及“准备金存款”问题，因此，我们单列一章叙述（见本书第六章）。

第二节 直接往来、分散逐笔对账

直接往来、分散逐笔对账是指资金汇划业务发生后，由发报行直接向收报行填发报单并报告电子计算中心，电子计算中心向收报行编发对账表，由收报行逐笔对账的联行往来方法。

一、基本做法

直接往来、分散逐笔对账方式是指发报行与收报行直接往来，由电子计算中心集中监督联行往来账、各收报行根据电子计算中心编制的对账表逐笔进行核对。其基本做法是“直接往来，分别核算；集中监督，分散核对；划分年度，查清结平”。即由发报行根据有关业务向收报行填发报单，双方分别处理往账和来账；电子计算中心则根据发报行寄来的报单监督联行往账，并根据报单向收报行编发对账表监督联行来账；各收报行根据电子计算中心寄来的对账表，同已收到的报单进行逐笔核对；年度终了办理未达账的清查，并在未达账查清后将上年联行往账、来账余额上划总行集中结平。其基本处理程序见图5—1。

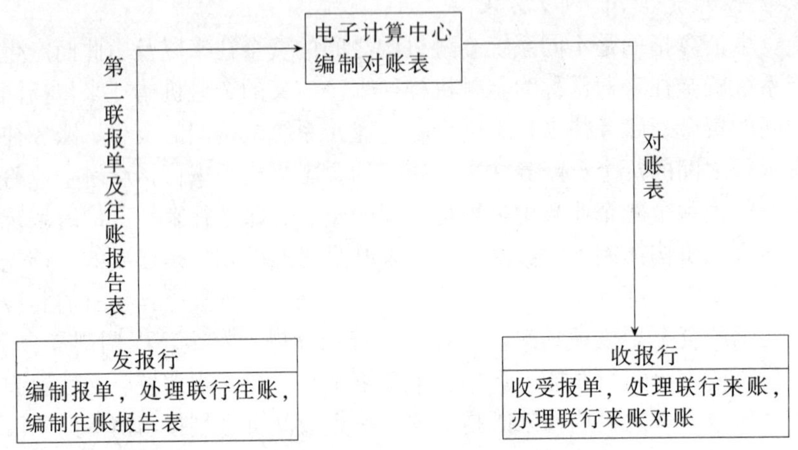

图 5—1　直接往来、分散逐笔对账的基本处理程序

二、会计科目的设置和使用方法

直接往来、分散逐笔对账的方法一般应设置下述会计科目。

（一）联行往账

发报行代理他行收付款项，在填发报单以后，用“联行往账”科目核算。如为填发贷方报单业务，该科目记贷方，如为填发借方报单业务，该科目记借方，其余额轧差反映。

（二）联行来账

收报行收到发报行寄来的报单时，用“联行来账”科目核算，记账方向与“联行往账”相反。具体说，收到贷方报单“联行来账”科目记借方，收到借方报单“联行来账”科目记贷方。该科目余额轧差反映。“联行来账”科目为过渡性科目，待对账后，应转入“已核对联行来账”科目。全部核对完毕，“联行来账”科目应无余额。

（三）已核对联行来账

收报行接到电子计算中心寄来的对账表核对联行来账后，转入本科目，余额轧差反映。本科目应根据对账表内所列的全部发生额转入，其中已核对相符的报单金额与“联行来账”科目对转，未核符的报单金额与“未核销报单款项”科目对转。

（四）未核销报单款项

收报行收到电子计算中心寄来的对账表进行对账时，如对账表所列报单尚未收到，或已收到但因报单有误未能转账，用“未核销报单款项”科目核算，未核销报单转销时减少本科目。该科目余额应借贷双方同时反映，不得轧差。“未核销报单款项”科目属于过渡性科目，待未核销报单全部核销后，该科目应无余额。

以上四个科目的年末余额，于次年年初时不通过分录转入相应的上年科目（或上年户）。

三、日常往来

（一）发报行拍发电报

直接往来、分散逐笔对账的联行往来方法，其邮划报单一式三联，如系电划，由于需向收报行拍发电报，因此，其与邮划报单比较，缺少寄给收报行的第一联报单。以下以邮划报单为主介绍联行往来的处理方法。

联行业务发生后，发报行根据代收或代付业务性质编制三联邮划贷方报单（见样式 5—1）或邮划借方报单，根据凭证寄递方式编制两联电划贷方报单或电划借方报单。

样式 5—1 ××银行邮划贷方报单第一联 报单号码××××××

<table>
<tr><td rowspan="2">发报行</td><td>行号</td><td>×××××</td><td colspan="6">编制日期 20××年 3 月 10 日</td><td rowspan="2">收报行</td><td>行号</td><td colspan="3">×××××</td><td colspan="6">转账日期</td></tr>
<tr><td>行名</td><td colspan="7">中国××银行陆江支行</td><td>行名</td><td colspan="9">中国××银行丰县支行</td></tr>
<tr><td colspan="2">收款单位账号或名称</td><td>付款单位账号或名称</td><td>万</td><td>千</td><td>百</td><td>十</td><td>元</td><td>角</td><td>分</td><td rowspan="2">合计金额</td><td></td><td></td><td>万</td><td>千</td><td>百</td><td>十</td><td>元</td><td>角</td><td>分</td></tr>
<tr><td colspan="2">2010011</td><td>2010055</td><td></td><td>8</td><td>7</td><td>5</td><td>0</td><td>0</td><td>0</td><td></td><td></td><td>2</td><td>2</td><td>3</td><td>5</td><td>0</td><td>0</td><td>0</td></tr>
<tr><td colspan="2">2010007</td><td>2010046</td><td>1</td><td>3</td><td>6</td><td>0</td><td>0</td><td>0</td><td>0</td><td>事由</td><td colspan="9">信汇款 2 笔</td></tr>
<tr><td colspan="2"></td><td></td><td></td><td></td><td></td><td></td><td></td><td></td><td></td><td>附件</td><td colspan="2"></td><td>密押</td><td colspan="2"></td><td>编押</td><td colspan="3"></td></tr>
<tr><td colspan="3"></td><td>发报行</td><td colspan="6">（发报行公章）</td><td>收报行</td><td colspan="9">核对印鉴 核押
复 核 记账
对账日期 对账</td></tr>
</table>

如办理信汇、电汇、托收、商业承兑汇票、银行承兑汇票等代收资金业务，填发贷方报单。其会计分录为：

借：单位活期存款——××户

　　贷：联行往账

如办理银行汇票款项划拨，填发借方报单。其会计分录为：

借：联行往账

　贷：××科目

第一联报单加盖联行专用章与有关业务凭证直接寄交收报行。电划报单缺少第一联并且应向收报行拍发电报。

每日营业终了，将第二联报单分别贷方和借方报单，各自按收报行行号顺序排列并分别加计笔数和金额，据以编制联行往账报告表一式两份（见样式 5—2），一份连同第二联报单寄交电子计算中心，另一份与第三联报单一并留存。

样式 5—2　　　　　　　　**××银行（行号×××××）**

联行往账报告表

20××年 3 月 10 日

摘要	借方										贷记									
	笔数		金额								笔数		金额							
	电寄	邮寄	十	万	千	百	十	元	角	分	电寄	邮寄	十	万	千	百	十	元	角	分
3月9日余额													6	8	8	6	0	0	0	0
本日发生额		2		3	1	0	0	0	0	0	12	6		8	3	2	0	0	0	0
本日余额													7	4	0	8	0	0	0	0
自年初累计发生额		13		8	8	6	1	0	0	0	45	67	8	2	9	4	1	0	0	0
附件	借方报单　笔　贷方报单　笔																			
备注																				
分行 输入	联行专用章										经办行		会计主管			制表			复核	
分行 复核																				

往账报告表的作用：一是控制发报行的往账卡片，便于发报行核对联行往账；二是作为第二联报单的汇总表，向电子计算中心报告联行往账的发生情况，便于电子计算中心收到后与第二联报单核对；三是电子计算中心凭以监督各行联行往账。

联行往账报告表在寄发前应审核：报告表上的行号、顺序号、上次余额及自年初累计发生额各栏填写是否正确，是否与上日往账报告表衔接；借方、贷方本日发生额与所附第二联借方、贷方报单合计金额是否相符；借方、贷方本日发生额及余额与“联行往账”科目总账的当日发生额及余额是否相符；借方、贷方累计发生额的轧差与当日余额是否相符。

（二）收报行收受报单

收报行处在联行往来的关键环节，在收受报单后要认真审核并迅速办理联行来账的转账，当收到电子计算中心对账表时要切实核对账务，年度终了应当及时查清未达账项。收受报单的处理是收报行工作任务的组成部分。

1. 收到正确报单

收报行收到报单以后应严格审查，对内容真实、手续完备的报单，及时办理转账并在报单上注明转账日期。

对收到划来的信汇、电汇款，划回的托收款项以及商业承兑汇票、银行承兑汇票款项等，收到的为贷方报单，收报行实为代发报行付款。其会计分录为：

借：联行来账——借方户

　　贷：单位活期存款——××户

收报行收到借方报单，实为代发报行收款。其会计分录为：

借：××科目——××户

　　贷：联行来账——贷方户

第一联报单是对账的依据，应设置卡片箱保管。卡片箱划分为“未核对”和“已核对”两部分，并按收到的借方报单和贷方报单分设。转账后的第一联报单应分别借方报单、贷方报单按发报行行号顺序排列整理，放入卡片箱未核对格内留待对账。对账后核对相符的报单移入已核对格内，两者不得混淆。

每日营业终了，收报行根据已转账的联行借方、贷方报单，分别加计笔数及金额，汇总编制“联行来账”科目转账贷方、借方传票，据以登记联行来账分户账。联行来账分户账的账户应与来账卡片箱的设置相适应，分为借方户和贷方户。收报行收到贷方报单，记入“联行来账”借方户的借方，账户余额在借方；收到借方报单，记入“联行来账”贷方户的贷方，账户余额在贷方；两个账户的余额分别反映未核对的贷方、借方报单的笔数与金额。

联行来账分户账的作用，一是控制来账卡片的份数与金额，二是凭以监督联行来账对账。联行来账借方、贷方户的余额轧差应与“联行来账”科目总账的余额相符。

2. 收到错误报单

收报行收到报单如经审查发现有错误，按以行号为准的原则处理。

（1）可以转账的错误报单。

1）报单的收报行行名、行号是本行的，报单的内容和附件是他行的，或行号是本行的，行名和报单内容及附件是他行的，应按本行报单记入“联行来账”，然后再另发与原来借方或贷方报单相同的报单转划有关行，原报单附件作转划报单附件。如原报单为贷方报单，其会计分录为：

借：联行来账——借方户

　　贷：联行往账

如收到的为借方报单，则会计分录相反。

【例 5—1】 兰州市分行营业部收到青岛市分行营业部邮划报单一笔，金额 80 000 元，行名、行号是本行的，但所附的汇款凭证的收款人在沈阳市分行营业部开户。兰州市分行营业部按规定办理划转手续。

借：联行来账——借方户　　80 000.00

　　贷：联行往账　　80 000.00

根据会计分录，填制邮划贷方报单，发报行为兰州市分行营业部，收报行为沈阳市分行营业部，原附件与编制的转划报单一并寄往沈阳市分行营业部。

2）报单行号是他行的，行名及附件是本行的，则应将附件留存凭以转账，并向报单所列收报行（以行号为准）填发反方报单冲转，同时将发报行寄来报单作转划报单附件，寄有关收报行办理冲账手续。如收到的是贷方报单，其会计分录为：

借：联行往账

　　贷：××科目——××户

如收到的为借方报单，则会计分录相反。

【例5—2】 河北省衡水市分行营业部收到山东省烟台市大马路支行邮划借方报单一笔，系划回本行签发的银行汇票，金额125 000元（没有剩余款），经审查报单行名与附件是本行的，而行号是河北省邢台市分行营业部的，衡水市分行营业部当即按规定办理转划手续。

借：汇出汇款　　125 000.00

　　贷：联行往账　　125 000.00

根据会计分录，填制邮划贷方报单。其中：发报行为河北省衡水市分行营业部，收报行为河北省邢台市分行营业部。山东省烟台市大马路支行的借方报单与编制的邮划贷方转划报单一并寄往邢台市分行营业部。

邢台市分行营业部收到衡水市分行营业部寄来的贷方报单与借方报单，以联行来账与联行来账对转。其会计分录为：

借：联行来账——借方户　　125 000.00

　　贷：联行来账——贷方户　　125 000.00

3）报单上的收报行行名非本行的，但行号及附件均是本行的，收报行可以更正行名办理转账。

4）收到的报单内容清楚、具体，仅缺附件，收报行如根据报单内容能代补附件的，可以代为补制附件后办理转账。

（2）暂时不能转账的错误报单。收报行收到的报单行号、行名正确，但存在收（付）款人账号、户名不清，无法确定应记入的账户，报单与附件金额不符，属于编押范围的漏编密押或密押不符，报单漏盖联行专用章等差错的，应登记“未转账错误报单登记簿”，将错误报单与附件专夹保管，暂时不做账务处理，经查询后分情况处理。

（三）电子计算中心编制对账表

电子计算中心的任务主要是对联行往账和联行来账进行监督并负责对账表的编制。

电子计算中心收到各发报行寄来的往账报告表及第二联报单，经审核无误后，据以编制对账表。对账表系根据第二联借方和贷方报单按收报行整理，并用计算机逐笔编制。表内共七栏，均用阿拉伯数字表示（见样式5—3）。

对账表一式两份，一份留存，一份寄交收报行对账。当日对账表编妥后，中心应将全部对账表的借方、贷方报单加计发生额总数，与当日纳入核算的借方、贷方报单的合计数核对相符。

对账表中如有冲正报单，采取红字本方冲正方法，即用红数将原报单内容列入原方向，在加计发生额合计时，应从正常报单金额中减去。但由于对账表采用电子计算机编制，因此，对于冲正报单是在报单种类栏打印符号表示：冲正电划报单，其报单种类代号为7；冲正邮划报单，其代号为9。同时，在冲正报单金额后打印负号“—”，以示与正常报单的区别。

样式 5—3

对账表

1	2	3	4	5	6	7
21004						87—001
	0408			3 267 794.58		
20223	0411	5	312	51 650.00		
21103	0411	5	756	6 335.25		
21625	0410	3	193	85 226.40		
23406	0419	5	404			26 000.00
23656	0416	3	558	6 500.00		
24708	0422	5	654	2 630.00		
24802	0418	5	821	3 260.00		
			6	155 601.65	1	26 000.00
				4 182 396.23		785 000.00
				3 397 396.23		
						20××.4.30

说明：

第一栏：第一行 21004 为收报行行号，以下为发报行行号。

第二栏：第一行 0408 为上一次对账表编制日期，以下为报单编制日期。

第三栏：报单种类，3 为电划报单，5 为邮划报单，7 为冲正电划报单，9 为冲正邮划报单。

第四栏：报单号码，最后一行 6 为贷方报单笔数合计。

第五栏：第一行为上一次对账表余额，以下为贷方报单金额，最后三行顺序为贷方报单发生额合计、贷方报单自年初累计发生额、余额。

第六栏：为借方报单笔数合计。

第七栏：第一行为对账表的顺序号和页数，87—001 为第 87 号对账表第一页。下面顺序为借方报单金额、借方报单发生额合计、借方报单自年初累计发生额。

（四）收报行对账

收报行对账是保证联行账务正确的重要环节。收报行通过对账可以及时发现发报行、电子计算中心以及本身账务处理过程中存在的问题，并及时解决。

1. 全部核对相符的处理

收报行收到总行电子计算中心寄来的对账表，经审查无误后，根据对账表内所列报单的各项内容，逐笔从留存的第一联报单中抽出相同的报单进行核对。核对相符后，在第一联报单上填注对账日期，并分别按已核对的借方、贷方报单金额汇总编制转账传票，从“联行来账”科目转入“已核对联行来账”科目。核对的贷方报单，其会计分录为：

借：已核对联行来账

　　贷：联行来账——借方户

核对的借方报单，其转账会计分录相反。

转账后，联行来账借方户、贷方户的余额为未核对的贷方、借方报单数额，其应与未核对的第一联报单数额一致，“已核对联行来账”科目数额应与对账表的数额相符。对账后的对账表代替“已核对联行来账”科目明细账。对账后的第一联报单放回卡片箱“已核对”格保管。

2. 未核销报单的处理

对账中如发现对账表中列有某笔报单，而来账卡片中没有该笔报单，即为未核销报单。未核销报单产生的原因为：一是报单在邮寄中发生延误而迟到；二是第一联报单虽已收到，但因有错误尚未转账；三是对账表打印有误；四是收报行本身工作差错等。

对账中发现未核销报单并经检查确非本行工作差错时，应逐笔登记“未核销报单款项登记簿”，并分别向发报行和电子计算中心发出查询。转账时将已核符与未核销部分分别编制传票转账，核对相符的部分，以“已核对联行来账”科目与“联行来账”科目对转；未核销部分，以“已核对联行来账”与“未核销报单款项”科目对转。

【例 5—3】 某行核对第 87 号对账表（见样式 5—3），发现未核销报单两笔，金额分别为 6 500 元和 2 630 元，其余贷方和借方报单均核对相符。核对后，贷方报单转账的会计分录为：

借：已核对联行来账　　155 601.65

　贷：联行来账——借方户　　146 471.65

　　　未核销报单款项——贷方报单户　　9 130.00

核对借方报单转账的会计分录为：

借：联行来账——贷方户　　26 000.00

　贷：已核对联行来账　　26 000.00

未核销报单查明后，应分别情况处理。对于发报行补来报单抄本或超过正常邮程迟到的报单以及凭错误报单查复可以转账的，应先按正常报单入“联行来账”，然后再冲销“未核销报单款项”科目。如果形成的未核销报单系电子计算中心对账表打印错误，那么在收到冲正对账表后，应填制红字同方向传票办理冲账。

四、年终清查未达账项

为了验证发报行发出的报单收报行是否全部收到并转账，除了进行日常对账外，各行还须划分年度进行未达账项的清查。

新年度开始，各行将上年“联行往账”、“联行来账”、“已核对联行来账”、“未核销报单款项”四个科目的余额，不通过分录，直接过入各上年科目或在原科目下设上年户。新年度开始办理业务时，发报行除补发上年报单抄本外，不得填发上年度报单。收报行收到上年报单，用上年“联行来账”科目核算，收到电子计算中心上年度对账表，用“已核对上年联行来账”科目核算。新年度的“联行往账”、“联行来账”、“已核对联行来账”及“未核销报单款项”科目，均用以核算本年度的往来账项。

各行上年未达账项全部查清后，再进行上下级行处间的数字核对，核对无误后，各管辖分行将上年“联行往账”科目、“已核对上年联行来账”科目余额，通过本年联行往来上划总行，由总行结平上年联行往来账务。

第三节 资金汇划清算

资金汇划清算是利用计算机网络系统，将发、收报行之间横向的资金往来转换成纵向的资金汇划，通过各自在总行开立的备付金存款账户清算双方行处的资金存欠的资金汇划系统。

一、基本做法

（一）资金汇划清算系统的结构

资金汇划清算系统由经办行、清算行、省区分行及总行清算中心组成，各行间通过计算机网络连接。

经办行是办理结算和资金汇划业务的行处。汇划业务的发生行为发报经办行，汇划业务的接收行为收报经办行。

清算行是在总行清算中心开立备付金存款账户的银行，各直辖市分行和二级分行（包括省区分行营业部）均为清算行，清算行负责办理辖属行处汇划款项的清算。

省区分行也在总行清算中心开立备付金户，但不用于汇划款项的清算，只用于办理系统内资金调拨和内部资金利息的汇划。

总行清算中心主要是办理系统内各经办行之间的资金汇划、各清算行之间的资金清算及资金拆借、账户对账等。

（二）资金汇划清算的基本做法与基本程序

资金汇划清算采取“实存资金，同步清算，头寸控制，集中监督”的做法。就是以清算行为单位在总行清算中心开立备付金存款账户，用于汇划款项时的资金清算；当发报经办行通过其清算行经总行清算中心将款项汇划给收报经办行的同时，总行清算中心每天根据各行汇出、汇入资金情况，从各该清算行备付金账户付出资金或存入资金，从而实现各清算行之间的资金清算。可见，各清算行在总行清算中心开立的备付金账户，对实现资金划拨和清算非常重要。为此，各清算行必须保证该备付金账户有足额的存款，如果存款不足，二级分行可向管辖省区分行借款，省区分行和直辖市分行可向总行借款。在资金汇划清算系统中，总行清算中心对汇划往来数据的发送、资金清算、备付金账户资信情况和行际间查询、查复情况进行管理和监督。

按照上述基本做法，资金汇划清算的基本操作程序就是：各发报经办行根据发生的结算等资金汇划业务录入数据，全部及时发送至发报清算行；发报清算行将辖属各发报经办行的资金汇划信息传输给总行清算中心；总行清算中心将发报清算行传输来的汇划数据即时传输给收报清算行；收报清算行当天或次日将汇划信息传输给收报经办行，从而实现资金汇划业务。在这里，清算行处在信息中转的地位，既要向总行清算中心传输发报经办行的汇划信息，又要向收报经办行传输总行清算中心发来的汇划业务信息，资金汇划的出口、入口均反映在清算行，使其可以控制辖属经办行的资金汇划与清算（见图 5—2）。

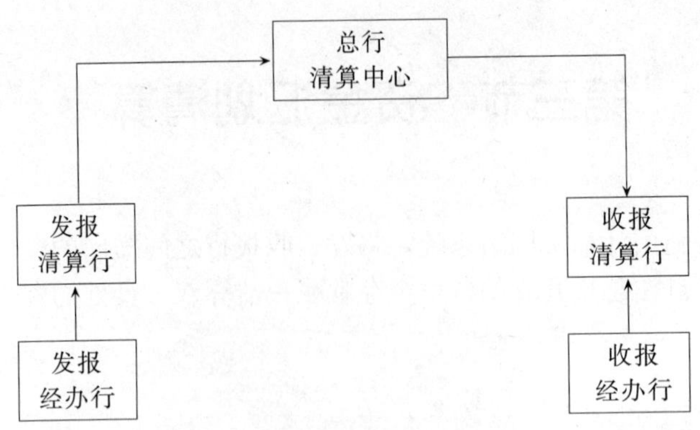

图 5—2　资金汇划清算的基本处理程序

（三）资金汇划清算的科目设置

1. 上存系统内款项

该科目用于核算下级行存放在上级行的资金，凡各清算行和省区分行在总行开立的备付金账户以及二级分行在省区分行开立的调拨资金户均使用该科目核算，因此，该科目下可以设置“上存总行备付金”和“上存省区分行调拨资金”明细账户。该科目属资产类，余额反映在借方。

2. 系统内款项存放

该科目是各上级行用以核算下级行备付金存款和调拨资金的科目，属负债类，余额反映在贷方。总行使用该科目按清算行和省区分行设“备付金存款户”，省区分行以该科目核算反映二级分行的调拨资金存款的增减变动，在该科目下按二级分行设置“调拨资金存款户”。

3. 待清算辖内往来

该科目用以核算反映各发、收报经办行与清算行之间的资金汇划往来与清算情况，属于资产负债共同类会计科目，余额轧差反映。

二、汇划款项及资金清算

（一）发报经办行

发报经办行根据汇划业务种类，由经办人员根据汇划凭证录入有关内容。如汇兑、异地托收承付等贷报业务，其会计分录为：

借：××科目

　贷：待清算辖内往来

如为银行汇票等借报业务，则会计分录相反。

将电子汇兑凭证第三联，邮划异地托收承付、委托收款凭证第四联，银行卡凭证、银行汇票、银行承兑汇票的第二、三联作“待清算辖内往来”科目凭证的附件；对作“信汇付款指令”处理的信汇业务，应在信汇凭证第三联上加盖用于全国结算业务的结算专用章后连同第四联邮寄收报经办行。

业务数据经过复核，按规定权限授权无误后，产生有效汇划数据，发送至清算行。

【例 5—4】 兰州市榆中县支行开户单位 D 公司向长沙市望城县支行汇出款项 58 000 元，收款单位为 H 公司。经复核无误后，榆中县支行向兰州市分行营业部发送汇划款项信息。其会计分录为：

借：单位活期存款——D 公司存款户　58 000.00

　贷：待清算辖内往来　58 000.00

每天营业终了，发报经办行应打印“待清算辖内往来汇总记账凭证”和“资金汇划业务清单”，并作“待清算辖内往来汇总记账凭证”的附件。然后，核对当天原始汇划凭证的笔数、金额合计与“资金汇划业务清单”发送借贷方笔数、合计数及“待清算辖内往来”发报汇总借贷方凭证笔数及发生额。

（二）发报清算行

发报清算行收到发报经办行传输来的跨清算行汇划业务后，计算机自动记载“上存系统内款项”科目和“待清算辖内往来”科目有关账户。如收到发报经办行发来的贷方汇划业务，会计分录为：

借：待清算辖内往来

　贷：上存系统内款项——上存总行备付金户

如为借方汇划业务，则会计分录相反。

经过按规定权限授权、编押及账务处理后，汇划业务数据由计算机自动传输至总行。

【例 5—5】 兰州市分行营业部收到榆中县支行发来的汇划信息，经复核无误，计算机自动记载有关账户。其会计分录为：

借：待清算辖内往来　58 000.00

　贷：上存系统内款项——上存总行备付金户　58 000.00

如遇清算行在总行清算中心备付金存款不足时，“上存总行备付金”明细账户余额可暂时在贷方反映，但清算行要迅速筹措资金补充备付金头寸。

（三）总行清算中心

总行清算中心收到各发报清算行汇划款项，由计算机自动登记后，将款项传送至收报清算行。每日营业终了更新各清算行在总行开立的备付金存款账户。如贷方汇划款项（接【例 5—4】、【例 5—5】），其会计分录为：

借：系统内款项存放——兰州市分行营业部备付金户　58 000.00

　贷：系统内款项存放——长沙市分行营业部备付金户　58 000.00

如为借方汇划业务，则会计分录相反。

（四）收报清算行

收报清算行收到总行清算中心传来的汇划业务数据，计算机自动检测收报经办行是否为辖属行处，并经核押无误后自动进行账务处理。实时业务即时处理并传送至收报经办行，批量业务处理后次日传送至收报经办行。具体处理方式分为集中式和分散式两种。

1. 集中式

集中式是指收报清算行作为业务处理中心，负责全辖汇划收报的集中处理及汇出汇款、应解汇款等内部账务的集中管理。

（1）收到总行清算中心传来的实时汇划数据后，即时代辖属经办行记账。如贷方汇划业务（接【例 5—4】、【例 5—5】），其会计分录为：

借：上存系统内款项——上存总行备付金户　　58 000.00

　贷：待清算辖内往来　　58 000.00

借：待清算辖内往来　　58 000.00

　贷：单位活期存款——H 公司户　　58 000.00

如为借方汇划业务，则会计分录相反。

(2) 收到总行清算中心传来的批量汇划数据后，日终进行挂账处理。如贷方汇划业务，其会计分录为：

借：上存系统内款项——上存总行备付金户

　贷：其他应付款——待处理汇划款项户

如为借方汇划业务，其会计分录为：

借：其他应收款——待处理汇划款项户

　贷：上存系统内款项——上存总行备付金户

次日清算行代经办行确认后记账。如贷方汇划业务，其会计分录为：

借：其他应付款——待处理汇划款项户

　贷：待清算辖内往来

借：待清算辖内往来

　贷：××科目

如为借方汇划业务，其会计分录为：

借：待清算辖内往来

　贷：其他应收款——待处理汇划款项户

借：××科目

　贷：待清算辖内往来

2. 分散式

分散式是指收报清算行收到总行传来的汇划数据后均传至收报经办行处理。

(1) 收到总行清算中心传来的实时汇划数据后，要即时传至收报经办行记账。如贷方汇划业务，其会计分录为：

借：上存系统内款项——上存总行备付金户

　贷：待清算辖内往来

如为借方汇划业务，则会计分录相反。

(2) 收到总行清算中心传来的批量汇划数据进行挂账处理。会计分录与集中式批量处理收到挂账的会计分录相同，先转入“其他应付款”或“其他应收款”科目，待次日收报经办行确认后，冲减“其他应付款”或“其他应收款”科目并通过“待清算辖内往来”科目传至收报经办行记账。

(五) 收报经办行

收报经办行收到清算行传来的批量、实时汇划业务，经检查无误后，打印“资金汇划（借方）补充凭证”或“资金汇划（贷方）补充凭证”一式两份，并自动进行账务处理。

如贷方汇划业务，其会计分录为：

借：待清算辖内往来

贷：××科目

如为借方汇划业务，则会计分录相反。

如收到“信汇付款指令”业务，先进行账务处理，其会计分录为：

借：待清算辖内往来

贷：其他应付款——待处理汇划款项户

待收到发报经办行邮寄的第三、四联信汇凭证，核对相符后，再从“其他应付款”科目转入客户账户。其会计分录为：

借：其他应付款——待处理汇划款项户

贷：××科目

如先收到发报经办行寄来的第三、四联信汇凭证，应专夹保管，俟汇划业务数据到达后再作账务处理。

收报经办行的日终处理与发报经办行的日终处理相同。

三、系统内资金调拨及利息计算

（一）备付金存款账户的开立与资金存入

清算行和省区分行在总行清算中心开立备付金存款账户时，可通过人民银行将款项直接存入总行清算中心。上存时填制特种转账传票进行账务处理，其会计分录为：

借：其他应收款——待处理汇划款项户

贷：存放中央银行款项

待接到总行清算中心借记信息后，进行账务处理。其会计分录为：

借：上存系统内款项——上存总行备付金户

贷：其他应收款——待处理汇划款项户

总行清算中心收到各清算行和省区分行上存的备付金后，当日通知有关清算行，进行账务处理。其会计分录为：

借：存放中央银行款项

贷：系统内款项存放——××分行存放备付金户

各清算行或省区分行通过人民银行汇款补足备付金存款、二级分行通过人民银行向管辖的省区分行上存用于调拨的资金时，其处理与上述处理相同。

（二）系统内拆借资金

系统内拆借资金分为一般借入和强行借入。企业应设置“系统内借出”科目，并分设“一般借出户”、“强行借出户”；“系统内借入”科目分设“一般借入户”、“强行借入户”。系统内拆借资金亦应计算利息。

清算行如不能通过人民银行汇款补足在总行清算中心的备付金存款，经有权人批准，可向管辖行申请借入资金。省区分行接到二级分行（清算行）资金借款申请书后，经有权人批准，向总行清算中心办理资金借出手续。总行清算中心收到省区分行借出资金信息后，当日自动进行账务处理。清算行收到借款信息后，自动进行账务处理，增加“上存系统内款项”科目余额。

如二级分行在总行备付金不足，日终又不能立即借入资金补足，总行清算中心有权主动代省区分行强行向二级分行借出资金，同时通知二级分行和省区分行。

二级分行在总行清算中心备付金存款足以归还系统内借款时，应及时向总行清算中心发出还款通知。二级分行或省区分行借款到期不能归还，到期日营业终了，自动转入各该科目逾期贷款户，并自转入日按规定的逾期贷款利率计息。

四、对账

各清算行每日营业终了自动将汇划及资金清算明细数据逐级上传进行明细对账；省区分行收到上传的明细数据后与辖属各清算行汇划业务明细数据及清算信息配对对账；总行收到传来的明细数据后，与各行在总行的“系统内款项存放”科目有关账户汇划业务明细数据及清算信息配对对账，并将对账结果逐级下传，发现疑问要发出对账差错信息，同时登记“对账差错登记簿”；各清算行每日将“系统内借入”科目各借款账户清单传至总行和省区分行进行核对；各行每日接收总行发出的对账差错信息后，打印差错清单，在5个工作日内必须查清原因，并按规定处理完毕。

第四节　现代化支付系统

现代化支付系统是中国人民银行主办，为金融系统提供快捷、高效、安全、稳定的资金划拨与清算服务的支付清算系统。凡办理支付结算业务的银行、城市信用社、农村信用社以及其他特许机构，经中国人民银行批准，都可以作为现代化支付系统的运行者，通过该系统进行款项划拨与清算。

一、现代化支付系统的构成

（一）现代化支付系统的参与者

现代化支付系统的参与者分为直接参与者、间接参与者和特许参与者。

直接参与者是指直接与支付系统城市处理中心连接并在中国人民银行开设清算账户的银行机构以及人民银行地市级中心支行以上机构。

间接参与者是指未在人民银行开设清算账户而委托直接参与者办理资金清算的银行和非银行金融机构以及人民银行县支行。

特许参与者是指经人民银行批准通过现代化支付系统办理特定业务的机构，如中央国债登记公司等。

（二）现代化支付系统的程序

现代化支付系统处理支付业务的程序是：发起行发起业务后，经发起清算行、发报中心、国家处理中心、收报中心、接收清算行，最后至接收行止。

发起行是向发起清算行提交支付业务的参与者。

发起清算行是向支付系统提交支付信息并开设清算账户的直接参与者或特许参与者。发起清算行也可以直接向支付系统发起支付业务。

发报中心是向国家处理中心转发发起清算行支付信息的城市处理中心。

国家处理中心是接收、转发支付信息，并进行资金清算处理的机构。

收报中心是向接收清算行转发国家处理中心支付信息的城市处理中心。

接收清算行是向接收行转发支付信息并开设清算账户的直接参与者。

接收行是从接收清算行接收支付信息的参与者。接收清算行也可以作为接收行接收支付信息。

在该程序参与者中，发起行和接收行为间接参与者；发起清算行、发报中心、收报中心、接收清算行均为直接参与者。现代化支付系统的程序见图 5—3。

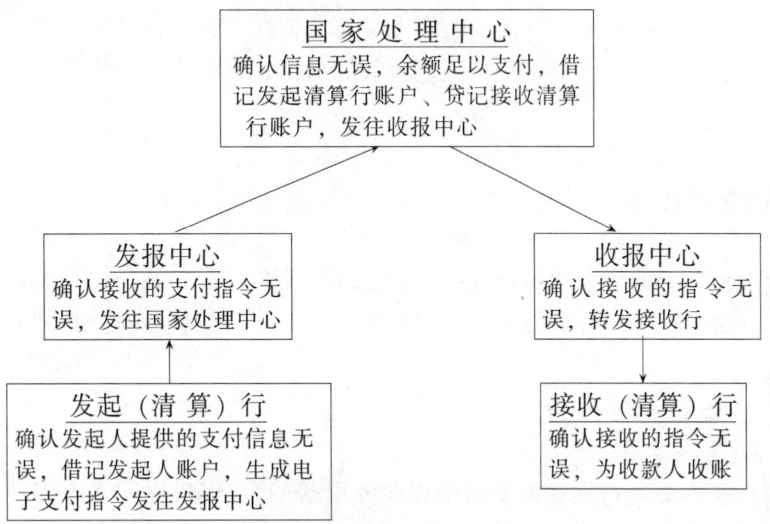

图 5—3　现代化支付系统的程序

二、现代化支付系统的科目设置与清算账户的开立

（一）科目设置

现代化支付系统分为大额支付系统和小额支付系统，以下以大额支付系统为例叙述其处理手续。大额支付系统设置如下会计科目：

1. 大额支付往来

该科目核算支付系统发起清算行和接收清算行通过大额支付系统办理的支付结算往来款项，余额轧差反映。年度终了，本科目余额全额转入“支付清算资金往来”科目，该科目余额为零。

2. 小额支付往来

本科目核算支付系统发起清算行和接收清算行通过小额支付系统办理的支付结算往来款项，余额轧差反映。年度终了，本科目余额全额转入“支付清算资金往来”科目，该科目余额为零。

3. 支付清算资金往来

该科目核算支付系统发起清算行和接受清算行通过大额支付系统和小额支付系统办理的支付结算汇差款项。年度终了，“大额支付往来”科目余额对清后，结转至本科目，余额轧差反映。

4. 汇总平衡（国家处理中心专用）

该科目用于平衡国家处理中心代理人民银行分支行的账务处理，不纳入人民银行的核算。

（二）清算账户的开立

支付系统的直接参与者与支付系统城市处理中心连接的，其在人民银行当地分支行开设清算账户并物理摆放在国家处理中心。

当地城市行未直接接入支付系统，而通过省会城市处理中心集中接入支付系统的银行，其所属的地市分支行作为支付系统的间接参与者，在人民银行当地分支行开设专用账户，用于办理现金存取和同城票据交换轧差净额的清算，该专用账户物理上不摆放在国家处理中心。

三、大额支付业务

发起行与清算行之间以及清算行与接收行之间的支付信息传输后的处理，按各行系统内往来的规定处理，以下只介绍发起行、发报中心、国家处理中心、收报中心、接收行的基本处理方法。

（一）发起大额支付业务

1. 发起行（发起清算行）

发起行可以为商业银行（如由支付结算业务引起的），也可以为人民银行（由系统内划拨款项引起或划拨国库款项引起的）。

发起行业务发生后将支付信息传输给发起清算行（发起清算行本身也会发起清算业务）；发起清算行将发起行传输来的支付信息与本身发生的支付信息一并，由操作员录入、复核，自动逐笔加编密押后发送发报中心。

发起清算行为商业银行的，其账务处理分录为：

借：××科目

　　贷：存放中央银行款项

发起清算行为人民银行的，其账务处理分录为：

借：××科目

　　贷：大额支付往来——人民银行××行（库）户

2. 发报中心

发报中心收到发起清算行发来的支付信息，确认无误后，逐笔加编全国密押，实时发送国家处理中心。

3. 国家处理中心

国家处理中心收到发报中心发来的支付报文，逐笔确认无误后，分别情况进行账务处理。

（1）发起清算行、接收清算行均为商业银行的，其会计分录为：

借：××银行准备金存款

贷：大额支付往来——人民银行××行户

借：大额支付往来——人民银行××行户

贷：××银行准备金存款

（2）发起清算行为商业银行，接收清算行为人民银行的，其会计分录为：

借：××银行准备金存款

贷：大额支付往来——人民银行××行户

借：大额支付往来——人民银行××行户

贷：汇总平衡——人民银行××行户

（3）发起清算行为人民银行，接受清算行为商业银行的，其会计分录为：

借：汇总平衡——人民银行××行户

贷：大额支付往来——人民银行××行户

借：大额支付往来——人民银行××行户

贷：××银行准备金存款

（4）发起清算行、接收清算行均为人民银行的，其会计分录为：

借：汇总平衡——人民银行××行户

贷：大额支付往来——人民银行××行户

借：大额支付往来——人民银行××行户

贷：汇总平衡—— 人民银行××行户

（5）发起清算行为商业银行的，其清算账户头寸不足时，国家处理中心将该笔业务进行排队处理。

（6）国家处理中心账务处理完成后，将支付信息发往收报中心。

（二）接收支付信息

1. 收报中心

收报中心接收国家处理中心发来的支付信息确认无误后，逐笔加编密押实时发送接收清算行。

2. 接收行（接收清算行）

接收行可以为商业银行，也可以为人民银行。接收清算行接到支付信息后，传输给接收行或对本行业务进行处理。其会计分录为：

借：存放中央银行款项

贷：××科日

四、小额支付业务

小额支付业务分为小额贷记业务、借记业务和定期借记业务三类。小额贷记业务主要包括汇兑、委托收款划回、托收承付划回等贷记业务和定期贷记业务；借记业务主要包括银行汇票、旅行支票、国库借记业务，即按照规定凭发起人提交的支付信息直接贷记发起人账户的业务；定期借记业务是根据发起人与接收人签订的协议，由收款人发起的，在约定时间生效的业务。对于借记业务，支付系统设置了严格的控制范围。

小额支付业务采取小额批量处理的方法，支付信息定时或实时转发，资金在日间规定时点轧差清算。

（一）发起行（发起清算行）

发起行的处理与大额支付基本相同。

（二）发报中心

发报中心接收发起行发来的小额支付信息，应当区别本城市处理中心覆盖的业务和非本城市处理中心覆盖的业务。

对于非本城市处理中心覆盖的业务，即时发往国家处理中心。对于本城市处理中心覆盖的业务，应在规定的时点轧差后，将支付信息分发接收清算行，轧差结果即时自动发送给国家处理中心。

（三）国家处理中心

国家处理中心收到发报中心发来的小额支付信息，在规定的时间按接收清算行进行清分，并将小额支付明细信息发送收报中心，同时以直接参与者为单位进行轧差，通过清算账户管理系统进行清算。

（四）收报中心

收报中心接收国家处理中心发来的支付信息，转发接收清算行。

（五）接收清算行

接收清算行收到收报中心发来的支付信息，与大额支付业务的处理基本相同。

（六）定时轧差清算

城市处理中心可以定时轧算支付信息差额并通过国家处理中心清算资金。

1. 轧差公式

应收差额：借报业务往账金额＋贷报业务来账金额＞贷报业务往账金额＋借报业务来账金额

应付差额：借报业务往账金额＋贷报业务来账金额＜贷报业务往账金额＋借报业务来账金额

2. 国家处理中心清算资金差额

国家处理中心按清算行清算、轧算资金差额。

（1）商业银行清算行为应付差额，进行清算的会计分录为：

借：××银行准备金存款

　　贷：小额支付往来——人民银行××行户

对于应收差额进行清算的会计分录相反。

（2）国家处理中心对于人民银行清算行轧算结果的处理。

对于应付差额进行清算的会计分录为：

借：汇总平衡——人民银行××行户

　　贷：小额支付往来——人民银行××行户

对于应收差额进行清算的会计分录相反。

本章小结

资金汇划与清算是实现社会资金流通与周转的系统工具。随着经济规模的发展与经济关系的多元化，资金清算的需求越来越大，并且要求便捷、快速、安全、科学，而现代科技手段的应用，使得这种要求成为了可能。横向的资金往来可以通过纵向的清算系统进行汇划并清算；远程的资金流通和运动可以在瞬间从一地流向另一地，从而大量节约在途资金。

资金汇划与清算毕竟是资金在不同行处之间的划拨，相关双方行处的账务处理也存在时间差，为保证账务处理的正确，系统设计的安全性尤为重要，一般都设计有往来账的核对环节。手工操作下相关行处之间的对账采取填发对账表的方法，由收报行核对；在电子化操作的条件下，系统均设计有信息接收回执并需定期或每日核对，以保证发起行和接收行的信息一致、账务处理完全相符。

现代化技术手段的应用，使资金汇划与清算系统的科技含量和业务容量不断扩大，大大提高了资金汇划的速度和效率，但是资金汇划的特殊性决定了风险防范应在首要考虑之列，特别是现代化支付系统中小额支付系统的批量轧差清算，更应当注重风险防范。

重点概念

资金清算	联行汇差	跨系统资金清算
直接往来、分散逐笔对账	未核销报单	资金汇划清算系统
现代化支付系统的直接参与者		

复习思考题

一、思考题

1. 怎样理解资金清算？
2. 如何理解联行往来的基本原理与特点？
3. 联行往来核算的过程包括哪几个基本环节？
4. 简述直接往来、分散逐笔对账的基本做法。
5. 资金汇划清算系统的基本做法如何？
6. 资金汇划清算系统的会计科目有哪几个？如何使用？
7. 现代化支付系统有哪些机构参与？如何区分间接参与者和直接参与者？

二、业务处理题

1. 应用“直接往来、分散逐笔对账”和“资金汇划清算”方法，写出下列业务的处理分录（“资金汇划清算”方法做出经办行与清算行的分录）：

(1) 本行开户单位东风商厦为承兑申请人的一份到期银行承兑汇票金额为 255 000 元，某日收到持票人开户行发来的托收凭证和承兑汇票（款项已转入“应解汇款”科目），审查无误后当即将款项划往异省持票人开户行（系统内）。

(2) 黄海公司提交两联进账单和异省系统内某行签发的银行汇票第二、三联，汇票金额 150 000 元，实际结算金额 147 000 元，审查无误办理款项汇划。

(3) 收到省外系统内某行汇划款项贷方报单（信息），金额 48 000 元，系本行开户单位润营公司持有的到期银行承兑汇票款，审查后转账。

(4) 收到省外系统内某行汇划款项借方报单（信息），汇票金额 110 000 元，实际结算金额 103 000 元，系本行开户单位东风商厦为申请人的银行汇票款，审查后转账。

2. 大额支付系统往来

工商银行山东省潍坊市昌乐县支行的开户单位某服装厂为承兑申请人的一份银行承兑汇票金额为 610 000 元，某日收到托收凭证第三、四、五联，当日审查无误办理划款；持票人为农业银行河北省石家庄市平山县支行开户单位轻工机械厂。

3. 小额支付往来

5 月 10 日营业终了，中国人民银行烟台市分行轧算小额支付差额如表 5—1 所示：

表 5—1　　小额支付差额表　　单位：元

<table>
<tr><td rowspan="2">金额　项目
清算行</td><td rowspan="2">借报往账
（应收）</td><td rowspan="2">贷报来账
（应收）</td><td rowspan="2">贷报往账
（应付）</td><td rowspan="2">借报来账
（应付）</td><td colspan="2">汇差</td></tr>
<tr><td>应收汇差</td><td>应付汇差</td></tr>
<tr><td rowspan="2">中国工商银行烟台市分行</td><td>2 800 000</td><td>5 600 000</td><td>3 100 000</td><td>6 700 000</td><td></td><td></td></tr>
<tr><td colspan="2">应收合计：</td><td colspan="2">应付合计：</td><td></td><td></td></tr>
<tr><td rowspan="2">中国农业银行烟台市分行</td><td>8 500 000</td><td>1 900 000</td><td>4 200 000</td><td>2 900 000</td><td></td><td></td></tr>
<tr><td colspan="2">应收合计：</td><td colspan="2">应付合计：</td><td></td><td></td></tr>
</table>

第六章　金融机构往来

章前引例及分析

自 2007 年 1 月至 2008 年 4 月，我国 13 次上调法定存款准备金率，法定存款准备金率从 2007 年初的 9%调至 16%，加之公开市场操作等货币政策工具的运用，锁定了金融机构很大一部分流动性。

假设某地方性商业银行存款规模为 280 亿元，应当缴存法定存款准备金 44.8 亿元，按照一般营业规律需要留存 3.5%的支付准备，计 9.8 亿元；由于经营的季节性因素，该商业银行贷款（包括贴现）规模已达 240 亿元，资金缺口约 15 亿元。经过分析，该商业银行决定向中央银行申请季节性贷款 5 亿元、再贴现 10 亿元；如果出现临时性的支付紧张，则可以向同业拆借。

中央银行法定存款准备金率这一政策工具的运用如何具体操作？商业银行怎样缴存法定存款准备金？商业银行的支付准备怎样留存？向中央银行的借款与再贴现如何办理？这些问题的解决、实现和办理都离不开会计，这也是本章讲述的内容。

本章内容概要与学习目标

本章的内容主要包括金融企业之间的往来以及金融企业与人民银行之间的往来。

在现行的金融机构体制下，金融机构往来既是必然的，也是必要的，对金融机构往来进行核算，对于促进货币政策工具发挥作用和金融企业的经营管理有着重要的意义。首先，金融企业办理的结算业务，除一部分能在同一系统内实现资金划拨外，还有的要涉及不同金融系统之间的资金划拨；其次，金融企业需相互融通资金，以调剂资金余缺；最后，中国人民银行行使中央银行职能，运用货币政策工具并实行信贷资金管理而引起中央银行与商业银行之间的往来。所以，金融机构往来是中央银行运用货币政策工具作用于金融企业而引起的金融企业与中央银行之间的资金、账务往来，金融企业在经营中也会产生金融企业相互之间的往来，而这些往来业务的资金存欠最终还是要通过中央银行清算。

金融机构之间的资金、账务往来内容较多，本章主要介绍商业银行通过中央银行准备金存款账户存取款项的核算，商业银行向中央银行办理再贷款与再贴现业务的核算，商业银行之间办理异地转汇业务、同业拆借业务、票据交换以及转贴现业务的核算等。

通过本章的学习，大家要理解金融机构往来的必要性和重要性，熟悉这些往来业务的内容及其运作的过程，与此同时掌握其核算手续。

第一节　准备金存款

商业银行根据国家的金融方针、政策，对社会办理各项存贷款业务。而中央银行是国家的金融管理机关，要运用货币政策工具通过对货币供应量和信贷规模的控制，实现金融宏观调控目标。中央银行为实现金融调控和监管的目标所运用的一系列货币政策工具，在发挥作用中必然引起商业银行与中央银行之间的资金往来。与此同时，人民银行作为中央银行也有责任为商业银行之间的资金存欠提供资金清算服务，这也会引起商业银行与中央银行之间的资金往来。

商业银行凡与人民银行之间发生的资金往来必须通过准备金存款账户实现资金划拨。该准备金存款账户既是人民银行执行货币政策的需要，也是商业银行通过人民银行办理资金收付的需要。通过准备金存款账户，商业银行可以办理系统内资金调拨、商业银行跨系统的资金清算和资金调剂、向人民银行办理再贷款与再贴现等，中央银行可以通过商业银行的准备金存款账户考核法定存款准备金等。

一、商业银行准备金存款账户的开立

准备金包括支付准备金和法定准备金。支付准备金也称差额储备或备付金，是保证日常资金支付的备用金。法定准备金是根据商业银行吸收存款的增减变化，按照法定比例，保留在中央银行的存款准备金。

商业银行为满足通过人民银行办理各种业务、资金清算以及考核法定存款准备金的需要，需在中央银行开立准备金存款账户。各商业银行总行或总部开立的“准备金存款账户”，属于备付金和法定存款准备金合一的账户，除用以考核法定存款准备金以外，还用于向中央银行存取现金、资金调拨、资金清算以及其他日常支付的款项。该账户余额应大于、最低应等于规定的法定存款准备金率，而不能低于法定存款准备金率。

各商业银行分支机构在中央银行开立的存款账户，属于“备付金存款账户”，不用于考核法定存款准备金，仅用于向中央银行存取现金、资金调拨、资金清算和其他日常支付，不允许透支，如果账户资金不足，可以通过向上级行调入资金或向同业拆借等及时补充。

商业银行在中央银行的准备金存款用“存放中央银行款项”科目核算，属于资产性质账户；中央银行用“××银行准备金存款”科目核算，属于负债性质账户。

二、商业银行向人民银行存取现金和款项

（一）商业银行向人民银行存取现金

商业银行只设立现金业务库，库存现金有核定的库存限额，库存现金不足限额时，向人民银行提取，人民银行从发行库出库，作为货币发行；货币发行引起人民银行发行库里的发行基金减少、流通中货币增加、商业银行库存现金增加和准备金存款减少。商业银行业务库存现金超过限额应送交人民银行并交入发行库，作为货币回笼；货币回笼引起人民银行发行库的发行基金增加、流通中货币减少、商业银行库存现金减少和准备金存款增加。

1. 商业银行向人民银行支取现金

商业银行向人民银行填送现金支票，待取回现金后，填制现金收入传票，原现金支票存根作附件。其会计分录为：

借：库存现金

　　贷：存放中央银行款项

人民银行会计部门审查现金支票无误，并且商业银行准备金存款账户有足够的资金支付，凭以填制“发行基金往来”科目现金收入传票，一并交发行部门。其会计分录为：

借：××银行准备金存款

　　贷：发行基金往来

发行库填制出库凭证，凭以出库并登记发行基金库存簿。发行库记账如下：

付出：发行基金——本身库户

人民银行每天营业终了通过计算机联机处理，将货币发行情况报管辖行。

2. 商业银行向人民银行存入现金

商业银行填制“现金缴款单”连同现金一并交人民银行发行库。发行库将款项收妥后，将缴款单的回单联退缴款的商业银行，同时填制发行基金入库凭证办理入库手续。

人民银行以及商业银行的账务处理方法与支取现金相同，但记账方向相反。

【例6—1】 6月12日，工商银行某中心支行填制现金支票向人民银行支取现金80 000元。

工商银行的会计分录为：

借：库存现金　　80 000.00

　　贷：存放中央银行款项　　80 000.00

人民银行的会计分录为：

借：工商银行准备金存款——×中心支行户　　80 000.00

　　贷：发行基金往来　　80 000.00

　　付出：发行基金——本身库户　　80 000.00

（二）商业银行向人民银行存取款项

除向人民银行存取现金外，商业银行由于办理其他业务而向人民银行存取款项的业务主要有：商业银行系统内资金调拨、异地跨系统结算资金清算、同城票据交换差额清算、再贷款与再贴现、同业拆借、缴存财政款项等。商业银行由于办理这些业务而向人民银行

存入或支取款项，均需通过其在人民银行开立的“准备金存款账户”核算。

1. 向人民银行存入款项

商业银行由于办理有关业务，将资金存入“准备金存款账户”，应根据有关业务凭证办理转账。如：取得再贷款和再贴现、异地跨系统结算收入款项、同城票据交换应收差额、系统内调入资金、向同业拆入资金或收到同业归还拆借资金、调整减少缴存财政款项等。商业银行的会计分录为：

借：存放中央银行款项

　贷：××科目

人民银行的会计分录为：

借：××科目

　贷：××银行准备金存款

2. 向人民银行支取款项

商业银行办理有关业务从“准备金存款账户”支付款项，根据有关凭证转账，如：归还再贷款和到期再贴现、异地跨系统结算支付款项、同城票据交换应付差额、系统内调出资金、向同业拆出资金或归还同业拆借资金、调整增加缴存财政款项等。商业银行与人民银行的会计分录与“向人民银行存入款项”相反。

可见，商业银行在人民银行开立的“准备金存款账户”的余额会随着商业银行办理的业务发生增减变化。为此，商业银行应随时掌握该账户的余额情况，确保不透支，法人机构还应确保该账户余额不低于根据法定存款准备金率计算的金额，如果该账户余额不足，应及时组织调入资金。

三、法定存款准备金

法定存款准备金制度是中央银行重要的金融调控手段。它规定商业银行吸收的存款必须按一定比例存入中央银行，一般情况下不能动用。其主要作用在于：限制派生存款，调节和控制信用规模；扩大商业银行的提存准备，增强资金后备力量。

（一）缴存比例与范围

法定存款准备金的缴存比例，由中央银行根据调整和控制信用规模和货币供应量的需要确定，并根据经济与金融发展状况及需要进行调整。

各商业银行应缴存法定准备金的一般存款包括：吸收的机关、团体存款，财政预算外存款，单位存款，个人储蓄存款及其他各项存款，商业银行办理的委托、代理业务的负债项目减去资产项目后的贷方余额，如委托存贷款轧差后的贷方余额、代理发行与兑付债券轧差后的贷方余额（代理国债业务轧差后的贷方余额应作为财政存款）、国家与地方委托贷款基金与贷款轧差的贷方余额等。凡轧减后为借方余额的，视同该缴存款项目为零，不允许以借方余额抵减其他缴存款项目。

（二）法定存款准备金的考核

法定存款准备金由人民银行按各商业银行的法人统一进行考核，各金融机构法人在人民银行开立的存款账户属于法定存款准备金和备付金合一账户。该账户余额随着法人机构所办理的资金调拨、资金清算、存取现金和其他日常收付的款项不断发生增减变化，同时，各金融机构吸收的一般存款也随着经营的各项存贷款业务的发生而不断发生增减变化，因此，人民银行应按规定的法定存款准备金缴存范围、比例等进行考核，监督各金融机构及时、足额地缴存法定存款准备金。

人民银行对各商业银行法定存款准备金每日进行考核。

各商业银行在每日营业终了，自下而上编制一般存款科目余额表（见样式 6—1），由法人统一汇总后报送法定存款准备金账户开户的人民银行。同时，每月末，各商业银行应将汇总的全系统月末日计表报送开户的人民银行。人民银行于每日营业终了按一般存款余额的一定比例考核法定存款准备金。日间，人民银行要控制法定存款准备金账户不能发生透支；日终，该账户余额必须达到法定存款准备金的最低限。

样式 6—1

一般存款科目余额表

20××年 5 月 8 日

科目代号	余　额		科目代号	余　额	
2010	2 850 000	00			
2020	4 600 000	00			
2030	5 210 000	00			
2060	3 420 000	00			
2170	1 930 000	00			
2196	3 430 000	00			
合计	21 440 000	00			

【例 6—2】 按样式 6—1 所示一般存款科目余额情况，假设法定存款准备金率为 16%。当日营业终了，该商业银行在人民银行开立的“准备金存款账户”的余额不得低于 3 430 400元。其计算方法为：

法定存款准备金＝一般存款科目余额表合计×缴存比例

＝21 440 000×16%

＝3 430 400（元）

每日日终，人民银行对法定准备金进行考核时，如果商业银行法人统一存入人民银行的准备金存款低于规定的一般存款余额的缴存比例，人民银行应对其不足的部分处以罚款；商业银行不按时报送一般存款余额表和按月报送月末日计表的，人民银行应责令其报送，逾期不报送的，人民银行处以 1 万元以上 10 万元以下罚款。

第二节　再贷款与再贴现

中央银行是银行的银行，充当社会信用的最终贷款者，商业银行业务经营中的合理资金需要，可以按照规定向中央银行申请再贷款和再贴现。

人民银行再贷款和再贴现的资金来源是基础货币，投放后是商业银行信贷资金的初始来源，并在业务运行中使之不断扩张形成一定的贷款规模。因此，人民银行可以通过发放再贷款和再贴现直接影响商业银行信贷资金的增加与减少。

一、再贷款与再贴现账户的开立

商业银行向人民银行办理再贷款和再贴现，应按贷款种类在"向中央银行借款"科目下设立各种再贷款账户，人民银行对商业银行的再贷款账户，使用"××银行贷款"科目核算。现行的再贷款按照贷款期限的不同主要设置以下几个账户：

（1）年度性贷款户。各商业银行因经济合理增长引起年度信贷资金不足而向人民银行的借款，通过此账户核算。此种贷款期限一般为1年，最长不超过2年。

（2）季节性贷款户。各商业银行因信贷资金先支后收或存款季节性下降、贷款季节性上升等原因引起的资金暂时不足而向人民银行的借款，通过此账户核算。此种贷款期限一般为2个月，最长不超过4个月。

（3）日拆性贷款户。各商业银行由于汇划款项未达等原因发生临时性资金短缺而向人民银行的借款，通过此账户核算。此种借款的期限一般为10天，最长不超过20天。

此外，商业银行以已贴现而未到期的商业汇票向人民银行申请再贴现，应设置"再贴现"账户核算。此账户在人民银行按申请再贴现的商业银行立户。

以上再贷款与再贴现账户在人民银行为资产性质账户，余额均为借方，在商业银行为负债性质账户，余额均为贷方。

二、再贷款

（一）取得再贷款

商业银行在计划额度内，根据资金营运情况需向人民银行借款时，首先要提交贷款申请书，经人民银行计划资金部门批准后可以一次、大额借款，也可以分次办理借款手续。借款时，填写一式五联借款凭证（见样式6—2），加盖印鉴后，提交人民银行。

样式6—2　　**（季节性贷款）借款凭证（申请书代借据）**

日期20××年3月20日

收款行	名　称	建设银行S支行	借款行	名　称	建设银行S支行										
	往来户账号	2110007		借款户账户	1130007										
	开户银行	人民银行S分行		开户银行	人民银行S分行										
借款期限（最后还款日）：20××年6月20日			借款计划指标：												
借款申请金额：人民币（大写）：肆仟万元整					亿	千	百	十	万	千	百	十	元	角	分
						4	0	0	0	0	0	0	0	0	0
借款原因及用途		银行核定金额			亿	千	百	十	万	千	百	十	元	角	分
						4	0	0	0	0	0	0	0	0	0
期限	计划还款日		计划还款金额												

1. 人民银行

人民银行计划业务部门审查借款凭证并签署意见后，留存第四联贷款记录卡，其余四联转送会计部门。

会计部门收到四联借款凭证并审查手续齐全，即以借款凭证第一、二联分别作转账借方和贷方传票，办理转账。其会计分录为：

借：××银行贷款——××贷款户

贷：××银行准备金存款

第三联借款凭证盖章后，退还借款的商业银行，第五联妥善保管，并定期与贷款分户账核对，以保证账据一致。

2. 商业银行

商业银行取得贷款后，以人民银行退回的第三联借款凭证代转账借方传票，并另编转账贷方传票进行转账。其会计分录为：

借：存放中央银行款项

贷：向中央银行借款——××借款户

（二）到期归还再贷款

1. 人民银行

人民银行会计部门应经常检查借据的到期情况，以监督商业银行按期偿还贷款。

贷款到期，商业银行应主动填制一式四联还款凭证（见样式6—3），加盖预留印鉴后提交人民银行办理贷款归还手续。

样式6—3

（季节性贷款）还款凭证（支款凭证）

20××年6月20日

<table>
<tr><td rowspan="3">借款行</td><td>名　称</td><td colspan="3">建设银行S分行</td><td rowspan="3">还款行</td><td colspan="3">名　称</td><td colspan="8">建设银行S分行</td></tr>
<tr><td>借款户账户</td><td colspan="3">1130007</td><td colspan="3">往来户账号</td><td colspan="8">2110007</td></tr>
<tr><td>开户银行</td><td colspan="3">人民银行S分行</td><td colspan="3">开户银行</td><td colspan="8">人民银行S分行</td></tr>
<tr><td colspan="2">计划还款日期</td><td colspan="3">20××年6月20日</td><td colspan="3">还款次序</td><td colspan="9">第　次还款</td></tr>
<tr><td colspan="2" rowspan="2">偿还金额</td><td colspan="3" rowspan="2">人民币（大写）：贰百万元整</td><td>亿</td><td>千</td><td>百</td><td>十</td><td>万</td><td>千</td><td>百</td><td>十</td><td>元</td><td>角</td><td>分</td><td></td></tr>
<tr><td></td><td></td><td>2</td><td>0</td><td>0</td><td>0</td><td>0</td><td>0</td><td>0</td><td>0</td><td>0</td><td></td></tr>
<tr><td colspan="17">还款内容：</td></tr>
<tr><td colspan="5">由借款行账户内转还上述借款额

（借款行预留印鉴）</td><td colspan="12">会计分录：
科目（借）2110
对方科目（贷）1130
会计　复核　记账</td></tr>
</table>

会计部门审查还款凭证上的印鉴无误，并抽出原借款凭证第五联“贷款到期卡”核对内容一致后，以第一、二联还款凭证分别代转账借方、贷方传票，“贷款到期卡”作贷方传票附件办理转账。其会计分录为：

借：××银行准备金存款

贷：××银行贷款——××贷款户

利息收入——金融机构贷款利息收入户

转账后，将第四联还款凭证退交借款行，第三联还款凭证由计划部门保管。

人民银行对商业银行再贷款的利息计算亦可采用余额表按期结息的办法，由人民银行于每季末月20日结计利息后转账收取。

贷款到期，如果借款行不能主动办理还款手续，而其存款账户又有足够的资金归还贷款，可由人民银行会计部门填制特种转账借方、贷方传票各两联，主动扣收贷款。

商业银行如提前归还部分贷款，亦应填制还款凭证向人民银行办理手续。人民银行会计部门应在第五联（到期卡）的分次还款记录栏进行批注，并结出未还金额，仍按原到期日排列。待最后一次归还贷款时作贷款账户贷方传票附件。

贷款到期，借款行无力偿还贷款时，应于到期日将贷款转入“逾期贷款”账户，并按规定计收逾期贷款利息。

2. 商业银行

借款商业银行收到人民银行退回的还款凭证第四联，代准备金存款账户的贷方传票，另编贷款账户的转账借方传票办理转账。其会计分录为：

借：向中央银行借款——××借款户

　　金融企业往来支出——中央银行往来支出户

　贷：存放中央银行款项

三、再贴现

再贴现是商业银行以已贴现而尚未到期的承兑汇票向人民银行申请融通资金，人民银行从汇票面额中扣除从再贴现之日起到票据到期日止的利息后，以其差额向商业银行融通资金的业务。

从对商业银行融通资金的角度来看，再贴现与再贷款具有同样的作用，但却比再贷款更灵活。首先，再贴现的基础是商业票据，在商业票据行为结束时即可收回票款，有利于保持货币流通与商品流通相适应。其次，再贴现票据的出票人、付款人、承兑人都负有到期支付票款的责任，因而到期收回再贴现票款有保证。最后，人民银行可以通过再贴现率的调整，影响商业银行对企业等单位办理贴现业务，从而达到放松或抽紧市场银根的目的，因此，再贴现是人民银行调节货币供应量与加强宏观调控的重要手段。

人民银行办理再贴现的对象，是在人民银行开立账户的商业银行。再贴现的金额以再贴现的票据面额为准，扣除再贴现利息后，将其差额作为实付再贴现额支付给申请再贴现的商业银行。再贴现期限从再贴现之日起至汇票到期日止。

再贴现有买断式和回购式两种，其区别在于是否转移票据权利，转移票据权利的为买断式再贴现，不转移票据权利的为回购式再贴现。

（一）买断式再贴现

买断式再贴现是商业银行将已贴现而尚未到期的承兑汇票转让给人民银行，人民银行从汇票面额中扣除从再贴现之日起到票据到期日止的利息后，以其差额向商业银行融通资金的业务。汇票到期，人民银行作为票据的债权人向付款人收取票款。

1. 办理再贴现的核算

商业银行向人民银行申请再贴现时，应填制一式五联再贴现凭证，与商业承兑汇票或银行承兑汇票一并提交人民银行。

人民银行计划部门审核同意签署意见后，将再贴现凭证与汇票转送会计部门。会计部门应审查再贴现凭证与所附汇票的面额、到期日等有关内容是否一致。核符后，按规定的再贴现率计算出再贴现利息和实付再贴现额。

再贴现利息＝再贴现票据面额×再贴现天数×再贴现率

实付再贴现额＝再贴现票据面额－再贴现利息

【例 6—3】工商银行某市支行于 20××年 3 月 8 日持已贴现尚未到期的银行承兑汇票向人民银行申请再贴现，汇票的面额为 200 000 元，7 月 5 日到期，再贴现率为 5.7%，承兑人在异地加 3 天在途时间（再贴现天数按实际天数计算）。

再贴现利息＝200 000×（119＋3）×5.7%÷360＝3 863.33（元）

实付再贴现额＝200 000－3 863.33＝196 136.67（元）

将计算的再贴现利息和实付再贴现额填入再贴现凭证之中，以第一、二、三联再贴现凭证代传票办理转账。其会计分录为：

借：再贴现——工商银行再贴现户　　200 000.00

　贷：工商银行准备金存款　　196 136.67

　　利息收入——再贴现利息收入户　　3 863.33

第四联再贴现凭证退还商业银行，第五联到期卡和再贴现票据，一并按到期日顺序排列保管，并定期与"再贴现"科目账户余额核对。

商业银行收到人民银行退回的第四联再贴现凭证，据以编制特种转账借方、贷方传票，以第四联再贴现凭证作附件，办理转账。商业银行取得再贴现款的转账，可以直接冲减"贴现"科目，也可以设置"再贴现"科目反映，作为"贴现"科目的备抵科目。此处采用前一种做法。其会计分录为：

借：存放中央银行款项　　196 136.67

　金融企业往来支出——中央银行往来支出户　　3 863.33

　贷：贴现——××汇票再贴现户　　200 000.00

2. 再贴现到期收回

再贴现汇票到期，再贴现人民银行作为持票人直接向付款人收取票款。再贴现人民银行在汇票背面背书栏加盖结算专用章及授权经办人员的签名或盖章，注明"委托收款"字样，同时填制托收凭证并注明汇票种类和号码，托收凭证与汇票一并交付款人办理收款。付款人在异地的，应在汇票到期前，匡算至付款人的邮程，提前办理委托收款。第二联托收凭证与再贴现凭证一并暂存，待款项划回后，凭以处理账务。

【例 6—4】（接【例 6—3】）再贴现票据即将到期，7 月 1 日人民银行向异地承兑银行托收票款。款项于 7 月 6 日划回。

人民银行收到划回款项时，其会计分录为：

借：联行来账　　200 000.00

　贷：再贴现——工商银行再贴现户　　200 000.00

如果再贴现人民银行收到付款人开户银行或承兑银行退回的托收凭证、汇票和拒付理由书或付款人未付款项通知书，应追索票款，从申请再贴现的商业银行账户收取，并将汇票和拒绝付款理由书或付款人未付票款通知书交给申请再贴现的商业银行。

（二）回购式再贴现

回购式再贴现是商业银行以已贴现而尚未到期的承兑汇票作为抵押向人民银行申请融

通资金，人民银行从汇票面额中扣除从再贴现之日起到票据到期日止的利息后，以其差额支付给商业银行的票据融资业务。回购式再贴现由于不转移票据权利，因此，票据到期时商业银行将票据购回并作为债权人向付款人收取票款。

1. 办理再贴现

人民银行受理再贴现以及计算再贴现利息等的处理与买断式再贴现基本相同。

商业银行处理的会计分录为：

借：存放中央银行款项

　　金融企业往来支出——中央银行往来支出户

　贷：再贴现 ——××汇票再贴现户

2. 再贴现到期收回

商业银行回购票据的会计分录为：

借：再贴现 ——××汇票再贴现户

　贷：存放中央银行款项

人民银行处理的会计分录为：

借：××银行准备金存款

　贷：再贴现——××银行再贴现户

第三节　转贴现

转贴现是指贴现银行将已贴现而未到期的汇票向其他商业银行进行票据再转让的行为，是商业银行之间相互融通资金的一种方式。转贴现业务分为买断式转贴现和回购式转贴现。

一、买断式转贴现

买断式转贴现是指申请转贴现银行将票据权利转让给转贴现银行，票据到期由转贴现银行作为票据债权人向债务人收取票款。买断式转贴现的同时转移票据权利，对于申请转贴现的银行应当反映“贴现”债权的减少，而受理转贴现的银行应当反映“贴现”债权的增加。

（一）办理转贴现

1. 转贴现银行

商业银行持贴现汇票向其他商业银行申请转贴现时，应根据汇票填制一式五联转贴现凭证（用贴现凭证代），在第一联凭证上按照规定签章后，连同汇票一并交给转贴现银行。

转贴现银行信贷部门接到汇票和转贴现凭证后按照有关规定进行审查，符合条件的，在转贴现凭证“银行审批”栏签注“同意”字样，并由有关人员签章后送交会计部门。

会计部门接到作成转让背书的汇票和转贴现凭证，按照规定审查无误后，计算出转贴现利息和实付转贴现金额。然后在转贴现凭证有关栏填上转贴现率、转贴现利息和实付转贴现金额。第一联转贴现凭证作借方凭证，第二、三联作贷方凭证，第五联和汇票按到期日顺序排列，专夹保管。第四联贴现凭证加盖转讫章作收账通知交给持票行。其会计分录为：

借：贴现——汇票转贴现户

　贷：存放中央银行款项

　　金融企业往来收入 ——转贴现利息收入户

2. 申请转贴现银行

申请转贴现银行收到转贴现银行交给的转贴现收账通知后，应填制两联特种转账借方传票和一联转账贷方传票，收账通知作存放中央银行款项借方传票的附件，同时由于票据权利转移给转贴现银行，因此冲减“贴现”科目。其会计分录为：

借：存放中央银行款项

　　金融企业往来支出——转贴现利息支出户

　贷：贴现——××汇票户

3. 人民银行

人民银行收到转账支票和进账单后，据以办理转账。其会计分录为：

借：××银行准备金存款——转贴现银行户（实付贴现金额）

　贷：××银行准备金存款——申请转贴现银行户

（二）转贴现票据到期收回

买断式转贴现票据到期，转贴现银行作为持票人向付款人收取票款。对付款人在异地的，应在汇票到期前，匡算邮程，提前办理托收。将第五联贴现凭证作第二联托收凭证的附件存放，其余手续比照发出托收凭证的处理。

转贴现银行在收到款项划回时，比照委托收款的款项划回的处理。其会计分录为：

借：联行来账

　贷：贴现——汇票转贴现户

对未收回票款的，应按照《票据法》的规定向转贴现申请人或其他前手进行追索。

二、回购式转贴现

回购式转贴现与买断式转贴现的不同是不转移票据权利，在票据到期前由原申请转贴现银行回购票据后，向承兑人收取票款。由于票据权利不转移，因此，回购式转贴现的申请行应当作为负债增加处理，而受理行应当作为资产增加处理。

（一）办理转贴现

1. 转贴现银行

对于回购式转贴现，应当与买断式转贴现分别核算，可以设置资产类转贴现科目单独核算。转贴现银行收到申请银行交来的转贴现凭证，会计分录为：

借：转贴现——××银行户

　贷：存放中央银行款项

　　金融企业往来收入——转贴现利息收入户

2. 申请转贴现银行

由于回购式转贴现不转移票据权利，因此，申请转贴现银行可以设立负债类“转贴现”科目。会计分录为：

借：存放中央银行款项

　　金融企业往来支出——转贴现利息支出户

　贷：转贴现——××银行户

转贴现资金通过双方银行在人民银行的“准备金存款账户”转账。

（二）回购票据

原申请转贴现银行在转贴现到期，将票据回购，同时归还转贴现款项。

1. 原申请转贴现银行

借：转贴现——××银行户

　贷：存放中央银行款项

回购票据的款项，在票据到期时，向票据承兑人收取。

2. 转贴现银行

借：存放中央银行款项

　贷：转贴现——××银行户

第四节　跨系统转账结算

跨系统转账结算是指结算的收付款人在不同系统的商业银行开立账户，资金在跨系统的银行机构间划转，包括异地跨系统转账结算和同一票据交换地区跨系统转账结算。

在商业银行各自建立系统内汇划系统的情况下，异地跨系统转账结算需要通过人民银行转汇或由建立联行系统的商业银行代理结算。目前，人民银行开发的现代化支付系统，容量大，方便、快捷，可以满足商业银行系统内以及跨系统支付结算的需要，成为了资金汇划的主要渠道。现代化支付系统已在第五章中叙述，此处不再赘述。

本节只介绍同一票据交换地区的跨系统转账结算，即票据交换与清算的处理。票据交换与清算是参加票据交换的金融机构定时、定点集中进行票据交换，当场轧算交换差额并清偿资金的做法，而票据交换与清算也将被纳入小额支付系统。

一、票据交换的意义

票据交换是同一城市（包括郊区县和毗邻地区）各商业银行相互代收、代付的票据，定时、定点集中相互交换并清算资金存欠的方法。集中交换票据的场所被称为票据交换所。

随着商品交易日益发展，同城结算业务随之增加，而大量结算业务的收付款人不在同一行处开户，各行间相互代收、代付票据业务日益增加，如果采取逐笔送交对方行转账、逐笔清偿存欠的做法，不仅手续烦琐，增加工作量，而且凭证传递缓慢，不利于加速资金周转，因而一般均采用票据交换的办法，这样有利于简化手续，提高工作效率，缩短资金清算时间，加速资金周转。

同城票据交换由人民银行集中监督并清算资金。

二、票据交换的程序与资金清算

（一）提出票据

各参加票据交换的行处按规定的交换场次和时间参加票据交换时，应将提出的代收、代付的票据，按提入行分别填制“票据交换借方汇总表”和“票据交换贷方汇总表”一式两联，一联与所提出的票据一并提出交换，另一联留存作传票或传票附件。

凡收款人在本行开户，付款人在他行开户的票据为应收款项票据，应填制“票据交换借方汇总表”；凡付款人在本行开户，收款人在他行开户的票据为应付款项票据，应填制“票据交换贷方汇总表”。在票据交换借方、贷方汇总表中，应填明提出交换的票据种类、金额及收付款人等内容，并应分别按提入行加计代收、代付票据笔数、合计金额。

（二）交换票据

各个参加票据交换的行处持应提出的票据与汇总表，在规定的时间，到票据交换所，交换给各个提入行。

（三）提入票据

在票据交换所，各行在将提出的票据交换给各提入行后，同时也向他行提入票据，应分别加计提入票据的应收、应付款金额合计。

（四）加计应收、应付票据总金额并轧算票据交换差额

各行在提出、提入票据后，应将提出、提入的票据分别应收票据、应付票据加计总金额。票据交换分为提出行和提入行两个系统，提出行是向他行提交票据的行处，提入行是接受他行提交票据的行处。参加票据交换的行处一般既是提出行，又是提入行。所以，提出票据与提入票据后加计应收、应付票据总金额并轧算差额时应合并计算。

所谓应收款金额是指收款人在本行开户，付款人在他行开户的票据金额，包括提出的借方票据和提入的贷方票据；应付款金额是指付款人在本行开户，收款人在他行开户的票据金额，包括提出的贷方票据和提入的借方票据。

将加计的应收票据总金额与应付票据总金额进行比较，如果应收款金额大于应付款金额，即为应收差，如果应付款金额大于应收款金额，即为应付差。然后，各行填制票据交换差额清单交票据交换所。

（五）票据交换所平衡交换差额

票据交换所对各行的应收差额、应付差额分别加计合计，两者应当平衡。如不平衡，各参加交换的行处应当查找，直到平衡为止。

（六）清算票据交换差额

各应付差额行须如数开具准备金存款户支款凭证，各应收差额行则须填送存款凭证。人民银行根据各行提交的支款凭证及存款凭证办理转账。

应付差额行转账的会计分录为：

借：单位活期存款——××户

贷：单位活期存款——××户

存放中央银行款项

应收差额行转账的会计分录为：

借：单位活期存款——××户

存放中央银行款项

贷：单位活期存款——××户

人民银行为各行清算票据交换差额的会计分录为：

借：××银行准备金存款—— 应付差额行户

贷：××银行准备金存款——应收差额行户

现将票据交换账务核算举例说明，如表 6—1 所示。

表 6—1 票据交换账务核算实例 单位：元

<table>
<tr><th colspan="2">交换行处
票据内容</th><th>工商银行</th><th>农业银行</th><th>中国银行</th></tr>
<tr><td rowspan="2">提出票据</td><td>本行应付款票据</td><td>133 400</td><td>213 500</td><td>226 900</td></tr>
<tr><td>本行应收款票据</td><td>215 000</td><td>320 000</td><td>127 000</td></tr>
<tr><td rowspan="2">提入票据</td><td>本行应付款票据</td><td>218 000</td><td>324 500</td><td>119 500</td></tr>
<tr><td>本行应收款票据</td><td>198 000</td><td>203 900</td><td>171 900</td></tr>
<tr><td rowspan="2">交换差额</td><td>应付差额</td><td></td><td>14 100</td><td>47 500</td></tr>
<tr><td>应收差额</td><td>61 600</td><td></td><td></td></tr>
<tr><td colspan="2">各交换行会计分录</td><td>借：单位活期存款 351 400
存放中央银行款项 61 600
贷：单位活期存款 413 000</td><td>借：单位活期存款 538 000
贷：单位活期存款 523 900
存放中央银行款项
14 100</td><td>借：单位活期存款 346 400
贷：单位活期存款 298 900
存放中央银行款项
47 500</td></tr>
<tr><td colspan="2">人民银行会计分录</td><td colspan="3">借：农业银行准备金存款 14 100
中国银行准备金存款 47 500
贷：工商银行准备金存款 61 600</td></tr>
</table>

第五节　同业拆借

同业拆借是商业银行之间临时融通资金余缺的一种短期借贷行为，是解决短期资金不足的一种有效方法。拆借资金只能用于临时性的资金需要，如由于清算票据交换差额、系统内资金调拨不及时等引起的临时性资金不足。

同业拆借可以在同业拆借市场进行，也可以在同城或异地商业银行间进行。各商业银行要合理调度资金，掌握拆出、拆入资金规模，使之与存款保持合理的比例。

一、同城同业拆借

同城拆借时，由拆出行签发准备金存款账户的支票交拆入行，由拆入行提交开户的人民银行转账；到期归还时，由拆入行连同本息签发支款凭证，提交人民银行，将拆借款项转入拆出商业银行存款账户。

（一）拆借

拆出行拆出资金的会计分录为：

借：拆放同业——××行户

　贷：存放中央银行款项

拆入行拆入资金的会计分录为：

借：存放中央银行款项

　贷：同业拆入——××行户

人民银行收到拆入行送存的支票及进账单后转账。其会计分录为：

借：××银行准备金存款——拆出行户

　贷：××银行准备金存款——拆入行户

（二）到期归还

拆借资金到期归还时原拆入行应将本息一并签发支票交给原拆出行，由原拆出行送存人民银行。拆入行归还拆借本息的会计分录为：

借：同业拆入——××行户

　　金融企业往来支出——同业往来支出户

　贷：存放中央银行款项

拆出行收到归还拆借本息的会计分录为：

借：存放中央银行款项

　贷：拆放同业——××行户

　　　金融企业往来收入——同业往来收入户

人民银行转账的会计分录为：

借：××银行准备金存款——拆入行户

　贷：××银行准备金存款——拆出行户

二、异地同业拆借

异地商业银行间进行拆借时，拆出行通过开户的人民银行将款项汇往拆入行开户的人民银行，由人民银行转入拆入行账户；归还拆借款时，由拆入行将款项汇给拆出行。拆出行与拆入行的会计分录与前述同城拆借相同，而双方开户的人民银行则需要通过联行往来划拨款项，具体手续不再详述。

本章小结

本章的内容与货币政策工具的运用以及中央银行金融管理等密切相关，篇幅虽不大，但涉及的内容较广，掌握起来有一定的难度，尤其是非金融专业的学生，理解起来较难。应当将重点放在对“存款准备金账户”的开立与使用上，这个账户是金融机构之间往来的主要“通道”，金融企业之间以及金融企业与人民银行之间的资金往来，都要通过该账户核算与清算。再贷款、再贴现与转贴现是金融企业融通资金的方式，虽然转贴现发生在金融企业之间，但是资金的转移还是要通过准备金存款账户。因此，对准备金存款账户的理解与使用成为本章学习的关键所在。

重点概念

金融机构往来　　再贴现　　转贴现　　跨系统转账结算

票据交换　　存款准备金　　应付交换差额　　应收交换差额

复习思考题

一、思考题

1. 金融企业与人民银行之间往来主要有哪些业务内容？

2. 引起商业银行跨系统往来的主要业务有哪些？

3. 商业银行向人民银行支取或交存现金，会引起发行基金和库存现金及准备金存款的哪些变化？

4. 金融企业的法定存款准备金账户如何开立？怎样进行考核？

5. 商业银行在人民银行开立的再贷款与再贴现账户包括哪几个？每个账户的核算内容是怎样规定的？

二、业务处理题

1. 某商业银行（地方性商业银行）1月16日准备金存款余额32 762 360元。

2. 1月17日该行通过准备金存款账户办理的业务如下：

（1）归还到期临时性再贷款500 000元。

（2）向人民银行申请再贴现，提交的尚未到期银行承兑汇票面额700 000元，汇票到期日为3月10日（承兑银行在异地，再贴现需加3天在途，2月份按28天计算），再贴现率5.4%。

（3）通过人民银行汇出款项721 000元。

（4）票据交换应收票据金额886 700元，应付票据金额306 500元，清算票据交换差额。

（5）向人民银行送存现金 90 000 元。

3. 1 月 17 日各项一般存款余额合计 216 000 000 元，该行法定存款准备金率 16%。

（1）请计算该行 1 月 17 日营业终了准备金存款账户的最低余额应该为多少？

（2）根据“1、2”给出的资料计算以及做出的会计分录，计算 1 月 17 日该行准备金存款账户的实际余额是多少？

（3）准备金存款账户余额高于（或低于）按法定存款准备金率计算的金额多少？

第七章　贷款与贴现业务

章前引例及分析

【引例一】 某商业银行3月15日向开户单位捷利公司发放贷款50万元，期限6个月，合同利率6.138%（在基准利率5.58%的基础上，上浮10%），到期日为9月15日；贷款到期日，捷利公司由于销售货款出现应收未收款较多，资金周转出现暂时性困难而无法按期归还，故银行作为逾期贷款处理，逾期期间的利率按照合同利率上浮30%；由于捷利公司采取积极措施催收货款，于是该笔贷款于10月10日归还。该业务属于短期贷款，会计部门对该笔业务的处理涉及贷款的发放、贷款逾期、收回贷款，以及贷款利息的计算等。

【引例二】 润华公司经营中需要补充资金，为控制贷款额度，拟向开户的某商业银行申请票据贴现。银行于3月15日受理润华公司提交的贴现申请和拟贴现的银行承兑汇票，汇票面额50万元，该汇票于3月5日出票并由出票人开户银行（为异地某商业银行营业机构）承兑，期限为3个月，至6月5日到期，信贷部门审查同意贴现。该业务属于票据贴现，会计部门需要在受理时计算贴现利息、将实付贴现款转入润华公司账户。该汇票即将到期前，贴现银行作为债权人向承兑银行收取款项。

以上贷款与贴现业务的核算就是本章讲述的问题和内容。

本章内容概要与学习目标

贷款与贴现业务是商业银行的重要资产业务，是商业银行根据信贷政策和产业政策对国民经济各部门进行的资金支持。

贷款是以银行和其他信用机构作为债权人，将货币资金贷给借款人，借款人按约定的利率和期限还本付息的一种信用活动。贷款按期限长短可分为短期贷款、中期贷款和长期贷款，其贷款期限分别为一年以下、一年以上（含一年）五年以下、五年以上（含五年）；按发放贷款的基础不同可分为信用贷款、担保贷款和票据贴现，其中担保贷款又可分为保证贷款、抵押贷款和质押贷款；按银行承担责任的不同可划分为自营贷款和委托贷款；按贷款的用途可分为生产周转贷款、固定资产贷款和消费贷款；按贷款对象可分为对单位贷款和对个人贷款。

贴现是商业汇票的持票人，在汇票到期日前，将票据权利转让给银行而取得资金的一项业务，这是以商业汇票为基础而向持票人融通资金的业务。

贷款与贴现虽都属于融资业务，但两者却是有区别的。贷款与贴现融资的基础不同、信用关系的当事人不同、银行收取利息的时间先后不同等，这些区别直接影响到核算手续的差异。

通过本章的学习，大家应理解贷款与票据贴现的意义，明确贷款的种类，熟练掌握贷款与票据贴现的核算手续以及贷款损失准备金的提取、利息的计算方法及其核算手续。

第一节　信用贷款

信用贷款是指以借款人的经营和信用状况为基础而发放的贷款。由于信用贷款相对于担保贷款等风险较大，因此，商业银行对这种贷款的审批是严格控制的。

借款人要取得信用贷款时，应根据借款计划与银行签订借款合同，在按合同确定的贷款额度一次或分次用款时，由借款人提出书面申请，信贷部门按审贷分离、分级审批的管理制度进行审批，确定贷款金额与归还日期，然后填具借款凭证交由会计部门确定会计科目并开立贷款账户，在贷款发放并转入存款账户后借款人可安排使用。贷款到期一次或分次归还。

一、贷款发放

借款人申请借款时，应向银行信贷部门提交借款申请书。信贷部门审批后与借款人签订借款合同。

贷款发放时，借款人填写一式五联借款凭证（见样式 7—1），在第一联加盖预留印章并经信贷部门审查批准、签署意见后，送会计部门凭以办理贷款的发放手续。

借款凭证第一联借据由会计部门留存，按贷款到期日的先后顺序排列保管；第二联为转账借方传票；第三联为转账贷方传票；第四联为回单；第五联由信贷部门留存备查。

样式 7—1

中国××银行借款凭证

20××年4月15日

<table>
<tr><td>借款单位</td><td>凯莱集团公司</td><td colspan="4">贷款账号</td><td colspan="3">1210003</td><td colspan="3">存款账号</td><td colspan="2">2010003</td></tr>
<tr><td rowspan="2">借款金额
（大写）</td><td rowspan="2">壹佰贰拾万元整</td><td>亿</td><td>千</td><td>百</td><td>十</td><td>万</td><td>千</td><td>百</td><td>十</td><td>元</td><td>角</td><td>分</td><td rowspan="2">用途：
流动资金</td></tr>
<tr><td></td><td>¥</td><td>1</td><td>2</td><td>0</td><td>0</td><td>0</td><td>0</td><td>0</td><td>0</td><td>0</td></tr>
<tr><td colspan="2" rowspan="6">兹借到上列款项，到期时请凭此凭证收回

借款单位　　负责人
盖　　章　　盖　章</td><td colspan="5">约定还款日期</td><td colspan="7">20××年10月15日</td></tr>
<tr><td colspan="12">分次还款记录</td></tr>
<tr><td colspan="2">日期</td><td colspan="5" rowspan="2">偿还金额</td><td colspan="5" rowspan="2">结欠金额</td></tr>
<tr><td>月</td><td>日</td></tr>
<tr><td></td><td></td><td colspan="5"></td><td colspan="5"></td></tr>
<tr><td></td><td></td><td colspan="5"></td><td colspan="5"></td></tr>
</table>

会计部门收到借款凭证后应认真进行审查：凭证有无信贷部门审批意见，各项内容的填写是否正确、完整，大小写金额是否一致，印鉴是否相符等。审查无误后，以借款凭证第二联代转账借方传票、第三联代转账贷方传票办理转账。其会计分录为：

借：短期贷款（或中长期贷款）——××单位贷款户

　　贷：单位活期存款——××单位存款户

然后，会计部门根据传票分别登记借款单位的贷款账户和存款账户。办妥转账手续后，第四联回单加盖业务公章后退交借款单位。

会计部门对保管的借据，应按月与各科目分户账进行核对，以保证账据相符。同时，还应随时查阅借据到期日，于到期日之前，通过信贷部门转告借款单位准备资金按期还款。

二、到期收回贷款

贷款到期，借款单位归还贷款时，应填具转账支票或一式四联还款凭证，送交开户银行，办理还款手续，若借款人事先与银行有商定，也可由银行主动填制四联特种转账传票办理贷款收回手续。

会计部门收到归还贷款凭证，经审查并与原专夹保管的借据核对相符后，以转账支票代转账借方传票或以还款凭证、特种转账传票第一、二联分别代转账借方、贷方传票办理转账。其会计分录为：

借：单位活期存款——××单位存款户

　　贷：短期贷款（或中长期贷款）——××单位贷款户

然后，根据传票记账，并注销借据，随同另一联还款凭证或特种转账借方传票代支款通知退还借款单位。

对于贷款的利息，各行一般都采用余额表按季计息的办法，这样在贷款到期时，只办理贷款本金收回手续。

借款单位如分次归还贷款，应在借据上登记本次还款金额，借据继续保管，俟最后还清贷款时，再将注销的借据退还借款人。

三、贷款展期

企业如因特殊原因不能按期归还贷款，应在贷款到期前填制贷款展期申请书送交银行信贷部门。信贷部门审查同意后，在展期申请书上签注意见。展期期限按规定掌握：短期贷款不得超过原贷款期限，中期贷款不得超过原贷款期限的一半，长期贷款的展期期限不得超过 3 年。每笔贷款展期只限于一次。

经审查批准后，会计部门凭以在原借据上批注展期后的还款日期，展期申请书与原借据一并保管，不再进行账务处理。

四、逾期贷款

贷款到期（含展期后到期），借款单位无力归还贷款或存款账户资金不足，只能部分归还贷款，其余部分不能按期归还，又未办理贷款展期手续，则其全部或部分贷款应转作逾期贷款处理。会计部门应在贷款到期日营业终了前，将原贷款转入“逾期贷款”账户。转账的方法是根据逾期贷款金额编制一红两蓝特种转账借方传票，以一红一蓝特种转账传票对转，按同方向办理转账。其会计分录为：

借：短期贷款（或中长期贷款）——××单位贷款户（红字）

借：逾期贷款——××单位逾期贷款户（蓝字）

另一联蓝字特种转账传票交借款人。

对于逾期贷款，如果不设“逾期贷款”科目的，可以在原贷款科目下设“逾期贷款”账户。

对逾期贷款采用红蓝字同方向转账法，是为避免虚增贷款发放和收回的数额。

办妥上述手续后，银行应将逾期的借据另行保管，加强催收。同时自转入“逾期贷款”账户之日起，按逾期贷款利率计算利息。

五、非应计贷款

非应计贷款是指贷款本金或利息逾期 90 天没有收回的贷款，对于逾期贷款可以设置“非应计贷款”科目核算。

贷款转为非应计贷款时，应采用红、蓝字同方向转账处理。其会计分录为：

借：逾期贷款——××单位逾期贷款户（红字）

借：非应计贷款——××单位户（蓝字）

已计贷款利息逾期 90 天没有收回的，其贷款本金转为非应计贷款，但利息应冲减损益，纳入“未收贷款利息”表外科目核算。

贷款自转为非应计贷款后，在收到该笔贷款的还款时，首先应收回本金，本金全部收回后的还款部分，确认为当期利息收入。

【例 7—1】 商业银行某支行 3 月 21 日向泰达公司发放贷款 80 万元，期限 3 个月。6 月 21 日贷款到期，泰达公司无力归还，银行将其转作逾期贷款。9 月 21 日，泰达公司 80

万元仍无力归还，银行将其转作非应计贷款。

(1) 3月21日发放贷款：

借：短期贷款——泰达公司户　　800 000.00

　贷：单位活期存款——泰达公司户　　800 000.00

(2) 6月21日转逾期贷款：

借：短期贷款——泰达公司户　　800 000.00（红字）

借：逾期贷款——泰达公司户　　800 000.00

(3) 9月21日转非应计贷款：

借：逾期贷款——泰达公司户　　800 000.00（红字）

借：非应计贷款——泰达公司户　　800 000.00

第二节　担保贷款

担保贷款是贷款人为确保贷款的按时收回，以借款人以外的第三人或以财产作担保而发放的贷款。在贷款到期时，如果借款人不能按期归还贷款，应由保证人履行债务偿付责任或以财产拍卖、变卖的价款偿付贷款。可见，担保贷款发放的基础与信用贷款不同，因而，贷款收回保证性强，风险相对较小。

担保贷款可以分为保证贷款、抵押贷款和质押贷款。

一、保证贷款

保证贷款是指以借款人、贷款人以外的第三人承诺在借款人不能偿还贷款时，按约定承担一般保证责任或者连带责任为前提而发放的贷款。

为了保证贷款资金安全，对经营风险较大、信用较差或因特殊情况经营项目较复杂的企业发放的贷款以及大额贷款，应要求借款申请人提供贷款的保证人，而贷款的保证人，必须是具有法人资格、信誉较好、支付能力较强的经济实体。保证人与债权人应当以书面形式订立保证合同。保证担保的范围包括主债权及利息、违约金、损害赔偿金和实现债权的费用，保证合同另有约定的，按约定办理。

一般保证责任是指当事人在保证合同中约定，债务人不能履行债务时，由保证人承担保证责任。一般保证的保证人在主合同纠纷未经审判或者仲裁，并就债务人财产依法强制执行仍不能履行债务前，对债权人可以拒绝承担保证责任。连带保证责任是指当事人在保证合同中约定保证人与债务人对债务承担连带责任，即债务人在主合同规定的债务履行期届满没有履行债务的，债权人可以要求债务人履行债务，也可以要求保证人在其保证范围内承担保证责任。当事人对保证方式没有约定或者约定不明确的，按照连带保证责任履行义务。

借款人申请保证贷款，亦应提交借款申请书和其他相关资料，同时还应向银行提供保证人情况以及保证人同意保证的有关证明文件。银行信贷部门审核同意后，与保证人签订保证合同或由保证人在借款合同上注明保证条款并签名、盖章。

保证贷款发放与收回的核算与前述信用贷款基本相同，但在贷款到期，借款人无力偿还贷款本息时，银行有权按照合同向保证人收取贷款本息。

二、抵押贷款

抵押贷款是以借款人或第三人的财产作为抵押物而发放的贷款。抵押贷款的关系人为借款人、抵押人和抵押权人。抵押人可以为借款人，也可以是借款人、贷款人以外的第三人。抵押权人为发放贷款的银行。

（一）抵押品的种类

抵押贷款以财产作抵押。为此，发放贷款时，银行应特别注意对抵押品的鉴定。借款人在申请贷款时，所提供的抵押品必须是抵押人所有并且有价值、可保存、易变卖的财产，同时，抵押品的价值不能低于贷款数额，一般可按抵押品现值的50%～70%确定贷款数额。可作为抵押品的财产有：

（1）抵押人所有的房屋和其他地上定着物；

（2）抵押人所有的机器、交通运输工具和其他财产；

（3）抵押人依法有权处分的国有土地使用权、房屋和其他地上定着物；

（4）抵押人依法有权处分的国有机器、交通运输工具和其他财产；

（5）抵押人依法承包并经发包方同意抵押的荒山、荒沟、荒丘、荒滩等荒地的土地使用权；

（6）依法可以抵押的其他财产。

抵押人可以用其中某一种、某几种或全部财产作抵押。土地所有权、集体所有的土地使用权、公益单位的社会公益设施、所有权或使用权不明或有争议，以及依法被查封、扣押、监管的财产不能作抵押。

（二）抵押贷款发放

借款人申请抵押贷款时，应向银行提交“抵押贷款申请书”，写明借款用途、金额、还款日期，抵押品的名称、数量、价值、存放地点等有关事项，由银行信贷部门审批，审批后双方签订抵押贷款协议书，并依法对抵押物办理登记。然后，借款人根据银行确定的贷款额度，填具一式四联借款凭证，送交会计部门办理转账。其各联借据和处理程序与信用贷款基本相同。为了反映和监督抵押贷款的发放、收回或核销的情况，银行应设置“抵押贷款”科目（或在有关贷款科目下设“抵押贷款”账户），并按客户设置明细账户进行核算。贷款发放的会计分录为：

借：抵押贷款——××单位户

　　贷：单位活期存款——××单位存款户

银行对抵押物需详细登记，并通过表外科目记载。其分录为：

收入：待处理抵押品——××单位户

（三）抵押贷款收回

抵押贷款到期收回的账务处理，可参照信用贷款到期收回的账务处理。其会计分录为：

借：单位活期存款——××单位存款户

　　贷：抵押贷款——××单位户

同时销记表外科目和抵押品登记簿。其分录为：

付出：待处理抵押品——××单位户

抵押贷款利息亦可采用余额表结计积数、定期计息的做法计算。

（四）抵押贷款逾期

抵押贷款到期，如果借款人不能按期偿还贷款，银行应于到期日将贷款转入“逾期贷款”科目，同时向借款人发出“处理抵押品通知单”。如借款人逾期1个月仍不能偿还贷款本息的，银行根据合同协议作价变卖抵押物品。

抵押品拍卖、变卖所得价款扣除有关费用后，超过贷款本金和利息的，应首先收回贷款本息，剩余部分退还借款人。其会计分录为：

借：存放中央银行款项等科目

贷：逾期贷款——××单位抵押贷款逾期户

应收利息

单位活期存款——××抵押人存款户

抵押品拍卖、变卖所得扣除有关费用后，低于贷款本金和利息的部分，应当由借款人偿还。其会计分录为：

借：存放中央银行款项等科目

单位活期存款——××抵押人存款户

贷：逾期贷款——××抵押逾期户

贷款抵押品一般不允许转作自用固定资产，特殊情况下报经批准转为自用时，按应收贷款本金和利息之和作价入账。其会计分录为：

借：固定资产

贷：逾期贷款——××抵押逾期户

应收利息

累计折旧

不论是拍卖、变卖还是作价入账处理，银行都应当销记“待处理抵押品”。

三、质押贷款

质押贷款是指以借款人或第三人的动产或权利作为质物而发放的贷款。

质押贷款的关系人为借款人、出质人和质权人，出质人可以为借款人，也可以是借款人、贷款人以外的第三人，质权人为发放贷款的银行。

质押贷款的发放以质物为基础。质物可以是出质人的动产或权利。以动产作质押的，必须将动产移交发放贷款的银行占有，并订立质押合同。可作质押的权利包括：汇票、支票、本票、债券、存款单、仓单、提单，依法可转让的股份、股票，依法可以转让的商标专用权、专利权、著作权中的财产权等。以权利作质押而取得贷款的，出质人与质权人必须签订合同。但以汇票、支票、本票、债券、存款单、仓单、提单作质物的，应当在合同约定的期限内将权利凭证交付发放贷款的银行；以依法可以转让的股票作质物的，应向证券登记机构办理出质登记；以依法可转让的商标专用权、专利权和著作权中的财产权作质物的，还应向出质人的管理部门办理出质登记。

质押贷款发放与收回的处理与抵押贷款基本相同，贷款到期，借款人不能归还贷款，银行可以所得质物的价款归还贷款本息。

第三节　个人贷款

个人贷款是以自然人为对象而发放的贷款。随着人们消费观念的改变和生活水平的提高，个人贷款的需求越来越大。从性质上说，个人贷款基本属于消费性质贷款，商业银行根据不同的需要设计了不同的个人贷款品种。目前，个人贷款主要是住房按揭贷款、汽车消费贷款和助学贷款。以下着重叙述住房按揭贷款的基本核算方法。

一、住房按揭贷款的一般规定

住房按揭贷款是商业银行向自然人发放的用于购买自用普通住房的贷款。

（1）申请住房按揭贷款的个人必须有稳定的收入来源并在贷款银行开立活期储蓄存款账户，用于归还贷款本息。

（2）按揭贷款发放后，一次划转到售房单位的银行存款账户，该售房单位必须在合同中明确指定开户银行。

（3）各行按照购房价款的一定比例，规定发放贷款的最高额（一般规定为房款的70%～80%）。

（4）贷款期限由银行根据借款人的还款能力，与借款人商定，一般最长为20年并不得超过借款人的法定退休年龄。

（5）住房按揭贷款的归还采取分期付款方式，一般按月归还当期应归还的本息。分期归还有“等额本息偿还法”和“等额本金偿还法”两种方法。

采用等额本息偿还法，每期归还贷款本金和利息的计算公式为：

$$每月偿还贷款本息额=\frac{本金\times月利率\times(1+月利率)^{还款月数}}{(1+月利率)^{还款月数}-1}$$

采用等额本金偿还法，每期归还贷款本金和利息的计算公式为：

$$当月偿还贷款本息额=\frac{贷款本金}{贷款月数}+(本金-已归还本金累计金额)\times月利率$$

【例7—2】 假设30万元的贷款，期限为20年，年利率为7.83%。分别按照等额本息偿还法和等额本金偿还法计算的第一个月至第五个月的还款额如表7—1所示。

表7—1　　月还款额计算表　　单位：元

还款月次	等额本息还款			等额本金还款		
	本息合计	其中：本金	其中：利息	本息合计	其中：本金	其中：利息
第一个月	2 477.67	520.17	1 957.50	3 207.50	1 250	1 957.5
第二个月	2 477.67	523.56	1 954.11	3 199.34	1 250	1 949.34
第三个月	2 477.67	526.98	1 950.69	3 191.19	1 250	1 941.19

续前表

还款月次	等额本息还款			等额本金还款		
	本息合计	其中：本金	其中：利息	本息合计	其中：本金	其中：利息
第四个月	2 477.67	530.42	1 947.25	3 183.03	1 250	1 933.03
第五个月	2 477.67	533.88	1 943.79	3 174.88	1 250	1 924.88

（6）借款人可以提前部分或全部归还本息，但不得间断归还。

二、贷款发放

借款人需用按揭贷款，应当向银行提出借款申请，经信贷部门审查后签订借款合同并制定、填制“还款计划明细表”。借款人按规定开立活期储蓄存款账户。

贷款发放时，借款人填制借款凭证，信贷部门签署审批意见并出具“借款人向售房单位划款通知书”交会计部门。会计部门将贷款金额一次性划转到售房单位存款账户。其会计分录为：

借：个人住房贷款——××借款人户

　　贷：活期储蓄存款——××借款人存款户

借：活期储蓄存款——××借款人存款户

　　贷：单位活期存款——售房单位活期存款户

借款凭证的处理与单位贷款相同。

三、按期归还贷款

借款人应当在合同规定的贷款归还日以前或当日，将当期应归还贷款本息足额存入活期储蓄存款账户。

还款日，银行会计人员找出借据和“还款计划明细表”与信贷部门核对无误后，填写“还款凭证”和一式三联利息清单。利息清单第一联代储蓄活期存款借方传票，第二联代“利息收入”科目贷方传票，第三联交借款人。其会计分录为：

借：活期储蓄存款——××借款人存款户

　　贷：个人住房贷款——××借款人户

　　　　利息收入（或应收利息）——个人贷款利息收入户

四、逾期还款

若在合同规定还款日，借款人活期储蓄存款账户没有资金归还本期应归还的本金和利息，应当转入“逾期贷款”科目，还款计划明细表备注栏注明“逾期”字样。逾期贷款利息按规定的逾期贷款利率计收并计收复利。

五、提前还款

借款人可以全额或部分提前归还贷款。一次全部提前还款的，应当计算并收取从贷款发放日至还款日的利息。部分提前还款的，对于剩余部分的贷款应当根据还款期数，重新计算每期还款额。

【例7—3】 客户王湘于3月21日向创佳房地产公司购买住房一套并向工商银行H支行申请住房按揭贷款，手续齐备，信贷部门审查批准并为王湘开立了活期储蓄存款账户。购房价款为60万元，首付30%，贷款42万元，合同贷款期限为10年，月利率为6‰，采用本金等额偿还法。请做出贷款发放的会计分录，计算4月20日第一次和5月20日第二次还款金额并做出会计分录。

（1）3月21日发放贷款：

借：个人住房贷款——王湘借款户	420 000.00	
贷：活期储蓄存款——王湘存款户		420 000.00
借：活期储蓄存款——王湘存款户	420 000.00	
贷：单位活期存款——创佳房地产公司户		420 000.00

（2）4月20日第一次归还贷款：

当月偿还本息金额＝420 000÷120＋420 000×6‰＝6 020（元）

借：活期储蓄存款——王湘存款户	6 020.00	
贷：个人住房贷款——王湘借款户		3 500.00
利息收入——个人贷款利息收入户		2 520.00

（3）5月20日第二次还款：

当月偿还本息金额＝420 000÷120＋（420 000－3 500）×6‰＝5 999（元）

借：活期储蓄存款——王湘存款户	5 999.00	
贷：个人住房贷款——王湘借款户		3 500.00
利息收入——个人贷款利息收入户		2 499.00

第四节　贷款损失准备金

贷款是商业银行的主要资产项目，在《企业会计准则》中将其归为“在活跃市场中没有报价、回收金额固定的金融资产”。贷款发放后，由于借款方的经营状况以及其他的原因，可能会导致贷款资产的减值。为了弥补贷款资产减值造成的损失，按照规定在确认贷款减值时，应当提取贷款减值准备。目前，贷款减值一般按照贷款的损失程度计提，因此被称为贷款损失准备。所以，贷款损失准备金是按一定比例提取，用于补偿贷款损失的准备金。贷款损失准备金制度的建立是提高商业银行抵御贷款风险的能力，从而确保信贷资金的完整性、流动性的重要措施。

一、贷款损失准备金的计提范围和种类

（一）贷款损失准备金的计提范围

计提贷款损失准备金的资产是指银行承担风险和损失的贷款资产，包括：贷款（含抵押、质押、保证和无担保贷款）、银行卡透支、贴现、信用垫款（如银行承兑汇票垫款、担保垫款和信用证垫款等）、进出口押汇及拆出资金等。对由银行转贷并承担对外还款责任的国外贷款，如国际金融组织贷款、外国买方信贷、外国政府贷款等，也要计提损失准备金。银行不承担风险和还款责任的委托贷款等不计提损失准备金。

（二）贷款损失准备金的种类

银行应当按照谨慎性要求，合理估计贷款可能发生的损失，及时、足额提取贷款损失准备金。贷款损失准备金包括一般准备、专项准备和特种准备。

一般准备是根据全部贷款余额的一定比例计提的、用于弥补尚未识别的可能损失的准备，按季计提，年末一般准备余额应不低于年末贷款余额的1%。

专项准备是对贷款进行风险分类后，按每笔贷款的损失程度计提的准备，按季计提，不同风险类别的贷款计提比例不同。关注类贷款的计提比例为2%，次级类贷款的计提比例为25%，可疑类贷款的计提比例为50%，损失类贷款的计提比例为100%。次级和可疑类贷款，在上述比例基础上，可以上下浮动20%。

特种准备是指针对某一国家、地区、行业或某一类贷款风险计提的准备，各行根据特殊风险情况、风险损失概率和历史经验等，确定计提比例并按季提取。

贷款损失准备金由各银行总行统一计提，并应根据贷款风险程度足额提取，损失准备金提取不足的，不得进行税后利润分配。

二、提取贷款损失准备金

（一）一般准备的提取

一般准备从净利润中计提，作为利润分配的抵减。其会计分录为：

借：利润分配——提取一般准备户

　　贷：一般风险准备

（二）专项准备和特种准备的提取

专项准备和特种准备从性质上说是贷款的减值准备，是贷款账面价值与实际价值的差额，是按贷款风险程度提取的，用以弥补贷款损失的准备金。计提的专项准备和特种准备作为当期成本支出。其会计分录为：

借：资产减值损失——贷款损失准备户

　　贷：贷款损失准备

（三）会计期末调整贷款损失准备金

会计期末计提贷款损失准备金时，首先计算期末应提取数，再根据贷款损失准备金账面余额即已提取数，计算应当调整提取的数额。如果应提取数大于已提取数，则为调整增

加，按照上述提取贷款损失准备金的会计分录进行账务处理；如果应提取数小于已提取数，则为调整减少，会计分录与上述提取贷款损失准备金的会计分录相反。

【例 7—4】 某商业银行 2007 年末计提贷款损失准备金。贷款余额为 62 亿元，分类如下：正常贷款 60 亿元，关注类贷款 1.2 亿元，次级类贷款 0.5 亿元，可疑类贷款 0.2 亿元，损失类 0.1 亿元。按照贷款余额 1%提取一般风险准备；专项准备提取比例为：关注类 2%，次级类 25%，可疑类 50%，损失类 100%。

年末一般风险准备账面余额为 5 100 万元，专项准备账面余额为 3 560 万元。

要求：按比例计算年末应提取一般准备和专项准备的数额，计算应调整贷款损失准备的数额并做出提取贷款损失准备金的会计分录。

（1）一般风险准备：

年末应提取一般风险准备＝6 200 000 000×1%＝62 000 000（元）

调整提取一般风险准备＝62 000 000－51 000 000＝11 000 000（元）（调整增加）

（2）专项准备：

年末应提取专项准备＝120 000 000×2%＋50 000 000×25%＋20 000 000×50%
＋10 000 000×100%＝34 900 000（元）

调整提取专项准备＝34 900 000－35 600 000＝－700 000（元）（调整减少）

（3）提取贷款损失准备的会计分录：

借：利润分配——提取一般风险准备户　　11 000 000.00
　贷：一般风险准备　　11 000 000.00
借：贷款损失准备　　700 000.00
　贷：资产减值损失——贷款损失准备户　　700 000.00

三、核销贷款损失

为了恢复贷款的流动性和效益性，促进银行提高经济效益，对于符合规定的核销范围、条件、办法和审批权限的贷款损失，在按法定程序审批后，应进行核销。其会计分录为：

借：贷款损失准备
　贷：非应计贷款（逾期贷款）——××单位户

四、已核销的贷款又收回

已核销的贷款在以后期间又收回的，其会计分录为：

借：非应计贷款（逾期贷款）——××单位户
　贷：贷款损失准备
借：单位活期存款——××单位存款户
　贷：非应计贷款（逾期贷款）——××单位户

第五节　贷款利息计算

一、贷款利息计算的基本规定

（1）发放贷款应按照人民银行规定的利率以及浮动幅度确定合同利率。

（2）贷款期限在一年以内的，贷款期内按照合同利率计息，遇有利率调整不分段计息。

（3）贷款期限在一年以上，遇有利率调整，从新年度按照调整后的利率计息。

（4）对贷款的利息主要采用定期结息和利随本清两种计息方法。采用定期结息方法的，贷款期限按实际天数计算（即大月按 31 天，平月按 28 天或 29 天），采用利随本清结息方法的，贷款期限按对年对月计算。在实际工作中，多采用定期结息的方法。

（5）贷款到期为节假日的，如在节假日前一日归还，应扣除归还日至到期日的天数后，按合同利率计算利息；节假日后第一个工作日归还，应加计到期日至归还日的天数，按合同利率计算利息；节假日后第一个工作日未归还，应从节假日后第一个工作日按照逾期贷款利率计息。

二、定期结息

（一）按期结计利息

定期结息是指按季（一般为季末每月的 20 日）或按月（每月 20 日）结计利息，并采用计息余额表计算累计计息积数的方法计算。采用计息余额表计算计息积数系按实际天数计算，算头不算尾。

将计算的各借款人的利息，编制一式三联贷款利息清单。第一联为贷方传票，第二联为借方传票，第三联为回单。“利息收入”科目传票可以汇总编制，办理转账。其会计分录为：

借：单位活期存款——××单位存款户

　　贷：利息收入——××利息收入户

如果借款人存款账户无款支付或存款资金不足支付，不足支付的部分作为应收利息。其会计分录为：

借：应收利息——××贷款应收利息户

　　贷：利息收入——××利息收入户

贷款到期（含展期后到期）未收回，从转入逾期贷款账户之日起，应单独设立逾期贷款余额表进行登记，利息按规定的逾期贷款利率计算。逾期贷款利率一般是在合同利率的基础上加收一定比例作为罚息。

（二）已计入损益的应收未收利息的冲转

已计提的贷款应收利息，在贷款到期 90 天后仍未收回的，以及自结息日起贷款利息逾期90天（不含90天）以上尚未收回的，不论其贷款本金是否逾期，都应当从损益中转出，方法是：冲减原已计入损益的应收利息，转入表外科目核算。其会计分录为：

借：利息收入——××利息收入户

　贷：应收利息——××贷款应收利息户

转入表外科目时，会计分录为：

收入：未收贷款利息——××户

（三）表外“未收贷款利息”

“未收贷款利息”表外科目除了核算上述从已计入损益中冲减出的应收利息外，对于以下几种情况亦应当纳入该表外科目核算：

（1）贷款转作非应计贷款后，仍应按期计算利息，但计息后不作为当期收益，而应纳入“未收贷款利息”表外科目核算。

（2）对于表外核算的“未收贷款利息”应按期计算复利，但不计入损益，而在表外核算，实际收到时再计入损益。

【例7—5】 6月20日结计利息时，泰达公司3个月的贷款为80万元，合同利率为7.029%，结息后，该公司存款账户资金不足，故转为应收利息；该笔贷款于6月21日转为逾期贷款，9月20日结息时，贷款本金仍未归还，已转为“非应计贷款”；逾期贷款利息在合同利率的基础上加收30%。

（1）6月20日结息：

利息＝800 000×92×7.029%÷360＝14 370.40（元）

借：应收利息——泰达公司短期贷款利息户　　14 370.40

　贷：利息收入——短期贷款利息收入户　　14 370.40

（2）9月20日结息：

逾期贷款利息＝800 000×92×7.029%×（1＋30%）÷360＝18 681.52（元）

借：应收利息——泰达公司短期贷款利息户　　18 681.52

　贷：利息收入——短期贷款利息收入户　　18 681.52

冲减已计入损益的应收利息，转为表外科目：

借：利息收入——短期贷款利息收入户　　33 051.92

　贷：应收利息——泰达公司短期贷款利息户　　33 051.92

收入：未收贷款利息——泰达公司户　　33 051.92

三、利随本清

利随本清是指按规定的贷款期限，在收回贷款的同时逐笔计收利息。贷款的起讫时间，算头不算尾，采用对年对月对日的方法计算，对年按360天计算，对月按30天计算，不满月的零头天数按实际天数计算。其计算公式为：

利息＝本金×时期×利率

利息的账务处理已在前文中讲过。

对逾期贷款，在利息计算上，首先应按合同利率计算到期利息，然后按逾期的天数和规定的逾期贷款利率计算逾期贷款利息。

逾期贷款利息＝逾期贷款本金×逾期期限×合同利率×（1＋加息率）

第六节　商业汇票贴现

商业汇票签发、承兑并转让后，如在到期前持票人需要资金，可以持汇票向银行申请贴现。所谓贴现就是商业汇票的持票人在汇票到期日前，为了取得资金而将票据转让给银行，银行按票面额扣除从贴现日至汇票到期日的利息后，以其差额付给收款人的一种信用活动。

贴现是一项融通资金的业务，同时又是票据转让行为，通过办理贴现，持票人可提前收回垫支于商业信用的资金，用于生产或流通过程之中，贴现银行买入未到期票据的债权，并使商业信用转化为银行信用，从而有利于加强对商业信用的疏导和管理，充分发挥商业信用的积极作用。商业汇票的贴现银行除另有规定外，必须是贴现申请人的开户银行。

一、贴现银行办理贴现

商业承兑汇票或银行承兑汇票到期以前，收款人或被背书人持汇票向开户银行申请贴现时，填制一式五联贴现凭证（见样式 7—2），在第一联上加盖预留银行印鉴后，连同汇票送交银行（如以银行承兑汇票办理贴现，应将解讫通知一并送交银行）。贴现汇票作成转让背书，同时提供贴现申请人与其直接前手之间的增值税发票和商品发运单据复印件。

样式 7—2

贴现凭证（代申请书）

申请日期 20××年 4 月 10 日

<table>
<tr><td rowspan="3">贴现汇票</td><td>种类</td><td colspan="3">银行承兑汇票</td><td rowspan="3">持票人</td><td>名称</td><td colspan="2">创佳集团公司</td></tr>
<tr><td>发票日</td><td colspan="3">20××年 4 月 5 日</td><td>账号</td><td colspan="2">2010005</td></tr>
<tr><td>到期日</td><td colspan="3">20××年 7 月 5 日</td><td>开户银行</td><td colspan="2">中国银行青岛市北支行</td></tr>
<tr><td colspan="2">汇票承兑人</td><td>名称</td><td>宏大公司</td><td>账号</td><td>2010023</td><td>开户银行</td><td colspan="2">中国××银行合肥市分行营业部</td></tr>
<tr><td colspan="2">汇票金额</td><td colspan="5">人民币：
（大写）捌拾万元整</td><td colspan="2">十 万 千 百 十 元 角 分
8 0 0 0 0 0 0 0</td></tr>
<tr><td>贴现率</td><td>5.1‰</td><td>贴现利息</td><td colspan="2">十 万 千 百 十 元 角 分
¥ 1 2 1 0 4 0 0</td><td colspan="2">实付贴现金额</td><td colspan="2">十 万 千 百 十 元 角 分
7 8 7 8 9 6 0 0</td></tr>
<tr><td colspan="4">附送承兑汇票申请贴现，请审核。

持票人盖章</td><td colspan="3">

负责人　信贷员</td><td colspan="2">科目（借）贴现
对方科目（贷）单位活期存款
复核　记账</td></tr>
</table>

银行信贷部门审查符合条件的，在贴现凭证“银行审批栏”签注“同意”字样，并加盖有关人员印章后，送交会计部门。

会计部门接到汇票和贴现凭证后，按规定内容审查汇票并审核贴现凭证的填写是否与汇票内容相符。然后，按照规定的贴现率计算出贴现利息和实付贴现金额，在计算贴现利息时，贴现期限一般按实际天数计算。其计算方法如下：

贴现利息＝贴现金额×贴现期限（天数）×贴现率

实付贴现金额＝贴现金额－贴现利息

贴现期限从贴现之日起至汇票到期日止，利息算至到期的前一日。如承兑人在异地，贴现期应另加 3 天的划款期。

在贴现凭证有关栏填写贴现率、贴现利息和实付贴现金额，并以贴现凭证第一联代“贴现”科目借方传票，第二、三联分别作有关存款科目和“利息收入”科目的贷方传票，第四联加盖转讫章交给贴现申请人，第五联和汇票按到期日先后顺序排列，妥善保管。其会计分录为：

借：贴现——贴现商业（银行）承兑汇票户

　贷：单位活期存款——××单位存款户

　　　利息收入——贴现利息收入户

二、贴现汇票到期收回贴现款

商业汇票到期，贴现银行作为收款人，在汇票背面背书栏加盖结算专用章并由授权的经办人员签名或盖章，注明“委托收款”字样，于汇票到期前匡算邮程，提前填制异地托收凭证，在“托收凭据名称”栏注明“商业承兑汇票”或“银行承兑汇票”及其汇票号码，连同汇票向付款人收取票款。贴现银行将第五联贴现凭证作为第二联托收凭证的附件存放，并将第三、四、五联托收凭证及汇票送交付款人开户银行或承兑银行。

付款人开户银行或承兑银行收到上述异地托收凭证及汇票后，对于商业承兑汇票，于汇票到期日将票款从付款人账户内付出，对于银行承兑汇票，应从“应解汇款”科目付出，划往贴现银行。其会计分录为：

借：单位活期存款（或应解汇款）——××单位户

　贷：联行往账

如果商业承兑汇票的付款人存款账户余额不足支付，付款人开户银行则将凭证与汇票退回贴现银行。付款人拒绝付款的，将拒付理由书、托收凭证及汇票退回贴现银行。

贴现银行收到划回的票款后，以第二联托收凭证代传票，以第五联贴现凭证作附件办理转账。其会计分录为：

借：联行来账

　贷：贴现——贴现商业（银行）承兑汇票户

贴现银行收到付款人开户银行退回的托收凭证、拒付理由书和汇票时，向贴现申请人收取已贴现的金额。另填制两联特种转账借方传票，在“转账原因”栏注明“未收回××号汇票款，贴现款已从贴现申请人账户收取”，其中一联代借方传票，第五联贴现凭证代贷方传票，办理转账。

其会计分录为：

借：××存款——贴现申请人存款户

　贷：贴现——贴现商业（银行）承兑汇票户

另一联特种转账借方传票作支款通知，与拒付理由书随同汇票交给贴现申请人。

如贴现申请人存款账户余额不足以支付，贴现银行则将不足的部分作逾期贷款或垫款，并按照规定处理。

【例 7—6】 中国银行青岛市北支行 4 月 10 日受理开户单位创佳公司提交银行承兑汇票贴现凭证，申请贴现。银行承兑汇票签发日为 4 月 5 日，期限为 3 个月，7 月 5 日到期，汇票面额为 80 万元，贴现利率为 5.1‰，承兑银行为中国银行合肥市分行营业部，承兑申请人为该行开户单位宏大公司。汇票到期，青岛市北支行通过委托收款收取汇票款；合肥市分行营业部向宏达公司收取票款时，由于该公司存款余额不足，因而只能收取 52 万元，其余 28 万元转至宏大公司逾期贷款账户。作出办理票据贴现以及票据到期收取贴现汇票款的会计分录。(贴现天数按照实际天数计算，并加收 3 天的凭证在途时间)

(1) 4 月 10 日青岛市北支行办理票据贴现：

贴现利息＝800 000×（86＋3)×(5.1‰÷30）＝12 104（元）

实付贴现金额＝800 000－12 104＝787 896（元）

借：贴现——银行承兑汇票户	800 000.00	
贷：单位活期存款——创佳公司户		787 896.00
利息收入——贴现利息收入户		12 104.00

(2) 汇票到期合肥市分行营业部向宏大公司收取票款：

借：单位活期存款——宏大公司户	520 000.00	
逾期贷款（或垫款）——宏大公司户	280 000.00	
贷：应解汇款——宏大公司户		800 000.00

收到青岛市北支行的委托收款凭证，解付票款：

借：应解汇款——宏大公司户	800 000.00	
贷：联行往账		800 000.00

(3) 青岛市北支行收到划回的贴现票款：

借：联行来账	800 000.00	
贷：贴现——银行承兑汇票户		800 000.00

本章小结

贷款与贴现是商业银行重要的资产业务，会计部门的任务主要是根据信贷部门审查批准的贷款、贴现进行会计核算，准确计算利息并监督贷款按时收回。在实际工作中，目前银行多发放保证贷款、抵押贷款与质押贷款，在本书中，仍以信用贷款为主线，叙述贷款的核算手续，同时介绍保证贷款、抵押贷款与质押贷款的基本做法。保证贷款、抵押贷款与质押贷款和信用贷款比较，在于贷款发放的基础不同。对票据贴现业务，在受理时，银行应认真审查票据，加强对票据贴现的管理与核算，防止利用票据拆借资金或套取银行贴现资金。

重点概念

贷款	信用贷款	担保贷款	抵押贷款
质押贷款	贴现	贷款损失准备	非应计贷款

复习思考题

一、思考题

1. 贷款与贴现有哪些区别?
2. 怎样按不同标准对贷款进行分类?
3. 为什么要提取贷款损失准备金? 贷款损失准备金有哪几种?
4. 贷款利息计算的方法如何? 何种情况下需将贷款利息转入表外科目核算?
5. 个人住房按揭贷款的规定如何?

二、业务处理题

1. 1月21日，信达公司向开户银行农业银行北大街支行申请贷款100万元，银行审查后发放贷款，期限为3个月，合同利率为6.57%；3月20日结息后，从信达公司账户收取；4月21日贷款到期，信达公司只能归还40万元，其余60万元转为逾期贷款，逾期贷款利息按照合同利率上浮40%；6月20日结息后，信达公司账户资金不足，利息转为应收利息；7月5日信达公司归还贷款，银行同时收取应收未收利息。

2. 3月10日，农业银行北大街支行受理开户单位鸿发公司提交的贴现申请，经审查同意办理贴现。贴现的票据为3月1日签发并承兑的银行承兑汇票，期限为4个月，金额为400 000元，贴现利率为5.1‰，承兑银行为异地系统内银行。6月28日票据到期前，北大街支行作为债权人托收票款，于7月3日收到划回的贴现票款。

第八章 外汇业务

章前引例及分析

机床一厂经过技术改造，生产规模成倍扩大，部分需要进口的技术和器件也大幅增加，一季度进口用汇大约 4 500 万美元，其中用人民币向银行兑换外汇 4 200 万美元，本单位外汇存款账户资金 300 万美元。该企业一季度出口收汇 2 900 万美元，其中直接留存外汇 500 万美元，其余实行结汇。

机床一厂的进口对外付汇、出口收汇是通过怎样的方式和渠道实现的？在进出口资金结算中，主要使用信用证，也有的业务采用汇款或托收，这些业务均涉及国内银行与国外银行之间的资金往来，同时也涉及本位币与外币之间的兑换。而对这些业务的处理正是本章需要研究的问题。

本章内容概要与学习目标

外汇是外国货币或以外国货币表示的，用于国际结算的支付手段。外汇包括：外国货币（纸币、铸币）、外币支付凭证（票据、银行存款凭证、邮政储蓄凭证等）、外币有价证券（政府债券、公司债券、股票等）以及其他外汇资产。

我国的外汇业务由经批准的外汇指定银行经营。金融企业做好外汇业务的经营与核算工作，不仅对扩大商业银行经营范围与规模、改善收益结构具有重要意义，而且对于促进国际间经济交往、扩大进出口贸易有着重要作用。

本章将着重介绍外汇业务核算的特点，外汇存款、贷款和国际结算的核算。

外币业务与本币业务在核算环节和核算方法等方面都存在区别。为此，大家在学习中应理解并掌握外币业务核算的特点，尤其是对外汇分账制的含义、内容和做法，要能在理解的基础上熟练运用；熟练掌握“外汇买卖”科目的使用、“外汇买卖”科目传票和账簿的填制方法；在此基础上，掌握外汇存款、国际结算以及外汇贷款业务的核算手续。

第一节　外汇买卖

目前，我国对经常项目下的外汇实行结汇、售汇制，而对资本项目目前尚未放开，仍实行外汇管制。结汇、售汇制即除按规定可以保留的外汇外，各单位的外汇收入应卖给外汇指定银行，按规定需要对外付汇的，应向外汇指定银行购买。这样就涉及不同货币之间的兑换，即按一定的价格买入一种货币或卖出一种货币，外汇指定银行办理的这种按一定汇价买入一种货币或卖出一种货币的业务，称为外汇买卖。外汇买卖是外汇业务中的一项基础性业务，是实现结汇、售汇的手段，是不同货币之间兑换的桥梁。

一、外汇汇价

外汇汇价亦称汇率，就是以一种货币单位表示另一种货币单位的价格。汇率有两种标价方法：直接标价法和间接标价法。直接标价法是以一定整数单位（通常是100个）的外国货币为标准来折算若干单位的本国货币。间接标价法则相反。

国家外汇管理局每天根据前一日银行间外汇交易市场的价格，公布当日人民币对美元的中间价，并参照国际外汇市场变化同时公布人民币对其他主要货币的汇率。各外汇指定银行以此为依据，在中国人民银行规定的浮动幅度内自行挂牌，对客户买卖外汇。

人民币外汇牌价有钞买价、汇买价、中间价、汇卖价、钞卖价五种。钞买价是银行买入现钞的价格，低于汇买价。钞买价之所以低于汇买价，是因为银行买入的现钞需要运往国际市场出售才能使用，在此期间，银行要承担汇率风险，支付运费、保险费以及垫付资金的利息，钞买价低于汇买价正是为了弥补这部分支出。汇买价是银行买进外汇的价格，汇卖价是银行卖出外汇的价格，钞卖价同汇卖价。买入价与卖出价之间的差额作为银行的收入。中间价是买入价与卖出价的平均价，银行内部结算时使用。

二、外汇分账制

外汇业务专门的核算方法有两种：本币统账制和外汇分账制。银行经营的外汇业务采用外汇分账制。

本币统账制也叫本币记账法，即在业务发生时，以本国货币为记账单位，外国货币按一定的汇率折成本国货币记账的一种方法。

外汇分账制又叫原币记账法，是在业务发生时，对有人民币外汇汇率的外币，都直接按原币币种分账核算，每种外币从明细核算到综合核算都自成一套独立的账务系统，每一种分账货币都按原币金额填制凭证，记载账簿。国内联行间进行外汇划拨，也应填制原币报单，记原币账，如实反映各种外币的数量和价值。外币与人民币之间的转换通过“外汇买卖”科目进行。银行年终决算时，除各种分账货币分别编制报表外，还需将美元以外的外币按决算牌价折算成美元，与美元汇总后再按美元决算牌价折成人民币，汇总编制人民币决算报表。

三、外汇买卖科目、科目传票和账簿

（一）“外汇买卖”科目

“外汇买卖”科目是实行外汇分账制而设立的一个特定会计科目，在办理外汇买卖、结售汇业务中，其在账务上起到联系和平衡作用，是外币与人民币科目之间的桥梁。该科目属资产负债共同类科目，外币和人民币的余额均轧差反映。具体来说，买入外汇，“外汇买卖”科目外币金额记贷方，人民币金额记借方；卖出外汇，“外汇买卖”科目外币金额记借方，人民币金额记贷方；从余额看，如果外币为贷方余额，人民币为借方余额，则表示买入外汇大于卖出外汇，如果外币为借方余额，人民币为贷方余额，则表示卖出外汇大于买入外汇。

（二）“外汇买卖”科目传票

“外汇买卖”科目传票分买入外汇传票、卖出外汇传票和外汇买卖套汇传票。

买入外汇传票和卖出外汇传票均为一式三联，其中第一联、第二联为记账凭证，第三联为统计卡。当买入外汇时，填制“买入外汇传票”，第一联（见样式 8—1）为“外汇买卖”科目贷方传票，根据传票上的外币金额记账，第二联（见样式 8—2）为“外汇买卖”科目借方传票，根据传票上的人民币金额记账；银行向客户卖出外汇时，应填制“卖出外汇传票”，第一联（见样式 8—3）为“外汇买卖”科目借方传票，根据传票上的外币金额记账，第二联（见样式 8—4）为“外汇买卖”科目贷方传票，根据传票上的人民币金额记账。

样式 8—1　　**买入外汇贷方传票（根据外币记账）**

（贷）外汇买卖　　20××年 6 月 6 日　　对方科目：（借）××××

摘　要	外汇金额							牌价	人民币金额						
	万	千	百	十	元	角	分		万	千	百	十	元	角	分
买入美元外汇		3	0	0	0	0	0	7.00	2	1	0	0	0	0	0
合　计		3	0	0	0	0	0		2	1	0	0	0	0	0

样式 8—2　　**买入外汇借方传票（根据人民币记账）**

（借）外汇买卖　　20××年 6 月 6 日　　对方科目（贷）单位活期存款

摘　要	外汇金额							牌价	人民币金额						
	万	千	百	十	元	角	分		万	千	百	十	元	角	分
买入美元外汇		3	0	0	0	0	0	7.00	2	1	0	0	0	0	0
合　计		3	0	0	0	0	0		2	1	0	0	0	0	0

样式 8—3

卖出外汇借方传票（根据外币记账）

（借）外汇买卖　　　　20××年6月6日　　　　对方科目（贷）××××

摘　要	外汇金额							牌价	人民币金额						
	万	千	百	十	元	角	分		万	千	百	十	元	角	分
卖出美元外汇		1	0	0	0	0	0	7.05		7	0	5	0	0	0
合　计		1	0	0	0	0	0			7	0	5	0	0	0

样式 8—4

卖出外汇贷方传票（根据人民币记账）

（贷）外汇买卖　　　　20××年6月6日　　　　对方科目（借）单位活期存款

摘　要	外汇金额							牌价	人民币金额						
	万	千	百	十	元	角	分		万	千	百	十	元	角	分
卖出美元外汇		1	0	0	0	0	0	7.05		7	0	5	0	0	0
合　计		1	0	0	0	0	0			7	0	5	0	0	0

外汇买卖套汇传票是用于办理套汇业务的传票。外汇业务会计核算中的套汇实际上是套算，是以一种外汇兑换另一种外汇或同一种外币的现钞与现汇之间的兑换，这种套算原则上通过人民币进行，即买入一种外币时，按该种外币的买入价折合成人民币，然后将折合的人民币金额按另一种外币的卖出价套成另一种外币。银行在办理套汇业务时，应填制外汇买卖套汇传票一式五联（其中四联是"外汇买卖"科目传票）：第一联为"外汇买卖"科目买入外汇户贷方传票，第二联、第三联是"外汇买卖"科目人民币借方、贷方传票，第四联是"外汇买卖"科目卖出外汇户借方传票，第五联为统计卡。

（三）外汇买卖账簿

外汇买卖科目分户账（见样式 8—5）是以每一种外币分别立账（人民币不设分户账）的特定格式账簿，把外币金额和人民币金额记在一张账页上。"外汇买卖"科目分户账由买入、卖出、结余三栏组成。买入、卖出栏各设外币、牌价、人民币三项，结余栏内设外币、人民币两栏。其登记方法是：

样式 8—5

外汇买卖科目分户账

20××年		摘要	买入			卖出			结余			
月	日		外币（贷）金额	牌价	人民币（借）金额	外币（借）金额	牌价	人民币（贷）金额	借或贷	外币金额	借或贷	人民币金额
6	6	买汇	3 000.00	700.00	21 000.00				贷	3 000.00	借	21 000.00
6	6	卖汇				1 000.00	705.00	7 050.00	贷	2 000.00	借	13 950.00
6	6	买汇	1 000.00	700.00	7 000.00				贷	3 000.00	借	20 950.00
6	6	买钞	1 000.00	695.00	6 950.00				贷	4 000.00	借	27 900.00
6	6	套汇				985.82	705.00	6 950.00	贷	3 014.18	借	20 950.00
6	6	收益			209.54						借	21 159.54
6	6	平仓				3 014.18	702.00	21 159.54		—0—		—0—

（1）买入外汇：在买入栏逐笔登记外币金额、牌价、人民币金额。

（2）卖出外汇：在卖出栏逐笔登记外币金额、牌价、人民币金额。

（3）套汇业务：买入美元套出英镑，买入的美元记入美元户买入栏，套出的英镑记入英镑户卖出栏；买入美钞套出美汇，则把买入的美钞记入美元户买入栏，套出的美汇记入美元户卖出栏。

（4）余额的登记方法：外币余额与人民币余额应分别结计。

"外汇买卖"科目总账，按各种外币和人民币分别设置。每日营业终了，银行根据"外汇买卖"科目的传票，编制各种货币的科目日结单，再根据科目日结单登记总账。

四、外汇买卖损益的计算

外汇头寸管理实行外汇买卖平仓的方式，凡按规定平仓的外汇买卖账户，在平仓前，需计算提取外汇买卖损益，不平仓的账户不计提损益。损益的计算方法是：每天外汇买卖交易结束后，分货币将"外汇买卖"科目的余额按当天中间价折成人民币，与该货币人民币余额的差额即该货币当日外汇买卖的损益。

"外汇买卖"科目外币余额在贷方，其损益计算方法是：

外币贷方余额×该种外币中间价＞该种外币的人民币借方余额，即贷方差额，该差额为汇兑收益；如果是借方差额，该差额为汇兑损失。

"外汇买卖"科目外币余额在借方，其损益计算方法是：

外币借方余额×该种外币中间价＜该种外币的人民币贷方余额，即贷方差额，该差额为汇兑收益；如果是借方差额，该差额为汇兑损失。

五、外汇买卖的核算

（一）买入外汇

买入外汇是银行买入外汇或外币现钞并支付人民币，应根据买入外币金额，按汇价折算人民币金额，并填制外汇买卖贷方传票。

【例 8—1】 银行从某出口单位买进美元 3 000 元，买入价 RMB￥700/USD＄100。其会计分录为：

借：港澳及国外联行往来（库存现金等科目）	USD＄3 000.00	
贷：外汇买卖		USD＄3 000.00
借：外汇买卖	RMB￥21 000.00	
贷：单位活期存款（库存现金）——出口单位户		RMB￥21 000.00

外汇买卖贷方、借方传票见样式 8—1、样式 8—2。

（二）卖出外汇

卖出外汇是银行卖出外汇或外币现钞，收入人民币，应根据卖出外币金额，按卖出价折算人民币金额，并填制外汇买卖借方传票。

【例 8—2】 银行向客户卖出美元 1 000 元，卖出价 RMB￥705/USD＄100。其会计分录为：

借：单位活期存款（库存现金）——进口单位户 RMB¥7 050.00
　贷：外汇买卖 RMB¥7 050.00
借：外汇买卖 USD$1 000.00
　贷：港澳及国外联行往来（库存现金等科目） USD$1 000.00

外汇买卖借方、贷方传票见样式 8—3、样式 8—4。

（三）外汇套汇

外汇套汇是客户用一种外币兑换另一种外币。作为银行则为买入一种外汇，同时卖出另一种外汇，并填制外汇买卖套汇传票。

【例 8—3】 某外汇银行买进美元现钞 US$1 000，同时，卖给客户美元现汇。美元现钞买入价为 RMB¥695/USD$100，卖出价为 RMB¥705/ USD$100。其会计分录为：

借：××科目 USD$1 000.00
　贷：外汇买卖 USD$1 000.00
借：外汇买卖 RMB¥6 950.00
　贷：外汇买卖 RMB¥6 950.00
借：外汇买卖 USD$985.82
　贷：××科目 USD$985.82

【例 8—4】 根据上述业务登记的外汇买卖（美元户）分户账，见样式 8—5。

（四）结计外汇损益

假设当天外汇中间价为 RMB¥702/USD$100，计提损益的会计分录为：

借：外汇买卖 RMB¥209.54
　贷：汇兑收益——外汇买卖收入户 RMB¥209.54

结转损失的会计分录是：

借：汇兑损失——外汇买卖支出户 人民币
　贷：外汇买卖 人民币

平仓是指反方结平“外汇买卖”科目的外币和人民币余额，分支行按中间价与总行成交。

如果“外汇买卖”科目外币余额在贷方，人民币余额在借方，平仓时会计分录为：

借：外汇买卖 外币
　贷：内部往来 外币
借：内部往来 人民币
　贷：外汇买卖 人民币

第二节 外汇存款

外汇存款是单位或个人将外汇资金（国外汇入汇款、外币现钞及其他外币票据）存入银行，随时或约定期限支取的一种存款业务，是国家外汇资金的一项重要来源。

一、存入款项

存入外汇存款时，由存款人填写开户申请书，可预留签字或印鉴。活期存款分存折户和支票户，存折户在初次存入时发给存折，以后存取凭存折办理；个人定期存款发给存单；单位定期存款使用“单位定期存款开户证实书”。个人外汇存款分为现钞户和现汇户，单位外汇存款均为现汇户。

（1）以国外汇款、收妥的托收款或国内联行汇款存入的，应向外汇管理部门申报外汇收入。其会计分录为：

借：汇入汇款（或其他科目） 外币
　贷：单位外汇活期存款（或其他科目） 外币

（2）以外币现钞存入现汇账户的，应通过套汇办理。其会计分录分：

借：库存现金 外币
　贷：外汇买卖 外币
借：外汇买卖（钞买价） 人民币
　贷：外汇买卖 人民币
借：外汇买卖（汇卖价） 外币
　贷：单位外汇活期存款（或其他科目） 外币

个人外汇存款的现钞户如办理存取都直接通过现钞办理，不必通过汇钞套算。

二、支取款项

存款人持活期存折（填取款凭条）、支票或定期存单（证实书）支取外汇存款时，按不同要求处理。

（1）以原币汇往国外或国内异地，其会计分录为：

借：单位外汇活期存款（或其他科目） 外币
　　利息支出（定期存款支取时需付利息） 外币
　贷：汇出汇款（或其他科目） 外币
借：库存现金或其他有关科目 人民币
　贷：手续费及佣金收入——结算手续费户 人民币

如存款为一种外币，而需汇出另一种外币时，应通过套汇处理。

（2）兑取人民币现金，其会计分录为：

借：单位外汇活期存款（或其他科目） 外币
　贷：外汇买卖 外币
借：外汇买卖（钞买价或汇买价） 人民币
　贷：库存现金 人民币

定期存款支取时还需支付利息。

（3）支取原币现钞，其会计分录为：

借：单位外汇活期存款（或其他科目） 外币

贷：库存现金　　外币

外汇存款的现钞户或现汇户支取外币现钞以及支付外币存款利息时，单位货币以下的辅币均支付人民币。

三、利息计算

单位外汇存款除国库款项和属于财政预算拨款性质的经费预算单位外汇存款不计息外，其他性质的单位外汇存款均应计付利息。个人外汇存款按规定计付利息。

外汇存款的利息计算方法与人民币存款的利息计算方法基本相同，利息计算后以原币支付。个人外币定期、活期储蓄存款的利息，根据规定需以原币扣除利息收入所得税。

第三节　国际结算

国际结算是指国际间清偿债权债务的货币收付行为，是银行经营外汇业务的主要内容。目前国际结算主要采用信用证、托收和汇款三种方式。

一、信用证项下进出口业务

信用证是开证银行根据申请人（进口商）的要求和指示向出口商（受益人）开立的一定金额、在一定期限内凭议付行寄来规定的单据付款或承兑汇票的书面承诺，也就是说，信用证是银行有条件保证付款的凭证。信用证是对外贸易结算中的主要结算方式。

（一）进口信用证结算

进口信用证是国内银行根据国内进口企业开证申请书，向国外银行开立信用证，并凭国外银行寄来的信用证中规定的单据，按照信用证规定的条款对国外出口商付款的结算方式。

1. 开立信用证

进口单位申请开立信用证，应根据与国外出口商签订的贸易合同填具开证申请书，提交银行，作为开立信用证的依据。信用证根据不同的传递方式，分为邮寄信用证和电开信用证两种：邮寄信用证由有权签字人签字后才能寄发，电开信用证需加密押才能发电，并需另寄电报证实书。

（1）收取信用证保证金与开证手续费。开证行可要求进口单位缴纳保证金，保证金可以从进口单位的外汇账户中收取，也可以由进口单位购买外汇缴纳，通过外汇买卖处理。从外汇账户收取保证金的会计分录为：

借：单位外汇活期存款——进口单位户　　外币

　贷：存入保证金　　外币

开证行按规定向开证申请人收取开证手续费。其会计分录为：

借：××科目——进口单位户　　外币或人民币

贷：手续费及佣金收入——开证手续费户　　外币或人民币

（2）开立信用证。开出套打信用证，格式一般为一式六联，各联用途如下：

第一联：信用证正本，经有权签字人员签字后航邮国外转递行。

第二联：信用证副本，第二次寄转递行。

第三联：信用证副本，开证行代统计卡。

第四联、第五联：信用证副本，加盖进口业务专用章后退进口单位。

第六联：信用证留底，随开证行申请书留存。

信用证开出后，开证行就拥有了对进口商收取货款的权益，并承担了对国外银行付款的责任。因此，需做如下账务处理：

借：应收开出信用证款项　　外币

贷：应付开出信用证款项　　外币

（3）修改信用证。进口公司要求修改信用证余款或金额时，应由公司提出申请，开证行缮打修改通知书，以电改或信改方式通知国外银行。

修改信用证增加金额时，与开出信用证的会计分录相同；减少金额时，会计分录相反。

2. 审单付款

开证行收到国外银行寄来的全套出口单据，经核对单据与原信用证的条款相符后，缮打“进口信用证单据通知书”一式三联。第一联为收到单据通知书，第二联为付款赎单通知书，第三联通知书由银行留存备查。第一联、第二联随进口全套单据送进口商，进口商审核单据后，在第二联上签注确认承付或拒付理由，并加盖公章退银行。

银行在进口商承付后即办理付汇，应填制特种转账传票，并应先从保证金账户支付，不足部分再从结算账户支付。

（1）即期信用证付款方式。

1）单到国内付款。银行收到国外议付行寄来的单据，经进口方审核相符确认承付后，国内付款行（亦即开证行）缮制付款报单寄议付行或拍发电报，并向进口方售汇。其会计分录为：

借：单位外汇活期存款——申请人户　　外币

存入保证金科目　　外币

贷：存放港澳及国外同业（或其他科目）　　外币

若经批准进口商以本币购汇支付，则通过“外汇买卖”科目核算。同时，转销或有资产、或有负债科目。其会计分录为：

借：应付开出信用证款项　　外币

贷：应收开出信用证款项　　外币

一般情况下，国外银行应收的银行费用如通知费、议付费、修改费等，都由进口单位负担，因此，付汇金额应包括货款与银行费用两部分。

2）国外审单借记。即期信用证项下国外审单借记是国外议付行审单后，主动借记我方银行在国外付款行开立的账户，并将单据连同借记报单一并寄我方开证行。开证行把进口单据交进口商后，不必再由进口商承付，即可向进口商收取货款；同时，从国外议付行主动借记我行账户那天起，到国内银行向进口商收取货款之间的垫款利息，由开证行一并向进口商计收。收取利息的会计分录为：

借：××存款　　人民币
　贷：外汇买卖　　人民币
借：外汇买卖　　外币
　贷：利息收入——垫付资金利息收入　　外币

3）国外审单电报索汇。国外议付行审单无误后，用加押电报向开证行索汇。开证行收到国外发来的加押电报，经审核密押相符，即可办理对外付款，并向进口单位办理收汇手续。这种方式没有垫付利息问题，其转账分录与单到国内审单付款相同，俟国外寄来单据后再转送给进口商。

4）授权国外议付行向我账户行索汇。在这种方式下，国外议付行不是我开证行的账户行，由我开证行授权国外议付行在议付单据后，直接向我指定的国外代理行索偿进口信用证货款，我行凭国外账户行的借记报单计算外汇垫款利息。其会计分录与国外审单主动借记我账户相同。

（2）远期信用证付款方式。远期信用证付款方式，分为承兑和到期支付两个阶段。

1）承兑。开证行在收到远期信用证项下单据、审核符合要求后，办理远期汇票承兑手续（可以采用发加押承兑电报对外承兑）并寄国外议付行，由议付行到期凭以索汇，或另缮制“承兑通知书”寄国外议付行以确认付款。已承兑的远期信用证项下单据需从“应收开出信用证款项”和“应付开出信用证款项”科目转出，通过“应收承兑汇票款”和“承兑汇票”科目核算。其会计分录为：

借：应付开出信用证款项　　外币
　贷：应收开出信用证款项　　外币
借：应收承兑汇票款　　外币
　贷：承兑汇票　　外币

2）到期支付。远期汇票承兑到期日，银行应抽出“承兑汇票”科目卡片账注明销账日期后办理转账。其会计分录为：

借：承兑汇票　　外币
　贷：应收承兑汇票款　　外币
借：单位外汇活期存款——进口单位　　外币
　贷：存放国外同业（或其他科目）　　外币

若经批准进口单位需以本币支付，则通过外汇买卖办理。

（二）出口信用证结算

出口信用证结算是指出口企业根据国外进口商通过国外银行开来的信用证，按其条款规定，待货物发出后，将出口单据及汇票送交国内银行办理审单议付，向国外银行收取外汇后，对国内出口企业办理结汇的结算方式，主要包括受证与通知、审单议付和出口结汇三个环节。

1. 受证与通知

银行接到国外开来的信用证，对进口方的资信及信用证本身进行审查后，认为可以接受时，即编列信用证通知流水号，将信用证正本通知出口商，然后根据信用证副本缮制“国外开来保证凭信记录卡”，登记“国外开来保证凭信”表外科目。分录为：

收入：开来保证凭信　　外币

对信用证中所提出的不能接受的条款、无法办到的条款、在执行中有风险的条款以及信用证金额有变动等都必须通知开证行并进行修改。如接到国外开证行通知修改信用证，修改信用证增额时，记入国外开来保证凭信收入栏，减额、转让、退证、逾期注销的，用红字记入收入栏，冲销发生额。

2. 审单议付

出口企业根据信用证规定，办妥出口手续，将全套出口单据提交银行，银行应逐项进行审查，达到“单单一致、单证一致”的要求。

国内银行审核无误后，填制“出口寄单议付通知书”连同信用证要求的单证寄国外开证行索偿货款及有关费用，“出口寄单议付通知书”一式四联：

第一联：正本联；

第二联：副本联，附有关单据分两次寄开证行；

第三联：副本联，向开证行指定的账户行索汇时寄偿付行；

第四联：副本联，由议付行留存，按地区、币别、即期、远期分别加以保管。

根据权责发生制的原则，出口银行在寄出议付单据后，一方面对国外银行拥有了收取货款的权益，另一方面对出口商承担了付款的责任。对收款的权益和付款的责任应进行账内反映。其会计分录为：

借：应收信用证出口款项　　外币

　　贷：代收信用证出口款项　　外币

同时，转销“开来保证凭信”表外科目。分录为：

　　付出：开来保证凭信　　外币

3. 出口结汇

出口结汇是议付行在接到国外行划来出口货款时，对出口商办理人民币结汇。具体做法是议付行按当日外汇牌价买入外汇，折算成人民币支付给出口商。出口结汇采取收妥结汇，凭国外联行或代理行的已贷记报单、电报或借记授权书办理。

对出口公司办理结汇的会计分录为：

借：存放港澳及国外同业或其他科目　　人民币

　　贷：外汇买卖　　外币

　　　　手续费及佣金收入——议付手续费户　　外币

借：外汇买卖　　人民币

　　贷：单位活期存款或其他科目　　人民币

同时，销记原来记入的应收及代收信用证出口款项科目。其会计分录为：

借：代收信用证出口款项　　外币

　　贷：应收信用证出口款项　　外币

二、托收项下进出口业务

托收结算方式是由债权人或收款人开立汇票或提供索汇凭据，委托银行向债务人或付款人收取款项的一种结算方式。

托收结算方式由于没有信用证作为付款保证，通常又称无证托收，属于商业信用。托收根据是否附有货运单据，又分为跟单托收和光票托收两种。跟单托收是收款人（出口单位）开立汇票并附有货运单据，凭跟单汇票委托银行向付款人（进口方）收取货款的一种贸易结算方式。它根据交单条件的不同，又分为付款交单和承兑交单两种方式。光票托收，是不附货运单据，仅凭收款人开立的汇票办理托收，或虽有发票、收款清单等交易单据但无货运提单。光票托收通常用于收取出口货款尾欠、样品费、各种佣金、代垫费用等各种贸易从属费用，进口索赔款项以及其他非贸易结算。

（一）托收项下出口业务

1. 发出托收单证

出口单位备货出运并取得货运单据后，应填写“出口托收申请书”一式两联，连同全套出口单据一并送交银行办理托收。银行审单后，编开托收号码，将申请书的一联退给出口单位作为回单，另一联留存，并据以填制“出口托收委托书”。

托收行发出托收凭证时，为了反映托收行的权责关系，其会计分录为：

借：应收出口托收款项　　外币

　贷：代收出口托收款项　　外币

如出口托收寄单后，因情况变化需增加托收金额时，分录同上；需减少托收金额时，分录相反。如进口商拒付，也应反方向注销托收金额。

2. 收妥进账

出口托收款项一律实行收妥进账的做法，即根据国外银行的已贷记报单或授权借记通知书办理收汇或结汇。其会计分录为：

借：代收出口托收款项　　外币

　贷：应收出口托收款项　　外币

借：港澳及国外联行往来（或存放港澳及国外同业存款、全国联行往来、港澳及国外同业存款）　　外币

　贷：单位外汇活期存款——出口商外币账户　　外币

结汇入账的会计分录为：

借：港澳及国外联行往来等科目　　外币

　贷：外汇买卖　　外币

借：外汇买卖　　人民币

　贷：单位活期存款——出口商人民币账户　　人民币

（二）托收项下进口业务

1. 交单方式

按照国际惯例，为了保障出口商的利益，代收行必须在进口单位付款或承兑后，才能将代表货物的单据交给进口单位。因此，跟单托收货款的收取与单据的转移，通常分为付款交单和承兑交单两种方式。

2. 收到单据

代收行收到国外银行寄来的进口代收单据后，由代收行编列顺序号，缮打“进口代收单据通知书”随同有关单据送交进口单位。为了反映代收行与进口商及国外银行的权责关系，应编制如下会计分录：

借：应收进口代收款项　　外币
　贷：进口代收款项　　外币

如果进口单位不同意承付，应提出拒付理由，连同单据退交代收行，由代收行转告国外委托行，如部分拒付，应征得委托行同意后，再按实际金额付款。

3. 进口单位确认并对外付款

进口单位对进口单据确认付款，或是远期承兑汇票已到付款日，代收行即按有关规定办理付汇手续。其会计分录为：

借：××科目——进口商人民币户　　人民币
　贷：外汇买卖　　人民币
借：外汇买卖　　外币
　贷：港澳及国外联行往来等科目　　外币

如从进口商外汇存款户支付款项，则不通过“外汇买卖”科目。

同时，转销对应的“进口代收款项”和“代收进口代收款项”科目。

三、汇款业务

汇款是债务人或付款人委托银行运用某种信用工具，将款项汇给境外或异地债权人或收款人的一种结算方式。汇款结算方式，在国际贸易中主要用于支付贸易从属费用或某些先款后货的贸易结算，单位、个人均可委托银行办理。按汇款通知方式和使用结算工具的不同它可以分为电汇、信汇、票汇三种方式，由汇款人根据需要选用。

（一）国外汇入汇款

1. 信汇和电汇

汇入行接到汇出行的电报、电传或信汇委托书后，填制汇入汇款凭证，收妥头寸解付的，其会计分录为：

借：港澳及国外联行往来等科目　　外币
　贷：汇入汇款　　外币

解付汇款时，以原币入账或结汇入账。原币入账的会计分录为：

借：汇入汇款　　外币
　贷：单位外汇活期存款——外币户　　外币

结汇入账的会计分录为：

借：汇入汇款　　外币
　贷：外汇买卖　　外币
借：外汇买卖　　人民币
　贷：单位活期存款——收款人户　　人民币

有的汇款头寸未收妥，但按规定可以垫付，在这种情况下，解付行如与汇出行有账户关系，应在相应科目下设立“未达户”核算；如无账户关系，应通过“应收及暂付款项”科目核算。垫付时会计分录为：

借：存放港澳及国外同业（未达户）　　外币
　　或：港澳及国外联行往来（未达户）　　外币

或：应收及暂付款项　　　　外币

贷：汇入汇款　　　　外币

再由“汇入汇款”科目转出解付的分录同上。待收到头寸报单后，转销“未达户”。

2. 票汇

收到汇款行寄来以我行为付款行的票汇通知书，经核对印鉴及各项内容无误后，凭以转入“汇入汇款”科目。其会计分录为：

借：港澳及国外联行往来或其他科目　　　　外币

贷：汇入汇款　　　　外币

当持票人持已背书的汇票来行取款时，经核对，出票行印鉴、签发有效期、付款金额及收款人背书等内容无误，并与汇票通知书核对相符后，再办理汇款解付手续，其会计分录与信汇、电汇相同。如汇款头寸尚未收妥，可以垫款解付处理，亦与信汇、电汇同。

（二）汇出国外汇款

汇款人填交汇款申请书一式两联，一联盖章退交汇款人，另一联汇出行留作传票。汇出国外汇款业务的会计分录为：

借：单位外汇活期存款——汇款人户　　　　外币

贷：汇出汇款　　　　外币

从人民币账户汇出，应通过“系统外汇买卖”科目处理。

收到汇入行解付通知书，再销记汇出汇款账。其会计分录为：

借：汇出汇款　　　　外币

贷：港澳及国外联行往来等科目　　　　外币

第四节　进出口贸易融资

随着我国对外贸易的不断扩大，贸易融资的种类不断创新，主要有进出口押汇、打包放款、福费廷、进出口退税账户托管贷款等。以下主要叙述出口押汇和福费廷的核算。

一、出口押汇

出口押汇是指出口商发运商品后，以提货单据作抵押，向银行申请立即收到货款，由银行在未收妥款项的情况下，有追索权地对出口商给付对价的一种业务。收取押汇利息有两种做法：一是按贴现方式，在叙作押汇时从押汇款中扣除，另一种是在收回押汇款时计收。

凡从事国际贸易的出口单位（在我国系指有进出口经营权的单位），在严格按照信用证条款办理出运货物和填制单据后，均可向银行办理出口押汇。银行开办出口押汇业务的目的是以融通资金促进对外贸易的发展。承做出口押汇的银行，实际上是以出口方提交的与信用证完全相符的单据作抵押，向出口方发放的抵押贷款。对抵押银行来说，是预先垫款先行买入一笔尚未收妥的外汇，因此，抵押银行担负着一定的风险。为了保证贷款能及时地从国外收回，凡属单证和单证之间不一致，来证有限制议付条款，即限制××银行议付，开证行或付款行所在地局势不稳定或属发生战争的国家或地区，收汇地区外汇短缺、资金冻结或索汇路线迂回等，均不予办理出口押汇。

（一）按贴现方式计算出口押汇利息

计算公式为：

押汇利息＝押汇金额×押汇天数×利率

实付金额＝押汇金额－押汇利息

押汇天数一般由发送单据及款项划回的邮程来决定，按实际天数计算。但是，发送单据及款项划回的准确时间在叙作押汇时无法计算，因此一般可采取估算的方法来计算押汇天数，待款项划回时，如果实际天数比计算的天数长，再补收利息。

（二）叙作押汇

付出：开来保证凭信　　外币

借：应收信用证出口款项　　外币

　贷：代收信用证出口款项　　外币

借：出口押汇——押汇金额　　外币

　贷：利息收入——押汇利息　　外币

　　单位外汇活期存款——押汇申请人户（实付外币金额）　　外币

如果当即结汇，按当天汇率兑换为人民币。其会计分录为：

借：出口押汇——押汇金额　　外币

　贷：利息收入——押汇利息　　外币

　　外汇买卖（实付外币金额）　　外币

借：外汇买卖　　人民币

　贷：单位活期存款——押汇申请人户（实付人民币金额）　　人民币

（三）收汇后收回押汇款

借：代收信用证出口款项　　外币

　贷：应收信用证出口款项　　外币

借：港澳及国外联行往来或其他科目　　外币

　贷：出口押汇　　外币

　　手续费及佣金收入　　外币

【例 8—5】 宏兴公司 3 月 18 日将即期信用证项下的全套出口单据与押汇申请书提交开户的工商银行 R 市营业部，金额 USD＄500 000，银行审核后受理押汇。押汇利率为 4.8%，押汇天数 20 天，押汇后不结汇，直接转入宏兴公司外汇存款账户。4 月 7 日工商银行 R 市营业部收到开证行寄来的贷方报单，金额 USD＄500 600，其中包括议付手续费 USD＄600。

（1）3 月 18 日受理出口押汇：

押汇利息＝USD＄500 000×20×4.8%÷360＝ USD＄1 333.33

其会计分录如下：

借：出口押汇——押汇金额　　USD＄500 000.00

　贷：利息收入——押汇利息　　USD＄1 333.33

　　单位外汇活期存款——宏兴公司户　　USD＄498 666.67

借：应收信用证出口款项　　USD＄500 000.00
　贷：代收信用证出口款项　　USD＄500 000.00

（2）4 月 7 日收汇后，收回押汇款：

借：代收信用证出口款项　　USD＄500 000.00
　贷：应收信用证出口款项　　USD＄500 000.00
借：港澳及国外联行往来或其他科目　　USD＄500 600.00
　贷：出口押汇——押汇金额　　USD＄500 000.00
　　　手续费及佣金收入——议付手续费户　　USD＄600.00

二、福费廷

福费廷业务是指银行根据出口商或持票人的申请，向持票人无追索权地买入已承兑的汇票或本票的一项融资业务。

办理福费廷业务相当于银行买入国外银行承兑的汇票或银行本票，按照贴现业务处理。买入票据的价格为票据面额扣除福费廷利息后的剩余部分。此外，福费廷业务申请人（或受益人）还需支付一定的福费廷费用和议付手续费。福费廷业务基本应以汇票或本票所载币种核算，如果客户有要求，也可以套算成其他币种。

福费廷业务有几种不同的类型：买断型，即持有到期向国外承兑人或付款人收回款项；转售型，即买断票据后转售给第三方代理行；回购型，即买入本行承兑的汇票。以下以买断型为主叙述其核算手续。

（一）受理福费廷业务

1. 计算福费廷利息、汇票买入价格和支付客户款项

福费廷利息＝票据面额×至承兑到期天数×福费廷日利率

汇票买入价格＝票据面额－贴现利息

转入客户账户金额＝汇票买入价格－福费廷费用－议付手续费

2. 账务处理

填制收汇凭证，按照贴现业务处理账务。其会计分录为：

借：贴现——福费廷户　　外币
　贷：单位外汇活期存款　　外币
　　　利息收入——贴现利息收入户　　外币
　　　手续费及佣金收入——福费廷费用户　　外币
　　　　　　　　　　　——议付手续费户　　外币

（二）到期收回买入汇票款项

承兑汇票到期，收到国外承兑银行划来款项，其会计分录为：

借：港澳及国外联行往来或其他科目　　外币
　贷：贴现——福费廷户　　外币

【例 8—6】 3 月 10 日 P 银行受理海润公司办理福费廷业务的申请书和美国花旗银行承兑的汇票，金额 USD＄300 000，汇票于 3 月 6 日承兑，5 月 6 日承兑到期。P 银行的福费廷利率假设为 4.8%，福费廷费率为票据面额的 1‰，议付手续费率为 1.2‰。5 月 12

日 P 银行收到承兑汇票款项。

(1) 3 月 10 日受理福费廷业务：

福费廷利息＝ USD＄300 000×57×4.8%÷360＝USD＄2 280

汇票买入价格＝USD＄300 000－US＄2 280＝USD＄297 720

福费廷费用＝USD＄300 000×1‰＝USD＄300

议付手续费＝USD＄300 000×1.2‰＝USD＄360

转入客户账户金额＝USD＄297 720－USD＄300－USD＄360＝USD＄297 060

其会计分录为：

借：贴现——福费廷户　　USD＄300 000.00

　贷：单位外汇活期存款　　USD＄297 060.00

　　利息收入——贴现利息收入户　　USD＄2 280.00

　　手续费收入——福费廷费用户　　USD＄300.00

　　　　——议付手续费户　　USD＄360.00

(2) 5 月 12 日收到划回承兑汇票款项：

借：港澳及国外联行往来或其他科目　　USD＄300 000.00

　贷：贴现——福费廷户　　USD＄300 000.00

第五节　外汇贷款

外汇贷款是外汇银行办理的以外币为计量单位的贷款，它是外汇银行一项重要的信贷业务。目前，我国外汇银行办理的外汇贷款主要有美元、英镑、日元、欧元、港币贷款等，借什么货币还什么货币，计收原币利息。

外汇贷款按资金运用的方式分为：现汇贷款、特种外汇贷款、“三贷”（即买方贷款、政府贷款和混合贷款）外汇贷款、国际商业贷款、国际银团贷款、出口买方信贷。本节将主要介绍现汇贷款和“三贷”外汇贷款的核算手续。

一、现汇贷款

现汇贷款是按照国家核定的外汇信贷计划和按国外借款计划，以从国际金融市场上筹措的外汇和从国内吸收的外汇，向借款人发放的外汇贷款。目前，现汇贷款的种类主要有浮动利率贷款、优惠利率贷款、特优利率贷款、贴息外汇贷款、外商投资企业贷款、对外承包工程贷款、短期周转流动资金贷款、机电产品流动资金贷款等。在此主要介绍浮动利率外汇贷款。

浮动利率外汇贷款的利率是不固定的，而是参照伦敦金融市场银行同业拆放的利率，由银行根据筹资成本加上一定的银行管理费制定的，故称为浮动利率贷款。其核算手续如下所述。

（一）发放贷款

借款人应填制一式五联外汇贷款借款凭证，第一联为借款申请书，第二联为借款凭证，第三联为借款凭证副本，第四联为支款通知，第五联为备查卡。银行信贷部门审查同意后，将第一联、第五联交信贷部门保管，将第二联、第三联、第四联凭证交会计部门。

会计部门审查无误后，以第二联凭证代借方传票，另编贷方传票办理转账。其会计分录为：

借：短期外汇贷款　　外币

　贷：存放港澳及国外同业或其他科目　　外币

如贷款货币与对外付汇货币不同，可通过套汇处理。

（二）计收利息

浮动利率外汇贷款实行按季结息的做法。每季末月 20 日营业终了为结息日。浮动利率按浮动期分为 1 个月、3 个月、6 个月三种，假定企业在使用银行贷款前确定使用 1 个月浮动利率计息，那么在 1 个月内无论利率怎样浮动，都固定不变，过了 1 个月再变动利率计息。

借款人以外汇存款偿还利息时的会计分录为：

借：单位外汇活期存款　　外币

　贷：利息收入　　外币

借款人按契约规定将利息转入贷款本金的会计分录为：

借：短期外汇贷款　　外币

　贷：利息收入　　外币

（三）收回贷款

外汇贷款到期时，应由借款人填写一式四联还款凭证：第一联为借方传票，第二联为贷方传票，第三联为利息收入传票，第四联为还款通知（交借款人）。

借款人如以原贷款货币偿还外汇贷款时，贷款行应计算出上次结息日至还款日的贷款利息，以便将贷款本息一并收回。其会计分录为：

借：单位外汇活期存款或其他科目　　外币

　贷：短期外汇贷款　　外币

　　　利息收入　　外币

借款人如以其他外币偿还贷款，应先套算成贷款货币，再偿还贷款本息。

【例 8—7】 某外汇银行 5 月 10 日贷出 50 万美元，期限半年，11 月 10 日借款人从美元存款户偿还全部贷款本息。采用 3 个月浮动利率，利息转入贷款本金。假定 5 月 10 日美元 3 个月浮动利率是 5.1%，8 月 10 日美元 3 个月浮动利率为 4.89%。

(1) 5 月 10 日至 6 月 20 日计收利息。金额为：

USD＄500 000×42×5.1%÷360＝USD＄2 975

计息后转账会计分录为：

借：短期外汇贷款——××单位贷款户　　USD＄2 975.00

　贷：利息收入　　USD＄2 975.00

(2) 9 月 20 日计收利息。由于利率变化，因此需分段计息。

6 月 21 日至 8 月 10 日利息为：

(USD＄500 000＋USD＄2 975) ×50×5.1%÷360＝USD＄3 562.74

8 月 10 日至 9 月 20 日利息为：

(USD＄500 000＋USD＄2 975) ×42×4.89%÷360＝USD＄2 869.47

9 月 20 日利息合计：

USD＄3 562.74＋US＄2 869.47＝USD＄6 432.21

计息后转账的会计分录为：

借：短期外汇贷款——××单位外汇贷款户　　USD＄6 432.21

　贷：利息收入　　USD＄6 432.21

(3) 11 月 10 日还款。计算利息：

(USD＄500 000＋USD＄2 975＋USD＄6 432.21) ×50×4.89%÷360＝USD＄3 459.72

收回贷款本息的会计分录：

借：单位外汇活期存款——××单位外汇存款户　　USD＄512 866.93

　贷：短期外汇贷款——××单位外汇贷款户　　USD＄509 407.21

　　利息收入　　USD＄3 459.72

二、"三贷"外汇贷款

外汇银行的买方信贷、政府贷款和混合贷款简称为"三贷"业务，在此主要介绍买方信贷业务的核算手续。买方信贷是由出口方银行直接向进口商或进口方银行提供的信贷，是我国利用外资的一种常用形式。

进口买方信贷须事先与国外签订协议，总协议由总行出面同国外贷款银行谈判签订，在总协议项下还需签订分项目协议，各个项目的分协议可由总行或授权的有关分行对外签订，按总行协议商定的金额确定贷款额，并记入（收入）买方三贷资金用款限额表外科目。

买方信贷项下的进口支付方式，一般使用信用证，进口方银行接到国外议付行寄来信用证项下的有关单据，并经审核无误，对外办理支付款项。如果借款人在总行开有账户，可由总行直接办理贷款发放手续。其会计分录为：

借：三贷资金外汇贷款　　外币

　贷：借入三贷资金　　外币

　付出：买方三贷资金用款限额　　外币

总行直接办理买方信贷借入款本息的，由总行统一偿还。对外偿还贷款本息的会计分录为：

借：借入三贷资金　　外币

　　利息支出（对外支付）　　外币

　贷：存放港澳及国外同业款等科目　　外币

同时应向借款人收取买方信贷贷款本息。其会计分录为：

借：单位外汇活期存款或其他科目　　外币

　贷：三贷资金外汇贷款　　外币

　　利息收入　　外币

由借款人人民币账户收取贷款本息的，应通过“外汇买卖”科目处理。若贷款由分行办理和归还，须填制全国联行往来报单划总行，其处理分录略。

本章小结

随着我国经济不断融入世界经济，进出口业务以及各种形式的利用外资业务迅速发展，金融企业经营外汇业务的规模亦随之扩大，外汇业务种类不断创新，经营好外汇存款、贷款、国际结算以及贸易融资并搞好核算，是金融企业自身发展的需要，也是支持外向型经济的需要。为此，对外汇业务的核算首先应当执行外汇管理的有关法律、规章，监督外汇资金收付的合法性、合规性，杜绝套汇等违法事件的发生；其次，掌握外汇业务的特点，准确记载并完整反映外汇资金收付及结、售汇；最后，掌握贸易融资的规律与特点，这是与贸易结算相关、能增加金融企业收益而风险又相对较小的业务。外汇业务的核算与人民币业务的核算最根本的区别在于既涉及人民币又涉及外币，在很多业务中涉及不同货币之间的兑换，既涉及国内银行之间的往来，又涉及国内银行与国外银行之间的往来，在学习时要掌握其特点，总结核算的规律。

重点概念

汇率　　直接标价法　　外汇分账制　　国际结算
信用证　　浮动利率外汇贷款　　押汇　　福费廷

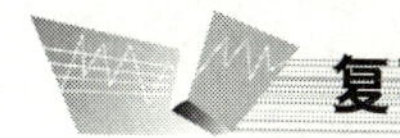

复习思考题

一、思考题

1. 外汇分账制的基本做法如何？
2. 什么是外汇买卖？外汇分账制的分户账结构如何？
3. 贸易融资中的押汇和福费廷的基本做法如何？
4. 浮动利率外汇贷款的利息怎样计算？

二、业务处理题

1. 客户张帆持美元现钞 2 000 元，要求兑换人民币。
2. 客户李囡持港币 8 000 元，要求兑换美元。
3. 3 月 28 日客户谭丽颖持 3 月 21 日到期的一年期定期存单 5 000 美元，要求本金转存活期外汇存款账户，利息以人民币支取。一年期美元存款利率假设为 3%，逾期部分按活期利率 1.15%计算，已列应付利息美元 115 元。计算利息、利息所得税，做出转入活期存款账户和支取人民币利息的会计分录。

4. 4 月 5 日宏兴公司经批准，向美国某公司购买成套设备，价款 95 万美元，申请签发单到付款的即期信用证。银行收取开证金额 5%的人民币保证金，开出 95 万美元的即期信用证。

4 月 30 日收到国外议付行的议付单据，并加收银行费用 475 美元，共计 950 475 美元，将款项通过香港中国银行划往美国出口商开户银行。请做出开出信用证和付款的会计分录。

5. 4 月 10 日收到香港中国银行开来即期信用证，出口商为我国伟佳股份有限公司，货款 80 万美元。伟佳公司按信用证条款发货后将单据交开户银行，银行审核单证相符并将全部单据寄香港中国银行。12 月 26 日收到香港中国银行的借记授权书，同时收取手续费 400 美元，办理结汇手续。

人民币汇率表见表 8—1。

表 8—1　　人民币汇率表（假设）

币　种	外币单位	钞买价	汇买价	卖出价
美　元	USD$100	￥695	￥700	￥705
港　币	HKD$100	￥95	￥96	￥98

第九章　对外投资业务

章前引例及分析

某金融企业营运资金充足，为了充分运用资金，提高盈利水平，该企业决定利用一部分资金对外投资，主要的投资品种是各种债券。为此，该企业2008年3月20日从二级市场购入债券20 000万元，准备3月末之前出售，以应对第二季度贷款发放高峰时段的资金需求；从债券一级市场购入一年期国债10 000万元，准备持有至到期，这部分债券虽然收益率不高，但是风险亦较小，属于比较稳健的投资；在二级市场购入企业债券8 000万元，作为可供出售投资，准备在不可预料的原因引起资金营运发生困难时出售。除此之外，该金融企业与另外的三家公司共同控制威乐股份公司，该金融企业持有其中10%的股份，投入资金5 000万元，如果没有意外风险，该公司的经营前景乐观，每年可为该金融企业带来500万元的收益。

以上所述的业务，其会计如何进行核算，就是本章需要探讨的问题。

本章内容概要与学习目标

对外投资是金融企业为保持资产多元化并获取经济利益或其他利益而让渡一项资产同时获取的另一项资产。在传统的金融业务获利空间有限而风险加大的情况下，投资则是重要的资金运用业务。

投资的分类有很多种，按照投资期限的长短可分为短期投资和长期投资，按投资性质划分可以分为债权性投资、权益性投资和混合性投资。新的会计准则按照投资的持有目的与该项投资是否有活跃市场以及持有的风险等因素，将证券投资分为交易性金融资产、持有至到期投资和可供出售金融资产。

第一节　交易性金融资产

交易性金融资产就是企业为了近期内出售而取得和持有的金融资产。例如，企业从二级市场购入的股票、债券和基金等。

一、取得交易性金融资产

取得的交易性金融资产按公允价值确认初始投资成本，相关的交易费用在发生时计入当期损益，支付的价款中包含的已宣告发放的债券利息或现金股利，应确认为应收款项目。

公允价值是指在公平交易中，熟悉情况的交易双方自愿进行资产交换或者债务清偿的金额。

取得交易性金融资产的会计分录为：

借：交易性金融资产——成本

　　应收利息（应收股利）

　　投资收益

　贷：银行存款（存放中央银行款项、结算备付金）

二、持有期间公允价值变动

交易性金融资产以公允价值计量且其变动计入当期损益。若资产负债表日公允价值高于账面价值，其会计分录为：

借：交易性金融资产——公允价值变动

　贷：公允价值变动损益

公允价值低于账面价值的会计分录相反。持有期间取得的利息或现金股利，确认为投资收益。

三、处置交易性金融资产

处置交易性金融资产时，其公允价值与初始入账成本之间的差额确认为投资收益并调整公允价值变动损益。若处置收入高于初始成本，其会计分录为：

借：银行存款（存放中央银行款项、结算备付金）

　贷：交易性金融资产——成本

　　　　　　　　　　——公允价值变动

　　投资收益

如果该交易性金融资产的“公允价值变动损益”为贷方余额，则处置后调整的会计分录为：

借：公允价值变动损益

贷：投资收益

【例9—1】 2007年8月1日，某金融企业购入某债券，作为交易性金融资产，该债券面值100万元，期限5年，年利率6%，支付价款112万元，其中交易费用1万元，已到付息期尚未领取的利息3万元。该债券每半年付息一次，于每年1月1日和7月1日计付。8月10日，收到该债券支付价款中所包含的利息3万元。2007年12月31日，该债券的公允价值为113万元。2008年1月15日，企业出售该债券，获取价款111万元，另支付交易费用1万元。

（1）2007年8月1日取得该债券：

科目	借方	贷方
借：交易性金融资产——某债券（成本）	1 080 000.00	
应收利息	30 000.00	
投资收益	10 000.00	
贷：银行存款（存放中央银行款项、结算备付金）		1 120 000.00

（2）2007年8月10日收到购入价款中所含利息：

科目	借方	贷方
借：银行存款（存放中央银行款项、结算备付金）	30 000.00	
贷：应收利息		30 000.00

（3）2007年12月31日公允价值变动：

科目	借方	贷方
借：交易性金融资产——某债券（公允价值变动）	50 000.00	
贷：公允价值变动损益		50 000.00

（4）2008年1月1日计算应收未收利息［收到支付的利息与“（2）”处理相同］：

科目	借方	贷方
借：应收利息	30 000.00	
贷：投资收益		30 000.00

（5）2008年1月15日出售该项投资：

科目	借方	贷方
借：银行存款（存放中央银行款项、结算备付金）	1 110 000.00	
公允价值变动损益	50 000.00	
贷：交易性金融资产——某债券（成本）		1 080 000.00
——某债券（公允价值变动）		50 000.00
投资收益		30 000.00

第二节　持有至到期投资

持有至到期投资是指到期日固定、回收金额固定或可确定且有明确意图和能力持有至到期的投资，例如金融企业购入的国债、企业债券、金融债券等。

一、取得持有至到期投资

企业在一级市场取得并有明确意图和能力持有至到期的投资，按照发行价格区分，有平价购入、溢价购入和折价购入。为了核算债券面值与购入价之间的差异，企业应当设置“持有至到期投资”科目并在此科目下设置“成本”和“利息调整”账户，取得持有至到期投资时，应当以该投资面值记入“持有至到期投资（成本）”，将溢价和折价部分记入“持有至到期投资（利息调整）”。

平价购入的会计分录为：

借：持有至到期投资——××债券（成本）

贷：银行存款（存放中央银行款项、结算备付金）

溢价购入的会计分录为：

借：持有至到期投资——××债券（成本）

——××债券（利息调整）

贷：银行存款（存放中央银行款项、结算备付金）

折价购入的会计分录为：

借：持有至到期投资——××债券（成本）

贷：银行存款（存放中央银行款项、结算备付金）

持有至到期投资——××债券（利息调整）

【例 9—2】 2007 年 1 月 1 日某金融企业从一级市场购入某债券作为持有至到期投资，该债券面值 200 万元，购入价 208 万元，另支付交易费用 2 万元。发行期限为 5 年，每年末付息一次，到期还本。

借：持有至到期投资——××债券（成本）　　2 000 000.00

——××债券（利息调整）　　100 000.00

贷：银行存款（存放中央银行款项、结算备付金）　　2 100 000.00

二、持有期间获取利息收入

持有至到期投资在持有期间应当按照摊余成本和实际利率法计算确认利息收入并计入投资收益。

实际利率是指在持有至到期投资的预期存续期间或适用的更短期间内的未来现金流量，折现为该项投资当前账面价值所使用的利率。采用实际利率法按摊余成本进行后续计量，要求企业在初始确认持有至到期投资时，就确定实际利率，且实际利率一经确定，不应更改。实际利率与票面利率差别较小的，也可以按票面利率计算利息收入。

摊余成本是指持有至到期投资的初始确认金额经以下调整后的结果：一是扣除已偿还的本金；二是加上或减去采用实际利率法将该初始确认金额与到期日金额之间的差额进行摊销形成的累计摊销额；三是扣除已发生的减值损失。

（一）分期付息、一次还本的持有至到期债券投资

对于分期付息、一次还本的持有至到期债券投资，应于资产负债表日，按照票面利率

计算确定应收未收利息借记“应收利息”，按摊余成本和实际利率计算确定的利息收入贷记“投资收益”，两者的差额借记或贷记“持有至到期投资——××债券（利息调整）”。

如果按摊余成本和实际利率计算确定的利息收入高于应收利息，其会计分录为：

借：应收利息

　　持有至到期投资——××债券（利息调整）

　贷：投资收益

如果按摊余成本和实际利率计算确定的利息收入低于应收利息，其会计分录为：

借：应收利息

　贷：投资收益

　　持有至到期投资——××债券（利息调整）

【例 9—3】 2007 年 1 月 1 日某金融企业从一级市场购入某债券作为持有至到期投资，该债券面值 200 万元，实际支付价款 210 万元（含交易费用），通过“存放中央银行款项”账户支付，发行期限 5 年，票面利率 5%，每年末付息一次，2012 年 1 月 1 日到期还本。

实际利率为 3.88%，利息收入的计算见表 9—1。

表 9—1　　**利息收入计算表**　　单位：元

年份	年初摊余成本	利息收入	现金流入	利息调整	期末摊余成本
2007 年	2 100 000	81 480	100 000	18 520	2 081 480
2008 年	2 081 900	80 761	100 000	19 239	2 062 241
2009 年	2 063 094	80 015	100 000	19 985	2 042 256
2010 年	2 043 554	79 240	100 000	20 760	2 021 496
2011 年	2 023 252	78 504	2 100 000	21 496	2 000 000

注：按实际利率计算的 2011 年末的利息收入应为 78 434 元，有 70 元的误差。

（1）2007 年 1 月 1 日取得持有至到期投资：

借：持有至到期投资——××债券（成本）　　2 000 000.00

　　　　　　　　——××债券（利息调整）　　100 000.00

　贷：存放中央银行款项　　2 100 000.00

2007 年末：

借：应收利息　　100 000.00

　贷：投资收益　　81 480.00

　　持有至到期投资——××债券（利息调整）　　18 520.00

（2）2008 年末：

借：应收利息　　100 000.00

　贷：投资收益　　80 761.00

　　持有至到期投资——××债券（利息调整）　　19 239.00

（3）2009 年末：

借：应收利息　　100 000.00

　贷：投资收益　　80 015.00

　　持有至到期投资——××债券（利息调整）　　19 985.00

(4) 2010年末：

借：应收利息　100 000.00

　贷：投资收益　79 240.00

　　持有至到期投资——××债券（利息调整）　20 760.00

(5) 2011年末：

借：应收利息　100 000.00

　贷：投资收益　78 504.00

　　持有至到期投资——××债券（利息调整）　21 496.00

(6) 2012年1月1日还本：

借：存放中央银行款项（银行存款、结算备付金）　2 000 000.00

　贷：持有至到期投资——××债券（成本）　2 000 000.00

（二）一次还本付息的持有至到期债券投资

对于到期一次还本付息的持有至到期债券投资，于资产负债表日按照票面利率计算的应收未收利息借记“持有至到期投资（应计利息）”，其他的处理与“分期付息、一次还本的持有到期债券投资”相同。以按摊余成本和实际利率计算确定的利息收入高于应收利息为例，其会计分录为：

借：持有至到期投资——××债券（应计利息）

　　　　　　　　——××债券（利息调整）

　贷：投资收益

三、持有至到期投资的重分类

因企业的持有意图或持有能力发生变化，某项投资不再适合划分为持有至到期投资，应当将其划分为可供出售金融资产并以公允价值进行后续计量。重分类日，该投资的账面价值与公允价值之间的差额计入所有者权益，在该可供出售金融资产发生减值或终止确认时转出，计入当期损益。

重分类日，按公允价值借记“可供出售金融资产”科目，按其账面余额贷记“持有至到期投资——××债券（成本、利息调整，到期还本付息的‘应计利息’）”，按其差额贷记或借记“资本公积——其他资本公积”科目，已提减值准备的，应同时结转减值准备。

【例9—4】 2007年4月1日，某商业银行从一级市场溢价购入一批债券，面值2 000万元，实际购入价2 100万元（含交易费用），期限5年，将其划分为持有至到期投资，按年支付利息，本金到期一次支付。2007年11月1日，将该批债券重新划分为可供出售投资，其公允价值为1 950万元，持有至到期投资成本2 000万元，利息调整100万元。

重分类日的账务处理分录为：

借：可供出售金融资产——成本　19 500 000.00

　　资本公积——其他资本公积　150 000.00

　贷：持有至到期投资——××债券（成本）　20 000 000.00

　　　　　　　　　——××债券（利息调整）　1 000 000.00

四、持有至到期投资的处置

处置持有至到期投资时，应当将所取得的价款与该项投资账面价值之间的差额计入投资收益。

【例 9—5】 某金融企业 2007 年 1 月 1 日出售一项持有至到期债券投资，该投资账面余额 1 200 万元，其中成本 1 000 万元，应计利息 200 万元（到期还本付息）。取得价款 1 170万元，通过“结算备付金”账户划转。

账务处理如下：

借：结算备付金　11 700 000.00

　　投资收益　300 000.00

　贷：持有至到期投资——××债券（成本）　10 000 000.00

　　　　　　　　　　——××债券（应计利息）　2 000 000.00

第三节　可供出售金融资产

可供出售金融资产是指公允价值能够可靠计量，且在初始确认时没有划分为交易性金融资产和持有至到期投资的非衍生性金融资产。

一、取得可供出售金融资产的核算

取得可供出售金融资产应当按照公允价值和相关交易费用之和作为初始确认金额。支付的价款中包含的已到付息期但尚未领取的债券利息或已宣告但尚未发放的现金股利，应当确认为应收项目。

（1）平价取得可供出售金融资产的会计分录为：

借：可供出售金融资产——××债券（成本）

　　应收利息或应收股利

　贷：银行存款（存放中央银行款项、结算备付金）

（2）溢价取得可供出售金融资产的会计分录为：

借：可供出售金融资产——××债券（成本）

　　　　　　　　　　——××债券（利息调整）

　　应收利息或应收股利

　贷：银行存款（存放中央银行款项、结算备付金）

（3）折价取得可供出售金融资产的会计分录为：

借：可供出售金融资产——××债券（成本）

　　应收利息或应收股利

　贷：银行存款（存放中央银行款项、结算备付金）

　　　可供出售金融资产——××债券（利息调整）

二、持有期间取得利息收入或现金股利

（一）可供出售债务工具投资的利息收入

对可供出售债务工具的利息收入应当区分分期付息、一次还本和到期还本付息。

可供出售金融资产为分期付息、一次还本债券的，应当按会计期间计算应收利息，按实际利率计算确认投资收益，应收利息与投资收益之差记入“可供出售金融资产——××债券（利息调整）”。以按实际利率计算的利息收入高于应收利息为例，其会计分录为：

借：应收利息

　　可供出售金融资产——××债券（利息调整）

　贷：投资收益

可供出售金融资产为一次还本付息债券的，按会计期间计算应收利息，记入“可供出售金融资产——××债券（应计利息）”。

（二）可供出售权益工具投资的股利收入

可供出售权益工具投资的股利收入，应当在被投资单位宣告发放现金股利时记入“投资收益”。

三、持有期间公允价值变动

可供出售金融资产按公允价值进行后续计量，公允价值高于账面余额的，其差额借记“可供出售金融资产（公允价值变动）”，贷记“资本公积——其他资本公积”；公允价值低于账面余额的，其差额做相反的会计分录。

四、出售可供出售金融资产

可供出售金融资产出售时，应将“可供出售金融资产（成本、公允价值变动、利息调整、应计利息）”结平，将公允价值累计变动额从“资本公积——其他资本公积”转出，其差额记入“投资收益”。

【例 9—6】 某金融企业 2006 年 1 月 1 日购买某债券支付价款 100 万元（含交易费用），期限 5 年，面值 125 万元，票面利率 4.72%，实际利率 10%，每年 12 月 31 日支付利息，到期还本。2006 年 12 月 31 日该债券的市价为 131 万元；2007 年 12 月 31 日该债券的市价为 129 万元；2008 年 3 月 31 日出售该债券，收取价款 127 万元。利息收入的计算见表 9—2。

表 9—2　　　　利息收入计算表　　　　单位：元

年　份	利息收入 （按实际利率计算）	现金流入 （按票面利率计算）	利息调整	摊余成本
2007 年 1 月 1 日				1 000 000
2007 年 12 月 31 日	100 000	59 000	41 000	1 041 000
2008 年 12 月 31 日	104 100	59 000	45 100	1 086 100
2009 年 12 月 31 日	108 610	59 000	49 610	1 135 710
2010 年 12 月 31 日	113 571	59 000	54 571	1 190 281
2011 年 12 月 31 日	118 719	59 000	59 719	1 250 000

（注：按实际利率计算，2011 年 12 月 31 日的利息收入为 119 028 元，有 309 元的误差。）

（1）2006 年 1 月 1 日购买债券：

借：可供出售金融资产——某债券（成本）　　1 250 000.00
　贷：银行存款（存放中央银行款项、结算备付金）　　10 00 000.00
　　可供出售金融资产——某债券（利息调整）　　250 000.00

（2）2006 年 12 月 31 日计算应收利息、投资收益：

借：应收利息　　59 000.00
　可供出售金融资产——利息调整　　41 000.00
　贷：投资收益　　100 000.00
借：可供出售金融资产——某债券（公允价值变动）　　60 000.00
　贷：资本公积——其他资本公积　　60 000.00

（3）2007 年 12 月 31 日计算应收利息、投资收益：

借：应收利息　　59 000.00
　可供出售金融资产——利息调整　　45 100.00
　贷：投资收益　　104 100.00
借：资本公积——其他资本公积　　20 000.00
　贷：可供出售金融资产——某债券（公允价值变动）　　20 000.00

（4）2008 年 3 月 31 日出售该项投资：

借：银行存款（存放中央银行款项、结算备付金）　　1 270 000.00
　可供出售金融资产——某债券（利息调整）　　163 900.00
　资本公积——其他资本公积　　40 000.00
　贷：可供出售金融资产——某债券（成本）　　1 250 000.00
　　　　　　　　——某债券（公允价值变动）　　40 000.00
　　投资收益　　183 900.00

【例 9—7】 2007 年 9 月 1 日某金融企业从二级市场购入股票 200 万股，购入当天每股市价 12 元，支付手续费 7.2 万元，划分为可供出售金融资产。2007 年 12 月 31 日该金融企业继续持有该股票，每股市价 11.30 元。2008 年 4 月 1 日被投资企业宣告每股发放现金股利 0.5 元。2008 年 5 月 10 日该金融企业将这项投资出售，获取价款 252 万元（扣除手续费后）。

（1）2007 年 9 月 1 日：

借：可供出售金融资产——某股票（成本）　24 072 000.00
　贷：银行存款（存放中央银行款项、结算备付金）　24 072 000.00

（2）2007 年 12 月 31 日：

借：资本公积——其他资本公积　1 472 000.00
　贷：可供出售金融资产——公允价值变动　1 472 000.00

（3）2008 年 4 月 1 日：

借：应收股利　1 000 000.00
　贷：投资收益　1 000 000.00

（4）2008 年 5 月 10 日：

借：银行存款（存放中央银行款项、结算备付金）　25 200 000.00
　可供出售金融资产——公允价值变动　1 472 000.00
　贷：可供出售金融资产——某股票（成本）　24 072 000.00
　　资本公积——其他资本公积　1 472 000.00
　　投资收益　1 128 000.00

第四节　长期股权投资

长期股权投资是指金融企业对外投出的期限在 1 年以上（不含 1 年）的各种权益性投资，如购入被投资单位的股票或以其他形式控制或影响被投资单位经营和财务决策的投资。

一、长期股权投资初始投资成本的确定

金融企业取得长期股权投资的方式主要有：企业合并取得、以支付现金取得、以发行权益性证券方式取得、以债务重组或非货币性资产交换方式取得等。按照投资企业对被投资企业的控制程度，长期股权投资有：投资企业能够对被投资企业实施控制的权益性投资，如对子公司投资；投资企业与其他合营方一同对被投资企业实施共同控制的权益性投资，如对合营企业的投资；投资企业对被投资企业具有重大影响的权益性投资，如对联营企业投资；对被投资企业不具有控制、共同控制或重大影响并且在活跃市场中没有报价、公允价值不能可靠计量的权益性投资。

各种不同的取得股权投资的方式，其投资成本的确定亦有所不同。

（一）支付现金取得的长期股权投资

以支付现金取得的长期股权投资，按实际支付的全部购买价款（包括支付的手续费等必要支出）作为初始投资成本。

（二）发行权益性证券取得的长期股权投资

以发行权益性证券取得的长期股权投资，应当按照发行权益性证券的公允价值作为初始投资成本。

（三）投资者投入的长期股权投资

投资者投入的长期股权投资，应当按照投资合同或协议约定的价值作为初始投资成本，但合同或协议约定价值不公允的除外。

（四）企业合并取得的长期股权投资

1. 同一控制下企业合并形成的长期股权投资

所谓同一控制下的企业合并是指在合并前后均受同一方或相同的多方最终控制且该控制并非暂时性的。同一控制下的企业合并形成的长期股权投资，应在合并日按取得被合并方所有者权益账面价值的份额，作为长期股权投资的成本。

2. 非同一控制下企业合并形成的长期股权投资

非同一控制下企业合并形成的长期股权投资，应在购买日按企业的合并成本（不含应自被投资单位收取的现金股利或利润），作为长期股权投资的成本。

二、取得长期股权投资

（一）支付现金取得的长期股权投资

支付现金取得的长期股权投资，按实际支付的全部购买价款（包括支付的手续费等必要支出）作为初始投资成本入账，但所支付的价款中包含的被投资单位已宣告发放而尚未领取的现金股利，不构成取得长期股权投资的成本，而作为应收项目。其会计分录为：

借：长期股权投资——××公司（投资成本）

　　应收股利

　贷：银行存款（存放中央银行款项、结算备付金）

（二）发行权益性证券取得的长期股权投资

以发行权益性证券的方式取得的长期股权投资，按照发行权益性证券的公允价值作为初始投资成本。为发行权益性证券而向承销机构支付的手续费、佣金等直接相关费用，不构成发行权益性证券的成本，而从发行溢价中支付，发行溢价不足冲减的，应冲减盈余公积和未分配利润。

【例 9—8】 W 公司与 H 公司达成协议，约定 W 公司以增发股票的方式向 H 公司投资，占 H 公司股本总额 30%。2008 年 3 月 1 日，W 公司增发 2 000 万股股票，每股面值 1 元，当日 W 公司股票市价每股 9 元。增发该股票支付直接费用 60 万元。

以公允价值作为长期股权投资成本：

	借方	贷方
借：长期股权投资——H 公司（投资成本）	180 000 000.00	
贷：股本		20 000 000.00
资本公积——股本溢价		160 000 000.00

从发行溢价中冲减发行直接费用：

	借方	贷方
借：资本公积——股本溢价	600 000.00	
贷：银行存款（存放中央银行款项、结算备付金）		600 000.00

（三）投资者投入的长期股权投资

投资者投入的长期股权投资是指投资者将其持有的对第三方的投资作为出资投入企业

形成的长期股权投资。它应当按照投资合同或协议约定的价值作为初始投资成本，但合同或协议约定价值不公允的除外。

【例9—9】 S公司与M公司达成协议，约定由S公司以持有的K公司的500万股份向M公司投资，双方约定的股票价值为4 000万元，S公司拥有M公司股本500万元。

M公司的会计处理为：

借：长期股权投资——K公司（投资成本）	40 000 000.00
贷：股本	5 000 000.00
资本公积——股本溢价	35 000 000.00

（四）企业合并取得的长期股权投资

1. 同一控制下企业合并形成的长期股权投资

应按取得被合并方所有者权益账面价值的份额，作为长期股权投资的成本。

【例9—10】 X金融企业和Y金融企业同是D金融企业的子公司，2008年4月1日，X金融企业以银行存款15 300万元购入Y金融企业50%的股份，支付的价款中包含已宣告发放但尚未支付的股利300万元。2008年4月1日，Y金融企业所有者权益账面价值为40 000万元。

X金融企业的会计处理如下：

借：长期股权投资——Y金融企业（投资成本）	200 000 000.00
应收股利——Y金融企业	3 000 000.00
贷：银行存款	153 000 000.00
资本公积——股本溢价	50 000 000.00

2. 非同一控制下企业合并形成的长期股权投资

应在购买日按企业的合并成本（不含应自被投资单位收取的现金股利或利润），作为长期股权投资的成本。

【例9—11】 2008年1月1日，H金融企业取得B公司60%的股权，以银行存款4 000万元和一栋办公楼作为投资，办公楼账面价值500万元，累计提取折旧100万元，评估价值600万元，另支付评估费5万元。

H金融企业的会计处理为：

借：长期股权投资——B金融企业（投资成本）	46 050 000.00
累计折旧	1 000 000.00
贷：银行存款	40 050 000.00
营业外收入	2 000 000.00
固定资产	5 000 000.00

三、成本法

（一）成本法的适用范围

成本法是指按取得投资时的初始投资成本计价，在持有期间不因被投资方净资产的增减而变动投资账面价值的方法。采用成本法核算时，一般不调整“长期股权投资”科目的账面价值，持有期间所得股利作为当期投资收益。以下两种情况适用成本法：

（1）投资企业对被投资实施控制的长期股权投资。控制是指有权决定一个企业的财务和经营决策并能够从该企业的经营活动中获取利益。投资企业能够实施控制的被投资企业，被投资企业为其子公司。

（2）投资企业对被投资企业不具有共同控制或重大影响，并且在活跃市场中没有报价、公允价值不能可靠计量的长期股权投资。

（二）成本法的核算方法

采用成本法核算的长期股权投资，初始投资或追加投资应当按照初始投资或追加投资的成本核算长期股权投资的账面价值。被投资单位宣告分派的现金股利或利润，确认为当期损益。投资企业确认投资收益仅限于所获得的被投资单位在接受投资后产生的累计净利润的分配额，获得的被投资单位宣告分派的利润或现金股利超过被投资单位在接受投资后所产生的累积利润的部分，应冲减长期股权投资的账面价值。

在初始投资或追加投资时，应按初始投资或追加投资实际支付的价款确认长期股权投资的账面价值。如果实际支付的价款中含有已宣告而尚未领取的现金股利时，应从长期股权投资的账面价值中扣除。

1. 投资当年分得的现金股利的处理

投资当年分得的现金股利，通常是投资前被投资单位实现的利润分配得来的，这是因为企业在一个会计年度实现的利润，一般在下一年度发放利润或现金股利，所以投资企业投资当年所获得的被投资企业分派的现金股利或利润，不能作为当期的投资收益，而应作为投资成本的收回。

【例 9—12】 某金融企业 2007 年 4 月 2 日购入甲公司股票 600 万股，准备长期持有，每股价格 15 元，另支付相关税费 30 万元。该金融企业投资占甲公司有表决权资本的 50%。甲公司于 2007 年 5 月 2 日宣告分配 2006 年度的现金股利，每股 0.20 元。

（1）购入时的会计分录为：

借：长期股权投资——甲公司（投资成本）　　90 300 000.00
　　贷：银行存款（存放中央银行款项、结算备付金）　　90 300 000.00

（2）应收股利＝6 000 000×0.20＝1 200 000（元）

收到分配的现金股利时的会计分录为：

借：应收股利　　1 200 000.00
　　贷：长期股权投资——甲公司（投资成本）　　1 200 000.00

2. 投资年度以后分得的现金股利的处理

投资年度以后获得的现金股利或利润分配有部分来自投资后被投资单位的盈余分配，则该部分应作为投资单位的投资收益。在具体业务中，如能分清投资前和投资后的净利润分配，则应按投资前和投资后分别计算确定属于投资收益和冲减初始投资成本的金额；如果无法区分，则按以下公式计算确定投资收益和应冲减初始投资成本的金额：

$$\text{应冲减初始投资成本的金额}=\text{被投资单位分派的现金股利}\times\text{投资单位持股比例}-\text{投资年度应享有的投资收益}$$

$$\text{投资年度应享有的投资收益}=\text{被投资单位分派的现金股利}\times\text{投资单位持股比例}\div 12\times\text{当年投资月份}$$

【例 9—13】 某金融企业 2006 年 8 月 1 日购入甲公司股票 6 000 000 股，准备长期持有，每股价格15元，另支付相关税费30万元。该金融企业投资占甲公司有表决权资本的50%。甲公司于2007年5月2日宣告分配2006年度的现金股利，每股0.20元。

该金融企业应享有的2006年度的投资收益＝6 000 000×0.2÷12×5＝500 000（元）

应冲减初始投资成本的金额＝6 000 000×0.2－500 000＝700 000（元）

账务处理如下：

借：应收股利　　1 200 000.00

　　贷：长期股权投资——甲公司（投资成本）　　700 000.00

　　　　投资收益　　500 000.00

四、权益法

（一）权益法的适用范围

权益法是指取得长期股权投资时按初始投资成本计价，持有期间根据被投资单位所有者权益份额的变动对投资的账面价值进行调整的方法。

投资单位对被投资单位具有共同控制或重大影响时，长期股权投资应用权益法核算。共同控制是指按照合同约定对某项经济活动所共有的控制；重大影响是指对一个单位的财务和经营政策有参与决策的权利，但并不能控制或者与其他方共同控制这些政策的制定。

采用权益法进行核算，就是要反映投资企业对被投资企业的股权投资占被投资企业所有者权益的份额。因此，被投资企业取得净收益时，投资企业的权益投资资产应随之增长；反之，投资企业对被投资企业的权益投资资产相应减少。

（二）权益法的核算

1. 初始投资或追加投资的核算

初始投资或追加投资时，长期股权投资成本大于投资时应享有的被投资单位可辨认净资产公允价值的，不需要调整长期股权投资的成本。初始投资或追加投资时，长期股权投资成本小于投资时应享有的被投资单位可辨认净资产公允价值的，计入取得投资当期的营业外收入并调整长期股权投资的账面价值。

【例9—14】 某金融企业于2003年4月1日以420万元购入甲公司的普通股股票，占甲公司有表决权资本20%的比例，并对甲公司有重大影响。投资时，甲公司的所有者权益共计2 200万元。相关的计算和账务处理如下：

金融企业应享有的所有者权益份额＝2 200×20%＝440（万元）

取得投资时会计分录为：

借：长期股权投资——成本（甲公司户）　　4 200 000.00

　　贷：银行存款（存放中央银行款项、结算备付金）　　4 200 000.00

借：长期股权投资——成本（甲公司户）　　200 000.00

　　贷：营业外收入　　200 000.00

2. 被投资单位实现净损益的核算

采用权益法核算时，被投资单位实现的净利润或发生的净亏损均影响所有者权益变动，金融企业作为投资方应随之调整长期股权投资的账面价值，在“长期股权投资”科目下设置“损益调整”科目核算。

(1) 被投资单位实现净利润而影响所有者权益变动，金融企业应按持有具有表决权资本的比例计算应享有的份额，增加长期股权投资的账面价值，同时确认投资收益。

当被投资单位宣告分派利润或现金股利时，由于这部分净资产已包含在应享有被投资单位的净资产份额中，因此应冲减长期股权投资的“损益调整”账户，转入“应收股利”账户。

(2) 被投资单位发生净亏损而影响所有者权益变动，投资企业应按有表决权资本的比例计算应分担的份额，减少长期股权投资的账面价值，并确认为当期投资损失。

对于被投资单位发生的净亏损，在“长期股权投资——损益调整”账户冲减，该账户余额不够的亦应继续冲减，确认被投资单位发生的净亏损以“长期股权投资”账面价值减至零为限，如果以后各期被投资单位实现净利润，投资企业应在计算的收益分享额超过未确认的亏损分担额以后，按超过未确认的亏损分担额的金额，恢复投资的账面价值。

【例 9—15】 乙金融企业以 800 000 元对甲公司投资，占甲公司可辨认净资产的 20%并对甲公司具有重大影响，其投资成本与应享有的甲公司所有者权益相同。2005 年甲公司全年实现净利润 500 000 元，2006 年 2 月宣布分派现金股利 300 000 元；2006 年甲公司全年亏损 600 000 元；2007 年甲公司全年实现净利润 850 000 元。不考虑相关税费和其他因素。乙金融企业的账务处理为：

(1) 2005 年确认投资损益：

借：长期股权投资——损益调整（甲公司户）　　100 000.00

　　贷：投资收益　　100 000.00

(2) 2006 年 2 月宣布分派现金股利：

借：应收股利（甲公司户）　　60 000.00

　　贷：长期股权投资——损益调整（甲公司户）　　60 000.00

(3) 2006 年确认亏损＝600 000×20%＝120 000（元）

借：投资收益　　120 000.00

　　贷：长期股权投资——损益调整（甲公司户）　　120 000.00

(4) 2007 年确认损益＝850 000×20%＝170 000（元）

借：长期股权投资——损益调整（甲公司户）　　170 000.00

　　贷：投资收益　　170 000.00

五、长期股权投资的处置

处置长期股权投资时，账面价值与实际取得价款的差额，应当计入当期损益。采用权益法核算的长期股权投资，如果有因被投资单位净损益以外的所有者权益变动而计入所有者权益的，在处置该项投资时应当将原计入所有者权益的部分按相应比例计入当期损益。

六、长期股权投资减值

根据资产减值准则的规定，长期股权投资存在减值迹象的，应当估计其可收回金额，然后将所估计的资产可收回金额与其账面价值相比较，以确定是否发生了减值和是否需要计提减值准备。

在估计长期股权投资可收回金额时，应当根据公允价值减去费用后的净额与资产未来现金流量现值两者之间的较高者确定。资产公允价值减去费用后的净额，通常反映的是资产如果被出售或者处置时可以收回的净现金收入。预计未来现金流量的现值，应当按照资产在持续使用过程中和最终处置时所产生的预计未来现金流量，选择恰当的折现率对其进行折现后的金额加以确定。折现率是反映当前市场货币时间价值和资产特定风险的税前利率，该折现率是企业在购置或者投资资产时所要求的必要报酬率。

采用成本法核算的长期股权投资，属于在活跃市场中没有报价、公允价值不能可靠计量的，应当将长期股权投资的账面价值与按照类似资产当时市场收益率对未来现金流量折现确定的现值之间的差额，确认为减值损失。

除了在活跃市场中没有报价、公允价值不能可靠计量以外的长期股权投资，其可收回金额应当根据资产的公允价值减去处置费用后的净额与预计未来现金流量现值两者之间的较高者确定，可收回金额计量结果表明资产的可收回金额低于其账面价值的，应当将账面价值减记至可收回金额，减记的金额确认为减值损失并计入当期损益。

长期股权投资减值损失一经确认，在以后的会计期间不得转回。

【例 9—16】 2006 年 1 月 1 日，某金融企业购入 M 公司 200 万股份，取得的初始成本每股 5.5 元，共计 1 100 万元（含交易费用），占 M 公司 15%的股份，采用权益法核算。2006 年 12 月 31 日，该项股权投资每股市价为 3.5 元，共计 700 万元，预计处置费用 3 万元，确认减值损失 397 万元；M 公司 2006 年除净损益以外所有者权益变动（增长）300 万元。2007 年 9 月 10 日，金融企业将该项股权投资出售，取得价款 850 万元。其账户处理如下：

(1) 2006 年 1 月 1 日：

	借方	贷方
借：长期股权投资——M 公司（成本）	11 000 000.00	
贷：银行存款（存放中央银行款项、结算备付金）		11 000 000.00

(2) 2006 年 12 月 31 日：

	借方	贷方
借：资产减值损失——长期股权投资减值损失	3 970 000.00	
贷：长期股权投资减值准备		3 970 000.00
借：长期股权投资——M 公司（其他权益变动）	450 000.00	
贷：资本公积——其他资本公积		450 000.00

(3) 2007 年 9 月 10 日：

	借方	贷方
借：银行存款（存放中央银行款项、结算备付金）	8 500 000.00	
长期股权投资减值准备	3 970 000.00	
贷：长期股权投资——M 公司（成本）		11 000 000.00
——M 公司（其他权益变动）		450 000.00
投资收益		1 020 000.00
借：资本公积——其他资本公积	450 000.00	
贷：投资收益		450 000.00

本章小结

《企业会计准则》将交易性金融资产、持有至到期投资、可供出售金融资产以及贷款等合并称为“金融工具”。但是，本课程为“金融企业会计”，在本书中涉及的很多内容都可以称为金融工具，如票据、贴现、支付结算等。对于金融企业来说，取得股票、债券等主要是为了充分、合理地运用资金，规避各种风险并为企业带来收益，其有别于主要的经营性业务，因此，我们将其作为对外投资，与长期股权投资列作一章。

重点概念

对外投资	交易性金融资产	公允价值	持有至到期投资
可供出售金融资产	长期股权投资	成本法	权益法

复习思考题

一、思考题

1. 怎样区分交易性金融资产、持有至到期投资和可供出售金融资产？其损益的核算有哪些不同？

2. 取得长期股权投资的方式有哪些？不同的取得方式的会计核算有什么不同？

3. 长期股权投资核算的成本法、权益法各自的适用范围如何？

二、业务处理题

1. 某商业银行发生下列投资业务：

(1) 2006年1月1日从一级市场购入某债券作为持有至到期投资，该债券面值500万元，实际支付价款480万元（含交易费用），发行期限5年，票面利率6%，每年末付息一次，2010年1月1日到期还本。经计算，实际利率为5.3%。

(2) 2006年4月1日购入某债券作为交易性金融资产，该债券面值200万元，期限5年，年利率4.5%，支付价款205万元，其中交易费用2万元，已到付息期尚未领取的利息3万元。该债券每年付息一次，于每年4月1日计付。4月10日收到购买该债券支付的价款中所包含的利息3万元。2006年12月31日，该债券的公允价值为208万元。2008年2月15日出售该债券，获取价款210万元，另支付交易费用1万元。

(3) 2006年9月1日从二级市场购入F公司股票1 000万股，购入当天每股市价8元，支付手续费20万元，划分为可供出售金融资产。2006年12月31日该金融企业继续持有该股票，每股市价9元。2007年4月1日被投资企业宣告每股发放现金股利0.2元。2007年8月10日该金融企业将这项投资出售，获取价款8 900万元（扣除手续费后）。

2. 某保险公司 2006 年 8 月 1 日以 5 000 万元对 S 公司投资，占 S 公司可辨认净资产的 10%并对 S 公司具有重大影响，其投资成本与应享有的 S 公司所有者权益相同，采用权益法核算。2006 年 S 公司全年实现净利润 12 000 万元，2007 年 2 月宣布分派现金股利 2 000 万元；2007 年 S 公司全年亏损 800 000 元。假设不考虑相关税费和其他因素。

第十章　保险业务

章前引例及分析

某财产保险公司 3 月 18 日承保机动车辆保险，收取保险费 53 000 元，承保企业财产险收取保险费 167 000 元，结案赔付 32 200 元。某寿险公司承保人身意外伤害险、健康险，收取保费 86 500 元，保险金满期给付 50 000 元、死伤医疗给付 26 000 元、年金给付 450 元，共计 76 450 元。

以上保费收取、财产险的赔付和人寿保险金的给付均需要通过保险业务会计核算。

本章内容概要与学习目标

广义的保险分为社会保险和商业保险。本章的保险是指狭义的保险——商业保险，亦即金融保险。金融保险分为财产保险和人身保险。财产保险是投保人向保险人支付保险费，保险人对于合同约定的可能发生的事故所造成的财产损失承担赔偿责任；人身保险是投保人向保险人支付保险费，当被保险人死亡、伤残、疾病或达到合同约定的年龄、期限时承担给付保险金责任。不论是财产保险还是人身保险，在会计处理中，主要包括保费的收取和保险赔偿或保险金给付。同时，为分散风险，均衡业务，稳定经营，保险机构可以将自身承担的保险责任转嫁给其他保险组织，即再保险。本章将主要叙述保费收取、保险赔偿、保险金的给付和再保险的会计处理方法。

第一节　收取保费

收取保费是保险公司销售保险产品而获取的收入，是保险公司的主要收入项目。

一、保费收取的方式

保险公司接受投保人投保，首先要计算保费金额。保险费的数额通常是由保险金额、保险费率和保险期限三个因素决定的。保费收取的方式主要有如下两种：一种是直接缴纳法，即投保人直接将规定的保险费以现金或银行存款的形式缴纳给保险人；另一种是以投保人缴纳的储金的运用收益作为保费。

二、收取保费

会计部门将业务部门出具的“保费日报表”或“保费收据”作为原始凭证，编制记账凭证后入账。

（一）签发保险单并确认保费收入

投保人在保险合同订立和填写保险单后，缴纳保险费。交费时应由经办员填制“××险保费收据”交费凭证一式三联交投保人，凭以向出纳交款。出纳在收到投保人交来的现金或支票和保费收据后，办理收款手续。第一联“保费收据”交投保人收执；第二联“收据副本”退内勤经办员登记“××险分户卡”；第三联“收据存根”连同银行存款解缴回单，一并送交会计部门。

每日营业终了前，会计部门收到业务部门汇总编制的“保费日报表”、保费“收据存根”及银行存款收账通知等附件，对有关单证的内容审查无误后，编制记账凭证，办理入账手续。其会计分录为：

借：银行存款

　贷：保费收入——××险保费户

如果会计部门收到业务部门交来的“保费日报表”或“保费收据”等有关单证，但保费尚未收到，由于保单签订后，双方的权利和义务均即确立，因而在会计上应记入“应收保费”科目，实际收到保费时冲减该科目。

【例 10—1】 某财产保险公司会计部门收到业务部门交来的企业财产险保费日报表、保费收据存根和银行收账通知，金额为 52 000 元，该业务在签单生效时收到全部保费。其会计分录为：

借：银行存款——活期户　　52 000.00

　贷：保费收入——企业财产险保费户　　52 000.00

（二）预收保费

如果投保人提前缴费或缴纳保费在前，承担保险责任在后，则应作为预收保费处理，到期再转入保费收入。会计部门根据业务部门交来的财产险保费日报表和保费收据存根，以及银行收账通知进行账务处理。

预收保费：

借：银行存款

　贷：预收保费——某客户

将预收保费转为实现的保费收入：

借：预收保费——某客户

　贷：保费收入——××险

（三）保户储金收益转作保费收入

这种保费收入适用于财产保险中的家庭财产两全险，投保人按保险金额与保险公司规定的储金比例一次交存保险储金，保险公司将该保险储金作为定期存款存入银行（期限一般为3年—5年）或进行债券投资，按保户储金金额及预定利率计算利息并转为保费收入。保险期满，投保人到保险公司领回投保时所缴纳的全部保险储金的本金。

【例10—2】 某财产保险公司会计部门收到业务部门交来3年期家庭财产两全险保户储金日汇总表，储金收据及银行收账通知计85 000元，预定年利率为3.90%，单利计算，3年后一次还本付息。

（1）收到保户储金存入银行的会计分录为：

借：银行存款——储金专户　85 000.00

　贷：保户储金——家财两全险储金户　85 000.00

（2）按会计期间与预定利率计算保户储金应收利息，转作保费收入。其会计分录为：

借：应收利息　3 315.00

　贷：保费收入——家财两全险　3 315.00

（3）第3年，家庭财产两全保险的保单到期，3年期专户存储的定期存单转为活期存款，并将银行存款归还保户储金。其会计分录为：

借：银行存款——活期户　94 945.00

　贷：银行存款——储金专户　85 000.00

　　应收利息　6 630.00

　　保费收入——家财两全险　3 315.00

借：保户储金——家财两全险储金户　85 000.00

　贷：银行存款——活期户　85 000.00

第二节　保险赔款

保险赔款是指财产保险中保险标的发生了保险责任范围内的保险事故后，保险人根据保险合同对被保险人支付的损失补偿金。

受损财产经过施救、保护、整理后，由被保险人提供财产损失清单和费用支出的原始单据，并根据现场勘查掌握的情况逐项核实，最终确定赔款数额。保险赔款的计算方式，因险种不同而有所不同。

理赔人员按条款规定的赔偿处理方式计算保险赔偿金额后，填制“赔款计算书”，连同被保险人签章的“赔款收据”送交会计部门。会计部门对赔款计算书的内容审查无误后，办理赔款支付手续。

为了核算和监督赔款支出情况，保险公司应设置“赔付支出——赔款支出”账户，核算财产保险业务按保险条款规定支付的赔款等。本科目借方记发生的赔款支出、理赔勘查费、施救费用等，贷方记收回损余物资转作物料用品、错赔和骗赔追回的赔款等。本科目按险种设置明细账，期末应无余额。

一、当时结案的赔款支出

当时结案是指保险事故发生后，当时即可认定损失而不需要支付其他的费用。所赔款项直接列支“赔付支出——赔款支出”科目。

【例 10—3】 某保险公司保险的某企业机器设备出险，业务部门认定损失后，将赔款计算书和赔款收据（经被保险人签章）交到会计部门，赔款金额 562 500 元，经审核无误后，开出转账支票支付赔款。其会计分录为：

借：赔付支出——赔款支出——企业财产险　　562 500.00
　贷：银行存款——活期户　　562 500.00

二、理赔勘查费

理赔勘查是在保险标的出现后，需要聘请保险公估机构进行协助。理赔勘查过程中发生的各项费用，如理赔勘查费等，也在“赔付支出——赔款支出”科目列支。

三、损余物资

损余物资是保险标的发生保险事故后，所剩余的仍具有利用价值的部分。保险标的发生保险事故，多数情况下是部分受损，还有具有一定利用价值的“损余物资”。损余物资一般应归被保险人，其价值在赔款中予以扣除；如果被保险人不愿接受，保险公司可按全额赔付，损余物资归保险公司处理，处理损余物资的收入冲减赔款支出。损余物资在没有处理之前，要妥善保管并设“损余物资登记簿”，登记损余物资的数量和金额。

【例 10—4】 某商场发生火灾，经理赔勘查计算出财产损失共 2 310 000 元，理赔勘查费 65 000 元，损余物资折价 260 000 元归商场所有，其余赔款由保险公司支付。其会计分录为：

借：赔付支出——赔款支出——财产综合险　　2 050 000.00
　　　　　　　　　　——理赔勘查费　　65 000.00
　贷：银行存款　　2 115 000.00

第三节　保险金给付

保险金给付是指人寿保险业务中，保险公司对投保人在保险期满或在保险期中支付保险金，亦或对保险期内发生保险责任范围的意外事故按规定给付保险金。寿险保险金的给付可以分为满期给付、死伤医疗给付和年金给付三种。

一、满期给付

满期给付适用于寿险业务中的生存保险和两全保险。当被保险人生存至保险契约满期时，保险公司按照保险契约所订的保险金额给付。保险公司发生满期给付时，其会计分录为：

借：赔付支出——满期给付

　贷：库存现金（银行存款）

被保险人在保险期间用保单作质押而取得贷款，在满期时尚有贷款本息未还清，则应将未还清贷款本息从应支付的保险金中扣除，按应给付保险金额，借记“赔付支出——满期给付”科目，按未收回的保户质押贷款本金，贷记“保户质押贷款”科目，按欠息数，贷记“利息收入”科目，按实际支付的金额，贷记“库存现金”、“银行存款”等科目。

【例 10—5】 保险金额为 200 000 元的两全保险满期，投保人尚有 80 000 元的保单质押贷款未归还，该笔贷款应付利息 510 元，会计部门将贷款及利息扣除后办理给付。其会计分录为：

分录	借方	贷方
借：赔付支出——满期给付	200 000.00	
贷：保单质押贷款		80 000.00
利息收入		510.00
库存现金		119 490.00

在保险合同规定的交费宽限期内发生满期给付时，按应给付金额，借记“赔付支出——满期给付”科目，按投保人未缴保费部分，贷记“保费收入”科目，按欠息数，贷记“利息收入”科目，按实际支付的金额，贷记“库存现金”、“银行存款”等科目。

二、死伤医疗给付

死伤医疗给付是指投保人在保险期内发生保险责任范围的死亡、疾病、伤残等意外事故，按规定给付保险金，包括死亡给付和医疗给付两项责任。

死伤医疗给付时，借记“赔付支出——死伤医疗给付”科目，贷记“库存现金”或“银行存款”科目。若发生死伤医疗给付时，被保险人有未还清的质押贷款本息，按应给付金额，借记“赔付支出——死伤医疗给付”科目，按未收回的保户质押贷款本金，贷记“保户质押贷款”科目，按欠息数，贷记“利息收入”科目。

【例 10—6】 某保户投保重大疾病保险，约定年交 1 600 元，近日该保户发生保险范围内的疾病住院治疗，其出院后提出给付申请，业务部门审查同意给付全部保险金 50 000 元，当年应缴保费截至给付日尚未缴付。会计部门审核后，以现金支付。其会计分录为：

分录	借方	贷方
借：赔付支出——死伤医疗给付——简易寿险	50 000.00	
贷：保费收入		1 600.00
库存现金		48 400.00

三、年金给付

年金给付是指人寿保险公司年金保险业务的被保险人生存至规定的年龄，按保险合同约定支付给被保险人的给付金额。年金给付通过“赔付支出——年金给付”科目核算，如果有未还清的保单抵押贷款本息者，按未收回的保户质押贷款本金，贷记“保户质押贷款”科目，按欠息数，贷记“利息收入”科目。

【例 10—7】 某客户投保终身年金保险，已生存至约定年金领取年龄，现持有关证件办理年金领取手续，保险人审核确认后，按规定每月给付保险金 600 元。其会计分录为：

借：赔付支出——年金给付　　600.00

　贷：库存现金　　600.00

本章小结

保险业务的核算主要包括保险费的收取和保险赔付以及保险金的给付。保险费的收取是保险企业的主要收入来源，而保险赔付和保险金的给付是主要的支出项目。当然，近年来保险企业对于收取的保险费在保留足够的给付准备的情况下，可以对外投资，从而获取收益。

重点概念

财产保险　　人身保险　　保险赔款　　损余物资

保险金给付　　年金给付

复习思考题

一、思考题

1. 保险费收取的主要方式有哪些？其主要操作程序如何？
2. 财产保险的赔付的核算涉及哪些内容？
3. 人寿险保险金的给付有哪些方式？

二、业务处理题

将本章【章前引例及分析】中的业务，按照核算要求做出会计分录。

第十一章　证券业务

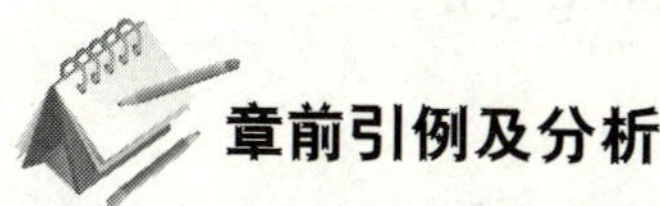

章前引例及分析

某证券公司 4 月份在二级市场参与各种证券交易的金额为 6 600 000 万元。其中：以证券公司自己的名义购入的证券 2 600 000 万元，售出的证券 2 100 000 万元，支付各种交易税费 16 500 万元，获得收益 42 000 万元；代理客户买入证券 800 000 万元，卖出证券 1 100 000万元，获取手续费收入 12 000 万元。

该证券公司 4 月份代理发行国库券、企业债券、上市公司股票共计 80 000 000 万元，获取手续费收入 350 000 万元。

以上所涉及的证券买卖、代理发行证券等业务的会计核算方法，就是本章需要研究的内容。

本章内容概要与学习目标

金融企业经营证券业务的对象是资本证券。资本证券是表明持券人的资本所有权或债权，并可以据其获得一定收益的证券。资本证券可以买卖，具有市场性，持有人能够获得一定的收益，并可以转让给他人而收回本金。随着我国经济体制改革和现代企业制度的建立，企业不断深化产权结构调整，股份制企业、股份合作制企业在更广泛的领域里推广开来。同时，政府债券、企业债券等各种债券，也普遍受到投资者的偏好。股票和各种债券的广泛发行和持有，推动了金融企业证券业务的迅速发展。

本章将主要介绍金融企业经营的自营证券业务、代理证券业务、证券回购业务的会计处理方法。

第一节　自营证券

自营证券是相对于代理证券而言的，是指金融企业（一般为证券企业）以自己的名义，使用自有资金和依法筹集的资金买卖证券以达到获利目的的业务。取得自营证券的形式，一是通过交易购得，二是包销方式承销的证券在发行期结束后，将未售出的证券转为自营证券。

自营证券可以参照第九章“对外投资业务”，根据持有目的分为交易性证券、持有至到期证券和可供出售证券。但是，自营证券与对外投资还是存在区别的，自营证券一般是证券企业的经营性业务，而对外投资则是企业为获取经济利益而对资金的多元化运用。对自营证券业务的核算可以参照第九章“对外投资业务”中的第一至三节。

第二节　代理证券

代理证券业务是金融企业作为证券代理人，根据客户的委托代理发行、兑付、买卖证券的业务。

一、代理发行证券

代理发行证券业务是指金融企业接受证券发行人的委托代为发行证券的业务，如代政府发售国库券、国家重点建设债券，代企业发行集资债券和股票、基金等。代理发行证券的方式有全额包销方式、余额包销方式和代销方式三种。以下着重介绍网上代理发行的会计处理。

代理发行证券业务的核算应设置“代发行证券”、“代发行证券款”、“证券发行”以及“待转发行费用”等科目。

（一）代销

代销是指金融企业代发行人（或包销商）售出证券，在发行期结束时，划付已销售证券所获的价款，未售出的证券全部退还给发行人（或包销商）并收取代销手续费的方式。在代销方式下，证券发行的风险由发行人自行承担。

（1）金融企业收到委托单位代销的证券，采用上网发行的，于上网发行日，按发行数量及约定的发行价格在备查账簿中进行登记，不做账务处理。

（2）发售证券后，与证券交易所交割清算，按网上实际发行数量和发行价格计算的发行款项减去上网费用入账。其会计分录为：

借：结算备付金（银行存款、存放中央银行款项）
　　其他应收款——应收代垫委托单位上网费户
　贷：代发行证券款——委托人户

(3) 发行期结束后，将已发售的证券所得款项划给委托单位，并收取发行手续费和代垫上网费用。其会计分录为：

借：代发行证券款——委托人户

贷：其他应收款——应收代垫委托单位上网费

手续费及佣金收入——代销证券手续费户

结算备付金（银行存款、存放中央银行款项）

同时，将未售出的证券退还委托单位，冲销备查账簿中登记的发行证券。

（二）全额承购包销

全额承购包销是指金融企业按协议价格先行全额购买发行人该次发行的证券，然后再以自己确定的价格向投资者发售。金融企业承担全部发行风险，并先行全额支付发行证券的价款。

(1) 金融企业先按承购价将证券全部认购，并向发行单位支付全部证券款项。其会计分录为：

借：代发行证券——××证券户

贷：银行存款（存放中央银行款项、结算备付金）

(2) 金融企业将证券转售给投资者，收到认购款时，按认购价入账。其会计分录为：

借：银行存款（库存现金、存放中央银行款项、结算备付金）

贷：证券发行

(3) 按照相关规定开支可抵扣发行收入的直接发行费用，如上网费用时，其会计分录为：

借：待转发行费用

贷：银行存款（存放中央银行款项、结算备付金）

(4) 结转售出证券的实际成本，按售出的证券数量及购入包销的单位价格，计算出发售成本。其会计分录为：

借：证券发行

贷：代发行证券——××证券户

(5) 结转应与发行收入相配比的发行费用。其会计分录为：

借：证券发行

贷：待转发行费用

(6) 发行期满，未售出的证券转为金融企业的交易性证券、持有至到期证券、可供出售证券。其会计分录为：

借：交易性证券（持有至到期证券或可供出售证券）

贷：代发行证券——××证券户

发行期满，“证券发行”科目贷方余额表示发行收益，借方余额表示发行亏损。

【例 11—1】 某金融企业接受××公司的委托，以全额包销方式代其发行债券 10 000 万元（面值），承购价 9 500 万元。网上按面值发行，期满后，共售出 9 000 万元，金融企业应支付上网费 5 万元，未售出的债券按合同规定，转为可供出售证券。

(1) 认购全部债券时的会计分录为：

借：代发行证券——××公司债券户 95 000 000.00

贷：银行存款 95 000 000.00

(2) 网上发行结束，收到认购款时的会计分录为：

借：银行存款　　90 000 000.00

　贷：证券发行——××公司债券户　　90 000 000.00

(3) 支付上网费时的会计分录为：

借：待转发行费用　　50 000.00

　贷：银行存款　　50 000.00

(4) 结转售出证券的实际成本时的会计分录为：

售出证券的实际成本＝（95 000 000÷100 000 000）×90 000 000＝85 500 000（元）

借：证券发行——××公司债券户　　85 500 000.00

　贷：代发行证券——××公司债券户　　85 500 000.00

(5) 结转发行费用时的会计分录为：

借：证券发行　　50 000.00

　贷：待转发行费用　　50 000.00

(6) 未售出债券转为可供出售证券时的会计分录为：

借：可供出售证券　　9 500 000.00

　贷：代发行证券　　9 500 000.00

（三）余额包销

余额包销是指金融企业按照规定的发行额和发行条件，在约定期限内向投资者发售证券，到销售截止日，如投资者实际认购总额低于预定发行总额，未售出的证券由金融企业负责认购，并按约定时间向发行人支付销售全部证券所获得的款项，收取手续费。余额包销的承销商需承担发行风险，证券发行款项于发行期结束后支付。

采用余额包销方式进行发行的，在会计核算上分为两个阶段：一是发行期内收到发行单位交来的证券及代售证券的核算，与代销方式相同；二是发行期结束，对尚未售出的证券，与全额承购包销剩余证券的处理相同。

二、代理兑付证券

代理兑付证券业务是金融企业接受国家或企业等证券发行单位的委托，兑付到期证券，兑付结束后，将已兑付证券集中交给发行单位，同时向发行单位收取手续费的业务。

代理兑付债券业务通过“代兑付债券款”和“代兑付债券”科目核算。

（一）金融企业兑付债券

兑付债券时，需要持券人将债券交给金融企业，同时为不使代理兑付证券业务的金融企业垫付资金，证券发行单位应向兑付证券的金融企业拨付兑付的证券款。

(1) 金融企业收到委托单位拨来的兑付资金时，其会计分录为：

借：银行存款（存放中央银行款项、结算备付金）

　贷：代兑付债券款

(2) 金融企业收到客户交来的实物券并支付相应的金额，按兑付金额入账。其会计分录为：

借：代兑付债券（兑付记名债券时为“代兑付债券款”）

　贷：银行存款（库存现金、存放中央银行款项、结算备付金）

（3）兑付完毕，金融企业向委托单位集中交回已兑付的实物券。其会计分录为：

借：代兑付债券款

　贷：代兑付债券

（二）金融企业收取代兑付手续费

（1）如向委托单位单独收取，其会计分录为：

借：银行存款（存放中央银行款项、结算备付金）

　贷：手续费及佣金收入——代兑付债券手续费收入户

（2）如果手续费与兑付款一并汇入，则先在“其他应收款”科目反映，债券兑付完成后，再冲减“其他应收款”并确认手续费收入。

【例 11—2】 某金融企业接受某发行人的委托兑付××年发行的三年期企业债券（实物券），2005 年 3 月 2 日通过“存放中央银行款项”账户收到委托单位的兑付资金 1 100 万元，其中手续费 5 万元。截至 3 月底，代理兑付的债券共计 990 万元。兑付结束后确认手续费收入。

（1）收到拨付的代兑付资金时的会计分录为：

借：存放中央银行款项	11 000 000.00	
贷：代兑付债券款		10 950 000.00
其他应收款——预收代兑付债券手续费户		50 000.00

（2）代兑付债券时的会计分录为：

借：代兑付债券	9 900 000.00	
贷：存放中央银行款项		9 900 000.00

（3）将已兑付债券以及剩余款项交发行人的会计分录为：

借：代兑付债券款	10 950 000.00	
贷：代兑付债券		9 900 000.00
存放中央银行款项		1 050 000.00

（4）确认手续费收入的会计分录为：

借：其他应收款——预收代兑付债券手续费户	50 000.00	
贷：手续费及佣金收入——代兑付债券手续费收入户		50 000.00

三、代理买卖证券

代理买卖证券业务是金融企业接受客户委托，代其买卖证券并收取手续费的业务。代理买卖证券有柜台代理买卖和通过证券交易所代理买卖两种，以下主要介绍通过证券交易所代理买卖。

代理买卖证券业务通过“代买卖证券款”和“结算备付金”科目进行核算。

（一）代理买卖证券业务中的资金核算

（1）金融企业收到客户交来款项的会计分录为：

借：银行存款（或库存现金、存放中央银行款项、结算备付金）

　贷：代买卖证券款

（2）金融企业为客户在证券交易所开设清算资金专户的会计分录为：

借：结算备付金
　贷：银行存款（或存放中央银行款项、结算备付金）

（二）代理买卖证券业务成交差额的核算

代理买卖证券业务按代买入、代卖出的差额清算，应分别以下两种情况进行账务处理：

（1）金融企业接受客户委托，通过证券交易所代理买卖证券，与客户清算时，如果买入证券成交总额大于卖出证券成交总额，其会计分录为：

借：代买卖证券款
　贷：结算备付金
借：手续费及佣金支出——代买卖证券手续费支出户（金融企业应负担的交易费用）
　贷：结算备付金
借：结算备付金（金融企业应向客户收取的佣金）
　贷：手续费及佣金收入——代买卖证券手续费收入户

【例 11—3】 某金融企业接受客户委托，通过证券交易所代理买卖证券，根据“上海证券交易所汇总清算表”，2007 年 1 月与客户清算时，买入证券成交总额大于卖出证券的成交总额 500 万；代扣代交的印花税费和过户费为 11.5 万元，向客户收取的交易佣金为 11 万元；该企业应向交易所支付的其他交易费用等为 0.5 万元。

应扣收客户汇总资金额＝500＋11.5＋11＝522.50（万元）

证券公司收支差额＝11－0.5＝10.5（万元）

借：代买卖证券款	5 225 000.00	
贷：结算备付金		5 225 000.00
借：手续费及佣金支出——代买卖证券手续费支出户	5 000.00	
结算备付金	105 000.00	
贷：手续费及佣金收入——代买卖证券手续费收入户		110 000.00

（2）如果买入证券成交总额小于卖出证券成交总额，其会计分录与前述相反。

第三节　证券回购

证券回购业务是一种以买卖证券的形式融通资金的业务，包括买入返售证券业务和卖出回购证券业务。

一、买入返售证券

买入返售证券业务是指金融企业与其他企业以合同或协议的方式，按一定价格买入证券，到期日再按合同规定的价格将该批证券返售给其他企业，以获取利息收入的证券业务。这种业务实际上是以证券为依据向交易对方融出资金，而有价证券并不真正转移。我们主要设置“买入返售证券”科目进行核算。

我们只考虑买入返售证券在当期到期的情况。

金融企业通过国家规定的场所买入证券，按实际支付的款项入账。其会计分录为：

借：买入返售证券

　贷：结算备付金（银行存款、存放中央银行款项）

合同确定的期限到后，金融企业按规定的卖出价返售给原交易对方。卖出价与原买入价的差额作为金融企业的营业收入。其会计分录为：

借：结算备付金（银行存款、存放中央银行款项）

　贷：买入返售证券

　　其他业务收入——买入返售证券收入户

二、卖出回购证券

卖出回购证券业务是指金融企业与其他企业以合同或协议的方式，按一定价格卖出证券，到期日再按合同规定的价格买回该批证券，以获得一定期间内资金使用权的证券业务。这项业务是金融企业持有证券，但急需资金，将证券暂时卖给某单位以取得资金，协议规定期满后再购回，属短期融通资金性质的业务。一般说卖出价要低于回购价，其差额作为资金使用的代价，证券不做真正的转移。该项业务的核算设置“卖出回购证券款”科目。以下仅按卖出回购证券在当期到期的情况叙述其核算手续。

金融企业通过国家规定的场所卖出证券，按实际收到的款项入账。其会计分录为：

借：结算备付金（银行存款、存放中央银行款项）

　贷：卖出回购证券款

合同期满金融企业购回证券。回购价高于卖出价的差额作为其他业务支出列账。其会计分录为：

借：卖出回购证券款（按卖出证券时实际收到的款项）

　其他业务支出——卖出回购证券支出户

　贷：结算备付金（银行存款、存放中央银行款项）

本章小结

证券业务是以债券、股票等为对象的自营、代理业务。自营业务获取的是买卖差价收益、公允价值变动收益、利息收入等；代理证券业务是代理发行、代理兑付以及代客买卖，对于金融企业来说获取的是代理手续费。

重点概念

自营证券　　　　代销证券　　　　全额承购包销

余额承购包销　　买入返售证券　　卖出回购证券

复习思考题

一、思考题

1. 金融企业经营的不同证券业务的收益来源有什么不同?
2. 代理证券业务的种类有哪些?
3. 代理发行证券业务按发售方式的不同包括哪几种?
4. 买入返售证券和卖出回购证券业务的意义何在?

二、业务处理题

1. 某金融企业以全额包销方式代滨海公司发行企业债券 30 000 万元（面值），承购价 29 600 万元。网上按面值发行期满后，共售出 28 000 万元，金融企业应支付上网费 5 万元，未售出的债券按合同规定，转为金融企业的可供出售证券。

2. 某金融企业接受 F 投资公司委托，通过证券交易所代理买卖证券。与客户清算 3 月份交易时，代理卖出证券成交总额大于买入证券的成交总额 200 万；代扣代交的印花税和过户费为 15 万元，向客户收取的交易佣金为 8 万元；证券公司应向交易所支付的其他交易费用等为 2 万元。

第十二章　代理业务

章前引例及分析

金融企业网点较多，可以充分利用这一优势为客户提供服务，既可以满足客户需要又增加收益。

案例一：张先生的儿子在国外留学，近期夫妇二人要去探亲，因此，一段时间内家中无人。为此，张先生向银行租用了保管箱，将家中的重要物品交银行代保管，既安全又放心。

案例二：李女士是退休职工，家庭住地离原单位较远。刚刚退休时，每月发工资日需要乘坐公交车到单位领取，携带现金乘坐公交车既不方便又不安全。工资发放后，还需要缴纳电话费、水费、电费，冬季尚需要缴纳取暖费。李女士年纪越来越大，感觉非常不方便。近年来，各银行开展代理业务，工资直接存到存折中，家庭需要缴纳的各种费用，在就近的银行营业机构即可办理。

本章内容概要与学习目标

代理业务是指金融企业利用营业网点优势为客户提供代保管服务、分销服务、理财服务和其他金融服务，并收取手续费的业务。代理业务是金融企业重要的中间业务，经过几年发展，已从主要面向企事业单位向面向个人全面发展，其服务的领域不断拓宽，代理业务的收益也在不断增加。

目前我国金融企业的代理业务主要有：委托贷款业务、代理债券业务、保证业务、代理财政业务、代保管业务、代理资金清算业务以及代收代付业务。本章主要介绍代保管业务和代收代付业务。

第一节 代保管业务

代保管业务主要是指金融企业受客户的委托，代其保管贵重物品的业务，其形式有代为保管有价证券和出租保管箱。

一、代保管有价证券

金融企业受客户委托代为保管有价证券，可以按规定收取保管费。

（一）办理代保管

金融企业接受委托代保管有价证券时，应与委托人签订代保管协议，确定保管期限、收费标准等，委托人还需出示代保管物品并填写清单，金融企业经办人员清点无误与委托人共同装入专用密封袋密封，由委托人在封口处签章。

经办人员填制一式三联“代保管凭证”，在代保管凭证和清单上加盖业务公章和经办人名章，一联凭证和清单交委托人，同时填制收款凭证向委托人收取代保管手续费，根据一联代保管凭证填制表外科目收入传票，登记“代保管有价值品”登记簿。分录为：

收入：代保管有价值品

经办人员根据另一联代保管凭证和清单，填制入库票，将物品入库保管。

（二）客户提取代保管物品

保管期满委托人提取代保管物品时，应提交代保管凭证、清单和本人身份证件。经办人员审核无误后，根据代保管凭证填制出库票办理代保管物品的出库手续，并填制表外科目传票，销记“代保管有价值品”登记簿。分录为：

付出：代保管有价值品

经办人员将代保管的物品交委托人开封查收无误后，委托人在“代保管有价值品”登记簿上签收确认。

二、保管箱业务

保管箱业务是指金融企业以出租保管箱的形式代客户保管贵重物品、重要文件、有价单证、契约等的服务性业务。金融企业开办保管箱业务，必须报经总部批准，并报当地人民银行备案。保管箱实行双人管库制度；保管箱业务会计和出纳必须分设，相互不得兼任；保管箱设备的选购，由总行统一管理，未经总行授权，分支机构一律不得自行购置保管箱设备。

个人租用保管箱时，应提供身份证件，填写“保管箱租用申请书”，与金融企业签订保管箱租约并预留指纹密码。保管箱柜台经办人员审查申请书与有关证件后，收取手续费和保证金，同时登记“保管箱租箱、退箱登记簿”。其会计分录为：

借：库存现金（或单位活期存款——××户、××科目）

贷：手续费及佣金收入——出租保管箱收入户

其他应付款——保管箱保证金户

租期到后，若租用人需续租时，保管箱柜台经办人员向租用人收取续租租金，并取出原资料卡加盖“续租”戳记续用。其会计分录同上。若租用人在租约到期时需要退租或因故提前退租时，填制“保管箱退租书”一份交保管箱柜台经办人员。经办人员审核无误后，与“保管箱租箱、退箱登记簿”核实，从租箱申请书专夹内取出原留存的保证金收据，退还保证金。其会计分录为：

借：其他应付款——保管箱保证金户

贷：库存现金（或单位活期存款——××户、××科目）

第二节　代收代付业务

代收代付业务包括代收代缴罚款业务、代收利息所得税、代收保费、代收彩票资金、代收个人通信费、代发工资等。办理代收代付业务必须遵守相关法律、法规并以合法的委托代理协议等作为代收或代付款项的依据，委托单位对金融企业应有明确的授权。

一、代收款

下面以代收行政事业单位罚没款为例，介绍代收款业务的核算手续。

代收行政事业单位罚没款业务是指金融企业同当地行政机关签订委托代收罚没款业务协议，在当地各级行政机构依法对当事人（称缴款人）做出罚款决定之后，进行代收缴的一项业务。

（一）营业网点的处理

受罚者到办理代收款业务的营业网点缴纳罚款时，根据财政部门罚款通知所列金额填制转账支票等付款凭证或缴纳现金，经办人员根据罚款通知收妥款项后，填制或套打代收罚款收据，按协议规定的期限上划款项。其会计分录为：

借：单位活期存款——××户（或库存现金、存放中央银行款项）

贷：其他应付款——待划转代收罚款户

上划罚款时，填制特种转账借方凭证和内部往来划收款报单分别做借、贷方记账凭证，办理划款手续。其会计分录为：

借：其他应付款——待划转代收罚款户

贷：清算资金往来——××往来单位户

（二）管辖行（代缴行）的处理

（1）直接代收罚款时，比照营业网点的手续处理，但代收款项直接记入“待结算财政款项”科目。

（2）收到营业网点上划的收缴罚款及所附的有关凭证，经审核无误后，办理转账。其会计分录为：

借：清算资金往来——××往来单位户（或存放系统内款项）
　　贷：待结算财政款项——代报解罚款收入——××户

（3）上缴国库的处理。根据“待结算财政款项——代报解罚款收入”各明细账户余额，填制一式五联“一般缴款书”。其会计分录为：

借：待结算财政款项——代报解罚款收入——××户
　　贷：存放中央银行款项（或××科目）

管辖行按规定时间与财政部门结算代收款手续费，收到财政部门划来款项后，列作手续费收入。

二、代付款

下面以代发工资的核算为例，介绍代付业务的核算手续。

营业网点受客户委托代发工资时，应根据委托方签发的存款账户转账支票，从委托方活期存款账户付出款项。其会计分录为：

借：单位活期存款——××单位户
　　贷：清算资金往来——××往来单位户

根据工资清单，将款项划入该委托单位员工的活期储蓄存款账户内。其会计分录为：

借：清算资金往来——××往来单位户
　　贷：活期储蓄存款——××人户

本章小结

代理业务是金融企业的中间业务，金融企业在不需要大的投资的前提下，利用已有的网点和条件，为客户提供多种服务。随着社会的发展，人们对金融服务的需求越来越多，而金融企业的服务条件和措施不断完善，在满足客户需求的同时，可以创造更多的中间业务收入。

重点概念

代理业务　　代保管业务　　保管箱业务

复习思考题

一、思考题

1. 代理业务属于什么性质的业务？金融企业办理代理业务取得的收益来源是什么？
2. 代理业务的种类主要有哪些？简述保管箱业务。

二、业务处理题

某商业银行分行营业部 3 月 5 日发生下列业务：

(1) 客户张利国提供身份证件申请租用保管箱，期限一年，经审查签署租用协议并收取一年的租金和保证金各 200 元。经办员办理后作出处理。

(2) 收取交通违章罚款（以现金收取）1 500 元，当日划交国库。

第十三章　金融企业财产

章前引例及分析

某城市商业银行经银监会批准，2007 年在本市新组建一家支行。该支行 2 月 1 日购得营业用房一处，价值 326 万元（含各种税费在内）；2 月 5 日购得电子设备 20 台，单价 5 500元，总值 110 000 元；2 月 10 日购得交通用车一辆，价值 196 000 元（含各种税费）。该商业银行的财务统一核算，以上财产均符合固定资产的标准，由总部列入固定资产账户并对外付款。按照规定，房屋的折旧年限为 20 年，交通工具的折旧年限为 4 年，电子设备的折旧年限为 3 年，折旧应从 3 月起计提，其中电子设备采用双倍余额递减法计提，其他固定资产采用年限平均法计提折旧。购得其他办公用具若干件，单位价值在 200 元—500 元，总价值 87 560 元，由于不符合固定资产的标准，列为低值易耗品。以上经济业务的核算为本章研究的内容。

本章内容概要与学习目标

金融企业的财产是金融企业资产的组成部分，但它不同于贷款、贴现等在经营过程中形成的资产。金融企业的财产是保证金融企业经营的必要条件，包括固定资产、无形资产和其他资产。本章叙述固定资产、无形资产和其他资产的管理要求与核算手续。

第一节　固定资产

固定资产是为生产商品、提供劳务、出租或经营管理而持有的，使用寿命超过一个会计年度的有形资产。固定资产确认应当满足的条件是：与该固定资产相关的经济利益很可能流入企业，该固定资产的成本能够可靠地计量。金融企业经营性使用的房屋、建筑物、机器、机械、运输工具以及其他与经营有关的设备、器具、工具等，使用年限在一年以上，单位价值在 2 000 元以上（含 2 000 元）的应确认为固定资产；非经营用的单位价值在2 000元以上，使用年限超过 2 年的资产，也确认为固定资产。

一、固定资产的初始价值计量

固定资产的初始价值即原始价值，初始价值按照成本进行计量，固定资产的成本是为购建该项固定资产，使之达到预定可使用状态前所发生的一切合理的、必要的支出。固定资产取得的渠道不同，其成本的构成亦有所不同。

（一）外购的固定资产

按实际支付的购买价款、相关税费以及为使固定资产达到预定可使用状态前发生的可直接归属于该资产的其他支出，如包装费、运输费、安装费以及专业人员的服务费等作为入账价值。如果以一笔款项购入多项没有单独标价的固定资产，按各项固定资产公允价值的比例对总成本进行分配，分别确定各项固定资产的入账价值。

（二）自行建造的固定资产

按建造该项固定资产达到预定可使用状态前所发生的全部支出作为入账价值。

（三）融资租入的固定资产

按租赁开始日租赁资产的公允价值与最低租赁付款额的现值两者中的较低者作为入账价值。在租赁谈判和签订合同的过程中发生的可直接归属于租赁项目的手续费、律师费、差旅费、印花税等初始直接费用，应当计入租入固定资产的入账价值。

（四）投资者投入的固定资产

按投资合同或协议约定的价值确定，但合同或协议约定的价值不公允的除外。

（五）接受捐赠的固定资产

捐赠方提供有关凭据的，按凭据上标明的金额加上应支付的相关税费作为入账价值。捐赠方没有提供有关凭据的，其入账价值的确定原则为：同类或类似固定资产存在活跃市场的，按同类或类似固定资产市场价格加上应支付的相关税费作为入账价值；同类或类似固定资产不存在活跃市场的，按接受捐赠固定资产的预计未来现金流量现值作为入账价值。如果受赠的是旧固定资产，应以按照上述方法确认的新固定资产价值减去按该项资产的新旧程度估计的价值损耗后的余额作为入账价值。

（六）盘盈的固定资产

同类或类似固定资产存在活跃市场的，以同类或类似固定资产市场价格减去按该项资产的新旧程度估计的价值损耗后的余额作为入账价值；同类或类似固定资产不存在活跃市场的，按该项固定资产的预计未来现金流量现值作为入账价值。

为建造固定资产取得专门借款而发生的利息、折价或溢价摊销和辅助费用，以及因外币借款而发生的汇兑差额，如果符合资本化的条件，应于相应的会计期间计入固定资产的成本。为取得固定资产而缴纳的契税、耕地占用税、车辆购置费等相关税费，也应构成固定资产的成本。

二、取得固定资产的核算

固定资产应由财会部门、财产管理以及使用部门共同管理。会计部门设置账簿反映由于固定资产增减而引起的价值变动。财产管理或使用部门，按固定资产的类别分品种设置明细账对实物进行明细分类反映，并按照使用单位设置登记簿或登记卡。相关部门应定期进行账账、账卡、账实核对。

（一）外购的固定资产

(1) 购入不需要安装的固定资产，按原始价值入账。其会计分录为：

借：固定资产

　贷：银行存款（存放中央银行款项）

(2) 购入需要安装的固定资产，应先将购入、安装及购建中发生的费用记入“在建工程”，安装完毕交付使用再转入固定资产。其会计分录为：

借：在建工程——安装工程

　贷：银行存款（存放中央银行款项）

　　　应付职工薪酬（本单位职工安装调试）

借：固定资产

　贷：在建工程——安装工程

购入固定资产的价款超过正常信用条件而延期支付，实质上具有融资性质的，固定资产的成本以购买价款的现值为基础确定，实际支付的价款与购买价款的现值之间的差额作为“未确认融资费用”。

（二）自行建造的固定资产

(1) 采取自行建造方式的，通过“工程物资”科目核算购买的各种工程物资。其会计分录为：

借：工程物资

　贷：银行存款（存放中央银行款项）

领用工程物资的会计分录为：

借：在建工程——建筑工程

　贷：工程物资

发生相关费用，按实际发生额入账。其会计分录为：

借：在建工程——××工程户

　贷：银行存款（应付职工薪酬等）

工程完工交付使用的会计分录为：

借：固定资产

　贷：在建工程——建筑工程

(2) 采用出包工程方式进行固定资产的自建、自制，需通过“在建工程”科目核算与承包单位发生的工程成本。待固定资产达到预期可使用状态并交付使用时，结转固定资产的成本，借记“固定资产”，贷记“在建工程”。

（三）融资租入的固定资产

融资租入是指实质上转移了与资产所有权有关的全部风险和报酬的租赁。融资租入固定资产的租赁期占租赁资产使用寿命的75%以上（含75%），包含了固定资产有效使用年限的大部分，且租赁期满后，承租人有优先购买权，融资租赁固定资产的所有权最终可能转移，也可能不转移。因此，融资租入的固定资产作为固定资产核算。

租入固定资产如不需要安装直接交付使用的，则按租赁资产的公允价值与最低租赁付款额的现值两者中的较低者作为租入固定资产的入账价值，最低租赁付款额作为长期应付款的入账价值，租入固定资产入账价值与长期应付款之间的差额作为未确认融资费用。如果租赁固定资产的公允价值大于最低租赁付款额，其入账的会计分录为：

借：固定资产

　　贷：未确认融资费用

　　　　长期应付款

如果公允价值小于最低租赁付款额，则借记“未确认融资费用”。租入固定资产如需安装后交付使用的，则各项费用先在“在建工程”科目列支，安装完毕交付使用时，再转入“固定资产”科目。

（四）投资者投入的固定资产

投资者投入的固定资产，按投资合同或协议约定的价值入账。其会计分录为：

借：固定资产

　　贷：实收资本（股本）

（五）接受捐赠的固定资产

金融企业接受捐赠的固定资产，应按会计制度和准则确定的入账价值，借记“固定资产”科目，按按受捐赠固定资产未来应交所得税贷记“递延所得税负债”，按其差额，贷记“营业外收入”。

（六）盘盈的固定资产

盘盈的固定资产应作为会计差错更正来处理，通过“以前年度损益调整”账户核算，该账户属于损益类账户，核算企业于本年度发现并调整以前年度损益的事项和差错更正涉及调整以前年度损益的事项，调整后本账户余额转入“利润分配——未分配利润”账户。

按照确定的盘盈固定资产入账价值：

借：固定资产

　　贷：以前年度损益调整

借：以前年度损益调整

　　贷：利润分配——未分配利润

三、固定资产的折旧

固定资产的折旧是指在固定资产的预计使用年限内，按照确定的方法对应计折旧额进行的系统分摊。应计折旧额是指固定资产原值扣除其预计净残值（已提减值准备的亦应扣除）后的金额。

预计使用年限的确定应根据固定资产的性质和使用情况，既要考虑有形损耗，又要考虑无形损耗，如科技进步、有关资产使用的法律或类似的限制等因素作出估计。预计净残值是事先测算的，等于固定资产使用期满时的残值收入减去清理费用后的余额。

（一）固定资产折旧范围

金融企业一般按月计提折旧，除已提足折旧仍继续使用的固定资产和按照规定单独估价作为固定资产入账的土地不计提折旧外，其他固定资产均应计提折旧。

当月增加的固定资产当月不计提折旧，从下月起开始计提；当月减少的固定资产当月仍计提折旧，从下月起停止计提。企业对固定资产进行更新改造时，应将更新改造的固定资产价值转入在建工程，不再计提折旧，待改造完成转入固定资产后，按重新计算的固定资产的账面价值计提折旧；季节性停用和大修理停用的固定资产应视同在用固定资产计提折旧；以经营租赁方式租出和融资租入的固定资产应计提折旧。

（二）固定资产折旧方法

目前可选择的折旧方法主要有：年限平均法、工作量法、双倍余额递减法和年数总和法。折旧方法一经选定，不得随意变更。如需变更，要在会计报表附注中予以说明。

1. 年限平均法

年限平均法又称“直线法”，是将固定资产价值以折旧形式平均分摊到预计使用年限的各期的折旧方法。直线法的优点是简便易行，尤其适用于不受季节影响、各期使用程度较为均衡的固定资产。若固定资产在各期的使用程度不同，则这种方法就不能反映固定资产的价值转移情况。计算公式如下：

年折旧额＝（固定资产原值－预计净残值）÷ 预计可使用年限

年折旧率＝（年折旧额÷固定资产原值）×100％

【例 13—1】 某商业银行 F 支行于 2007 年 12 月购入自动提款机数台。买价及有关手续费用共计 500 000 元，已开始使用，预计净残值 20 000 元，预计可使用 5 年。

年折旧额＝（500 000－20 000）÷5＝96 000（元）

2. 工作量法

工作量法是根据固定资产的应计折旧额和预计可完成的实际工作量来计算每单位工作量的应计折旧额的方法。这种方法一般适用于各月使用不均衡的专业设备。计算公式如下：

$$单位工作量折旧额=\frac{固定资产原值-预计净残值}{预计使用年限内完成的总工作量}$$

年折旧额＝年工作量×单位工作量折旧额

3. 双倍余额递减法

双倍余额递减法是在不考虑固定资产预计净残值的情况下，根据期初账面净值和双倍的直线法折旧率计算固定资产折旧额的一种方法。应用这种方法计算折旧额时，由于每年期初固定资产净值没有扣除预计净残值，所以在计算固定资产折旧额时，应在其折旧年限到期前两年内，将固定资产净值扣除预计净残值后的余额平均摊销。计算公式如下：

$$年折旧率=\frac{2}{预计可使用年限}\times 100\%$$

年折旧额＝年初账面净值×年折旧率

【例 13—2】 沿用【例 13—1】的资料，用双倍余额递减法计算年折旧率并计算各年折旧额，见表 13—1。

$$年折旧率=\frac{2}{5}\times100\%=40\%$$

表 13—1　　固定资产折旧表　　单位：元

年份	年初账面净值	年折旧率（%）	年折旧额
2008	500 000	40	200 000
2009	300 000	40	120 000
2010	180 000	40	72 000
2011	108 000		44 000
2012	64 000		44 000

在本例中，2011 年、2012 年作为固定资产使用年限的最后两年，其折旧额应为：

年折旧额＝（108 000－20 000）÷2＝44 000（元）

4. 年数总和法

年数总和法又称合计年限法，是将固定资产原值减去预计残值后的余额，按逐年递减的折旧率计算每年的折旧额的方法。计算公式如下：

$$年折旧率=\frac{预计使用年限-已使用年限}{预计使用年限\times(1+预计使用年限)\div2}$$

$$月折旧率=年折旧率\div12$$

$$月折旧额=(固定资产原值-预计净残值)\times月折旧率$$

【例 13—3】 沿用【例 13—1】的资料，用年数总和法计算折旧率与各年折旧额见表 13—2。

表 13—2　　固定资产折旧表　　单位：元

年份	固定资产原值减去预计净残值后的余额	年折旧率	年折旧额
2008	480 000	5/15	160 000
2009	480 000	4/15	128 000
2010	480 000	3/15	96 000
2011	480 000	2/15	64 000
2012	480 000	1/15	32 000

双倍余额递减法和年数总和法都属于加速折旧法。采用加速折旧法的依据在于，固定资产的使用早期创造的价值较高，所需的维修费用较少，而使用后期则相反。根据会计的配比要求和谨慎性要求，采用加速折旧法更符合资产的使用收益与费用的配比，也有利于企业设备的更新。

金融企业计提折旧后，应借记“营业费用”等账户，贷记“累计折旧”账户。

四、固定资产的后续支出

固定资产的后续支出是指固定资产在使用过程中发生的更新改造支出、修理费支出等。固定资产后续支出符合固定资产确认条件的，予以资本化，计入固定资产的成本，如固定资产更新改造支出、房屋装修费用等，在扣除被替换部分的账面价值后计入固定资产成本；不符合固定资产确认条件的，计入当期费用。

（一）资本化后续支出的核算

对固定资产进行更新改造、房屋装修等，应当在工程开始时，将固定资产的现值转入“在建工程”科目，发生的改造、装修支出，也计入在建工程，改造、装修完工过后转入固定资产。

【例 13—4】 某商业银行对一处营业用房进行装修，该房屋原值 2 000 000 元，已计提折旧 1 200 000 元，装修费支出 600 000 元。账务处理如下：

将房屋转入在建工程：

借：在建工程——房屋装修　　800 000.00

　　累计折旧　　1 200 000.00

　贷：固定资产——房屋　　2 000 000.00

支付装修费用：

借：在建工程——房屋装修　　600 000.00

　贷：银行存款　　600 000.00

工程完工转入固定资产：

借：固定资产——房屋　　1 400 000.00

　贷：在建工程　　1 400 000.00

（二）费用化后续支出的核算

发生固定资产修理支出，直接计入当期费用。其会计分录为：

借：营业费用——固定资产修理户

　贷：银行存款（或库存现金）

五、固定资产的减少

固定资产减少的原因主要有对外出售、因磨损或技术原因报废、因自然灾害等非正常损失发生毁损。此外，还可因其他原因如盘亏、对外投资等而使固定资产减少。

（一）出售、报废和毁损的固定资产

出售、报废和毁损固定资产，应通过“固定资产清理”科目进行核算。核算时应当将固定资产的净值转入“固定资产清理”科目，并冲减“累计折旧”，如有计提的减值准备应同时冲减，按固定资产原值，贷记“固定资产”。发生的清理费用，记入“固定资产清理”科目借方。出售收入和残料收入，按实际收到的金额记入“固定资产清理”科目贷方。收到的保险公司或个人、单位的赔偿金额，亦应贷记“固定资产清理”科目。清理完毕，“固定资产清理”科目贷方余额为清理净收益，转入“营业外收入”科目；借方余额为清理净损失，转入“营业外支出”科目。

【例 13—5】 某金融企业处置汽车一辆，原价 260 000 元，已计提折旧 50 000 元，以 190 000 元出售给某公司，另支付相关税费 5 000 元。有关的账务处理为：

结转固定资产净值的会计分录为：

借：固定资产清理 210 000.00
　　累计折旧 50 000.00
　贷：固定资产 260 000.00

缴纳相关税费时，其会计分录为：

借：固定资产清理 5 000.00
　贷：银行存款（或应交税费） 5 000.00

收到处置收入时，其会计分录为：

借：银行存款 190 000.00
　贷：固定资产清理 190 000.00

结转固定资产清理净损益时，其会计分录为：

借：营业外支出——固定资产处置净损失户 25 000.00
　贷：固定资产清理 25 000.00

（二）以其他方式减少的固定资产

投资转出固定资产、捐赠转出固定资产等也引起固定资产减少。其会计处理亦应当先按固定资产净值借记“固定资产清理”科目，按计提的累计折旧，借记“累计折旧”科目，按固定资产原值贷记“固定资产”；应当缴纳的税费以及支付的清理费用也记入“固定资产清理”的借方；最后将“固定资产清理”科目的余额转为“长期股权投资”或“营业外支出——捐赠支出”。

（三）盘亏的固定资产

金融企业应定期或不定期对固定资产进行盘点清查。发现盘亏时，应将盘亏的固定资产净值转入“待处理财产损溢”账户反映，待报经批准处理时，予以冲减。盘亏的固定资产净值，记入“营业外支出”。

六、固定资产减值

固定资产减值是指固定资产的可收回金额低于其账面价值。在资产负债表日，企业应当判断固定资产是否可能发生减值。当固定资产存在以下迹象时，表明资产可能发生了减值：市价当期大幅度下降；市场利率或其他市场投资报酬率在当期已经提高，导致资产可收回金额大幅降低；有证据表明固定资产已经陈旧过时或提前损坏；资产已经或者将被闲置、终止使用或者计划提前处置；企业内部报告的证据表明资产的经济绩效已经低于或者将低于预期；其他表明资产可能已经发生减值的迹象等。

固定资产存在减值迹象的，应当估计可收回金额，根据固定资产公允价值减去费用后的净额与固定资产未来现金流量的现值两者之间的较高者确定，如果可收回金额低于固定资产的账面价值，则将固定资产账面价值减记至可收回金额，减记的金额确认为固定资产减值损失，计入当期损益，同时计提资产减值准备。其会计分录为：

借：资产减值损失——固定资产减值损失
　贷：固定资产减值准备

第二节　无形资产

无形资产是指企业拥有或控制的没有实物形态的可辨认非货币资产。无形资产应当满足下列条件之一并符合定义中的可辨认标准：能够从企业中分离出来或者划分出来并能单独或者与相关合同、资产或负债一起，用于出售、转移、授予许可、租赁或者交换；源自合同性权利或其他法定权利，无论这些权利是否可以从企业或者其他权利和义务中转移或者分立。符合无形资产的定义且同时满足以下条件的，才可以确认为无形资产：与该资产有关的经济利益很可能流入企业，该无形资产的成本能够可靠地计量。

无形资产主要包括专利权、商标权、著作权、土地使用权、特许权、非专利技术等。无形资产的主要特征是：不具有实物形态，具有可辨认性，持有的目的是使用而不是出售，提供的未来经济利益具有不确定性，属于非货币性长期资产。

一、无形资产的初始计量

无形资产按照取得方式的不同可以分为外部取得的无形资产和内部自创的无形资产。外部取得的无形资产包括外购无形资产、投资者投入无形资产、接受捐赠无形资产等；内部自创的无形资产主要是指企业通过自行研究和开发取得的无形资产。

金融企业取得无形资产的方式不同，发生的实际成本也不同。取得无形资产时，必须按照取得时发生的实际成本入账。从外部取得的无形资产的初始计量与固定资产的初始计量基本相同。对于自行开发的无形资产，在确定其入账价值时，应当区分研究阶段支出与开发阶段支出。无形资产研究阶段发生的支出应当于发生时计入当期损益，开发阶段的支出在满足一定条件时，应当计入无形资产的成本。

二、无形资产的取得

（一）购入的无形资产

购入的无形资产，按实际支付的价款作为实际成本。其会计分录为：

借：无形资产

　　贷：银行存款（存放中央银行款项）

购入无形资产的价款超过正常信用条件而延期支付，实质上具有融资性质的，无形资产的成本以购买价款的现值为基础确定，实际支付的价款与购买价款的现值之间的差额作为“未确认融资费用”。

（二）投资者投入的无形资产

投资者投入无形资产的会计分录为：

借：无形资产

　　贷：实收资本（或股本）

（三）接受捐赠的无形资产

接受捐赠的无形资产，按凭据或确认的价值，借记“无形资产”科目，按受赠无形资产未来应交所得税贷记“递延所得税负债”，按“无形资产”和“递延所得税负债”的差额，贷记“营业外收入”。

【例 13—6】 某商业银行接受某研究所捐赠的一套专利软件，确定的实际成本为 10 万元，假设按 25%的所得税税率计算未来应交所得税。其会计分录为：

借：无形资产　　100 000.00
　贷：营业外收入　　75 000.00
　　　递延所得税负债　　25 000.00

（四）自行开发的无形资产

金融企业自行开发无形资产，研究阶段的支出予以费用化，在会计期末将研发支出中的费用化支出结转到“营业费用”。发生研究费用的会计分录为：

借：研发支出——费用化支出
　贷：专用材料
　　　应付职工薪酬
　　　银行存款

期末结转的会计分录为：

借：营业费用——研究开发费
　贷：研发支出——费用化支出

开发阶段的支出符合条件的予以资本化，无形资产开发并注册后，转为无形资产的成本。发生的开发费用的会计分录为：

借：研发支出——资本化支出
　贷：专用材料
　　　应付职工薪酬
　　　银行存款

无形资产注册后，将发生的资本化支出一并转入无形资产的成本。其会计分录为：

借：无形资产
　贷：研发支出——资本化支出
　　　银行存款

三、无形资产的摊销

无形资产使用寿命分为有限性和不确定两种，其价值应当在使用寿命内合理摊销，与该项无形资产有关的经济利益实现方式无法可靠预期的，采用直线法摊销，摊销金额为成本扣除预计残值后的金额（使用寿命有限的无形资产，其残值为零），已提减值准备的无形资产尚需扣除已计提的减值准备。使用寿命不确定的无形资产，其价值不摊销。无形资产的摊销计入当期损益。

【例 13—7】 某金融企业的一项专利权原价为 300 000 元，预计有效年限为 10 年。按年摊销该项无形资产价值的会计分录为：

借：营业费用——无形资产摊销　　30 000.00
　贷：累计摊销—— 专利权　　30 000.00

四、无形资产的转让

无形资产的转让方式有两种，一是转让其所有权，二是转让其使用权。转让无形资产所有权的，以账面摊余价值作为成本注销无形资产的账面价值；转让无形资产使用权的，由于转让单位仍拥有无形资产的所有权，所以，不应注销无形资产的账面摊余价值。

【例 13—8】 某金融企业将一项无形资产出售，取得收入 50 000 元，应交营业税 2 000元。该项无形资产初始价值 80 000 元，已摊销价值 20 000 元，已计提减值准备 7 000元。其会计分录为：

借：银行存款　　50 000.00
　　累计摊销　　20 000.00
　　无形资产减值准备　　7 000.00
　　营业外支出——无形资产处置损失户　　5 000.00
　贷：无形资产　　80 000.00
　　　应交税费——应交营业税　　2 000.00

转让无形资产使用权取得的收入计入其他业务收入，摊销无形资产成本并发生与转让有关的各种费用支出，计入其他业务支出。

第三节　其他资产

金融企业其他资产主要包括低值易耗品、长期待摊费用和抵债资产等。

一、低值易耗品

低值易耗品是指单位价值较低，在日常业务中消耗的材料、物料等。低值易耗品的价值应在领用时或使用期间内采用一次摊销法或分次摊销法摊入到各期的“营业费用”中。

一次摊销法一般在领用低值易耗品时，将其价值全部计入到当期的费用中，适用于一次领用数量不多、价值较低、使用期限较短或者容易破损的低值易耗品的摊销。其会计分录为：

借：营业费用——低值易耗品摊销户
　贷：低值易耗品

分次摊销法根据低值易耗品的原价和预计的使用期限，将低值易耗品的价值分次摊入到费用中。它适用于使用期限较长、一次领用数量较大的低值易耗品的摊销。

低值易耗品报废后如有残料价值，应冲减当期的费用。如果低值易耗品已经发生毁损、遗失等，不能再继续使用的，应将其账面价值全部转入当期费用。

二、长期待摊费用

长期待摊费用是指已经支出的摊销期限在1年以上（不含1年）的各项费用，包括经营性租入固定资产的改良支出以及采用待摊方式发生的大修理费用等。应当由本期负担的借款利息、租金等，不得作为长期待摊费用处理。

长期待摊费用应当单独核算，在费用项目的受益期限内分期平均摊销。对于租入固定资产发生的改良支出，应当在租赁期限与租赁资产尚可使用年限两者孰短的期限内平均摊销；采用待摊方式发生的大修理费用，应当在下一次大修理前平均摊销；其他长期待摊费用应当在受益期内平均摊销。

对于股份有限公司委托其他单位发行股票支付的手续费或佣金等相关费用，减去股票发行冻结期间的利息收入后的余额，应从发行股票的溢价中抵销。当不够抵销时，若金额较小的，直接计入当期损益；若金额较大的，可作为长期待摊费用，在不超过2年的期限内平均摊销，直接计入损益。

长期待摊费用发生时，记入“长期待摊费用”科目，摊销的长期待摊费用记入“营业费用”等科目。当长期待摊费用不能使以后会计期间受益时，应将摊余价值全部转入当期损益。

三、抵债资产

抵债资产是金融企业收到债务人以非现金资产抵偿债务而取得的资产。

取得抵债资产时，按实际抵债部分的贷款本金和已确认的利息作为抵债资产的入账价值。其会计分录为：

借：抵债资产

　贷：××贷款

　　　应收利息

抵债资产处置时，如果取得的处置收入大于抵债资产的账面价值，其差额计入营业外收入；如果取得的处置收入小于抵债资产的账面价值，其差额计入营业外支出；保管过程中发生的费用直接计入营业外支出，处置过程中发生的费用，从处置收入中抵减。

发生的抵债资产保管费用，其会计分录为：

借：营业外支出——抵债资产保管费用户

　贷：银行存款（存放中央银行款项）

处置抵债资产发生的费用，其会计分录为：

借：其他应收款

　贷：银行存款（存放中央银行款项）

处置抵债资产取得的收入大于抵债资产的账面价值，其会计分录为：

借：银行存款（存放中央银行款项）

　贷：抵债资产

　　　营业外收入——处置抵债资产净收益户

　　　其他应收款

处置抵债资产取得的收入小于抵债资产的账面价值，其会计分录为：

借：营业外支出——处置抵债资产净损失户

　　银行存款（存放中央银行款项）

　贷：抵债资产

　　　其他应收款

抵债资产在期末应按照账面价值与可收回金额孰低计量。

本章小结

金融企业财产是保证金融企业经营的必要条件，包括固定资产、无形资产和其他资产。会计部门对于财产主要负责确认、计价等核算，而财产的使用与管理则涉及业务部门和行政部门，需要各部门相互配合，确保财产的有效使用和实现预期经济利益。

重点概念

固定资产　　无形资产　　抵债资产

年限平均法　　双倍余额递减法　　年数总和法

复习思考题

一、思考题

1. 怎样掌握各种不同情况下取得的固定资产、无形资产的初始价值计量？
2. 固定资产计提折旧的范围如何规定？哪些固定资产不得提取折旧？
3. 固定资产后续计量包括哪些内容？
4. 自行研发无形资产发生的支出如何处理？

二、业务处理题

1. 某商业银行2007年11月30日购进营业用房一处，购进价款220万元，各项税费15万元；房屋购入后按照营业要求进行装修，各项装修费用20万元，于12月末投入使用。房屋的折旧年限为20年，预计净残值率为5%，采用直线法计提折旧。

2. 某商业银行自行研究开发应用系统软件。该系统软件的研究经历了约3个月，支出研究费用18万元；经过了8个月的开发、测试、试运行，目前已经上线运行，开发费用支出共计180万元，其中：专用材料支出35万元，开发人员薪酬120万元，其他费用25万元。自投入使用时起，该行在5年内平均摊销该系统的入账价值，不计预计净残值。

第十四章　所有者权益

章前引例及分析

某商业银行注册资本8亿元人民币，由于经营规模不断扩大，需要引进机构投资者扩充资本金，将注册资本扩大到不低于12亿元人民币。2007年经过几番谈判，H公司和F公司作为新加入的投资者，分别投入人民币4亿元和3亿元，占注册资本金的20%和15%。经过增资扩股，该银行注册资本达12.2亿元人民币，两公司的出资于2007年末到账，实际出资超过注册资本的部分作为资本溢价。

2007年该商业银行实现税后利润4.56亿元，经董事会研究，决定将税后利润的20%对股东分配，按规定的10%提取法定盈余公积，其余转为未分配利润。

上述筹集资金、增资扩股、利润分配等的会计核算为本章需要探讨的问题。

本章内容概要与学习目标

所有者权益是企业资产扣除负债后由所有者享有的剩余权益。所有者权益亦称股东权益，是所有者对企业资产的剩余索取权。所谓剩余索取权是企业资产扣除债权人权益后应由所有者享有的部分。金融企业所有者权益包括投资者投入的资本、直接计入所有者权益的利得和损失、留存收益和在税后利润中提取的一般风险准备。其主要的核算项目有实收资本（股本）、资本公积、盈余公积、未分配利润、一般风险准备。

第一节　实收资本

一、实收资本的概念

实收资本（股本）是指金融企业投资者按照有关章程或合同、协议约定，实际投入企业的资本。我国目前实行的是注册资本制度，即要求企业的实收资本与注册资本一致。根据法律、法规的规定，企业可以采用吸收货币资金、实物和无形资产或发行股票的方式筹集资本。根据有关规定，设立经营存贷款业务的金融企业注册资本的最低限额为：全国性商业银行10亿元人民币，城市商业银行1亿元人民币，农村商业银行5 000万元人民币。国家外汇管理局对经办外汇业务的银行，也规定了最低外汇资本金或营运资金的限额：全国性银行不得低于5 000万美元，区域性银行总行不得低于2 000万美元。金融公司的注册资本最低限额为：保险公司2亿元人民币，综合类证券公司5亿元人民币，信托投资公司3亿元人民币。

资本金可以一次或分次筹集。一次筹集的，从营业执照签发之日起六个月内筹足；分次筹集的，最后一期出资额应当在营业执照签发之日起三年内交清，其中第一次出资额不得低于15%，并且在营业执照签发之日起三个月内交清。银行资本金必须集中统一由总行管理，各分支机构不应持有资本金，只能由总行对其拨付资本性营运资金，总行拨付下级行营运资本总量不得超过实收资本的60%。我国采用资本约束机制，资本充足率作为重要的监控指标，资本净额（资本总额扣除规定的扣减项）与表内外风险加权资产总额的比例不得低于8%，其中核心资本充足率不得低于4%，附属资本充足率不得超过核心资本的100%。

二、实收资本的计价

股份制金融企业的股本应当在核定的股本总额及核定的股份总额的范围内发行股票或由出资方出资取得。企业收到投资时，应按其面值和核定的股份总数的乘积计算的金额作为股本入账，而实际收到的现金资产超过股本额的部分应纳入资本公积。

三、实收资本的核算

国有独资企业和有限责任公司在核算时使用“实收资本”科目，而股份有限公司核算时使用“股本”科目。

（一）接收投资者投入资本

1. 接收货币资本投资

金融企业以实际收到投资者投入的资金作为实收资本入账，编制转账借贷方记账凭证进行账务处理。如金融企业为股份有限公司，则按发行股票的面值和核定的股份总数的乘积作为股本入账，实际收到的现金资产超过股本额的部分作为资本公积。其会计分录为：

借：存放中央银行款项或有关科目

　贷：实收资本（股本）——××股东户

　　资本公积——股本溢价户

【例 14—1】 某金融企业以发行股票的方式筹集资本金，委托券商代理发行普通股 2 亿股，每股面值 1 元，按发行收入的 1%支付手续费，从发行溢价中扣除，发行价为每股 4 元，收到的款项存入人民银行。其会计分录为：

借：存放中央银行款项	800 000 000.00	
贷：股本		200 000 000.00
资本公积——股本溢价户		600 000 000.00
借：资本公积——股本溢价户	8 000 000.00	
贷：存放中央银行款项		8 000 000.00

2. 接收实物资产投资

金融企业收到投资者投入的实物资产时，均应按投资合同或协议约定的价值确认实收资本。其会计分录为：

借：固定资产——××类固定资产户

　贷：实收资本（股本）——××股东户

如果合同或协议约定的实物资产价值大于该投资者在注册资本中所占份额，则超出的部分计入资本公积。

3. 收到无形资产投入

金融企业收到投资者投入的无形资产时，应按评估机构或双方协议确认的价值作为实收资本的入账价值，编制借贷方记账凭证。其会计分录为：

借：无形资产——××户

　贷：实收资本（股本）——××股东户

（二）上级行向下级行拨付营运资金

上级行拨付营运资金的会计分录为：

借：拨付营运资金——××下级行

　贷：存放中央银行款项或有关账户

下级行收到拨付营运资金的会计分录为：

借：存放中央银行款项或有关账户

　贷：拨入营运资金

（三）转增资本金

金融企业按法定程序将资本公积、盈余公积转增资本金时，以有关文件为依据，编制借贷方记账凭证。会计分录为：

借：资本公积

　　盈余公积

　贷：实收资本（股本）

第二节　资本公积

一、资本公积的概念

资本公积与实收资本从其性质上讲都属于投资者投入企业的资本，但两者亦有区别。实收资本是投资者有表决权的资本，投资者据此享有企业净资产的所有权；资本公积是投资者投入的资本金中超过注册资本或股本的部分，亦属于投资者投入并有特定的来源，但并不以此作为投资者有表决权的资本。资本公积从其来源分析，主要包括：资本（股本）溢价；长期股权投资采用权益法核算时，被投资单位除净损益以外所有者权益的其他变动，即股权价值非因被投资单位净损益变动而变动；直接计入所有者权益的利得和损失等。

二、资本公积的核算

金融企业对资本公积的核算，应设置“资本（股本）溢价”和“其他资本公积”账户。

（一）资本（股本）溢价

资本（股本）溢价是投资者投入的资金超过其在注册资本中所占份额的部分或金融企业溢价发行股票，发行价超过股票面值的部分，在扣除发行手续费和佣金后计入资本公积的金额。

其会计分录为：

借：存放中央银行款项或有关账户

　　贷：资本公积——资本（股本）溢价

（二）股权价值变动

股权价值变动引起资本公积变动是指股权价值非因被投资单位净损益变动而发生的变动。也就是金融企业对外投资采用权益法核算，在持股比例不变的情况下，被投资单位由于净损益以外的原因引起所有者权益变动，对外投资的金融企业应按持股比例计算应享有的变动金额。如果被投资单位因非净损益原因引起所有者权益增加，则金融企业的会计分录为：

借：长期股权投资

　　贷：资本公积——其他资本公积

反之，被投资单位非因净损益原因引起所有者权益减少，则金融企业的会计分录相反。

（三）直接计入所有者权益的利得和损失

直接计入所有者权益的利得和损失是指不应计入当期损益、会导致所有者权益发生增减变动的、与所有者投入资本或者向所有者分配利润无关的利得或损失。利得包括直接计入所有者权益的利得和直接计入当期利润的利得，这里指前者，是企业非日常活动所形成的、会导致所有者权益增加的、与所有者投入资本无关的经济利益流入。损失包括直接计入所有者权益的损失和直接计入当期利润的损失，这里指前者，是企业非日常活动所发生的、会导致所有者权益减少的、与向所有者分配利润无关的经济利益流出。直接计入所有者权益的利得和损失主要包括可供出售金融资产的公允价值变动、持有至到期投资重分类为可供出售金融资产、将可供出售金融资产重分类为采用成本或摊余成本计量的金融资产发生的计价变动等。

1. 可供出售金融资产的公允价值变动

可供出售金融资产的公允价值变动形成的利得或损失，应当直接计入所有者权益，在该金融资产终止确认时转出，计入当期损益。

【例 14—2】 某金融企业于 2007 年 6 月 20 日从二级市场购入某股票 50 万股，每股市价 9 元，支付交易费用 72 000 元，购入时确认为可供出售金融资产。2007 年 12 月 31 日该金融企业仍持有该股票，当日每股市价 11 元；2008 年 3 月 18 日将该股票按每股 10 元（含交易费用）售出。

（1）2007 年 6 月 20 日购入股票：

借：可供出售金融资产——××股票（成本）　　4 572 000.00

　贷：银行存款　　4 572 000.00

（2）2007 年末确认股票价格变动：

借：可供出售金融资产——××股票（公允价值变动）　　928 000.00

　贷：资本公积——其他资本公积　　928 000.00

（3）2008 年 3 月 18 日出售股票：

借：银行存款　　5 000 000.00

　　资本公积——其他资本公积　　928 000.00

　贷：可供出售金融资产——××股票（成本）　　4 572 000.00

　　　可供出售金融资产——××股票（公允价值变动）　　928 000.00

　　　投资收益　　428 000.00

2. 持有至到期投资重分类为可供出售金融资产

持有至到期投资重分类为可供出售金融资产，应在重分类日按该项投资的公允价值记入“可出售金融资产”，按其账面余额贷记“持有至到期投资（成本、利息调整、应计利息）”，按其差额，贷记或借记“资本公积”，如果该项投资已提减值准备，亦应同时结转。

【例 14—3】 某金融企业 2007 年 7 月 1 日平价购入某债券，面值 200 万元，划分为“持有至到期投资”，该债券到期还本付息，票面利率 5%。2008 年 1 月 1 日，计算应计利息 5 万元；2008 年 4 月 1 日，由于持有意图改变，企业将该债券重分类为“可供出售金融资产”，当日公允价值 210 万元。

（1）2007 年 7 月 1 日购入债券：

借：持有至到期投资——××债券（成本）　　2 000 000.00

　贷：银行存款　　2 000 000.00

（2）2008 年 1 月 1 日计算应计利息：

借：持有至到期投资——××债券（应计利息）　　50 000.00

　贷：投资收益　　50 000.00

(3) 2008年4月1日重分类为“可供出售金融资产”：

借：可供出售金融资产——××债券（成本） 2 100 000.00
　贷：持有至到期投资——××债券（成本） 2 000 000.00
　　　　　　　　　　——××债券（应计利息） 50 000.00
　　资本公积——其他资本公积 50 000.00

第三节　盈余公积

一、盈余公积的概念

盈余公积是指金融企业按规定从税后利润中提取的积累资金。盈余公积包括法定盈余公积金和任意盈余公积金。法定盈余公积一般按税后利润的10%从净利润中提取。任意盈余公积是指经股东大会或类似机构批准按照规定的比例从净利润中提取的盈余公积。盈余公积可以用于弥补亏损和转增实收资本（或股本）。符合规定条件的金融企业也可以用盈余公积分派现金股利。

当盈余公积金累计超过注册资本金的50%时，可不再提取，超过注册资本金的25%时，可由董事会批准，转增资本金。

二、盈余公积的核算

(1) 计提盈余公积金时，会计分录为：

借：利润分配——提取盈余公积金户
　贷：盈余公积——法定盈余公积金户

(2) 用法定盈余公积金弥补亏损时，会计分录为：

借：盈余公积金——法定盈余公积金户
　贷：利润分配——盈余公积补亏户

(3) 按规定将盈余公积转增资本金时，会计分录为：

借：盈余公积
　贷：实收资本（股本）

第四节　未分配利润

一、未分配利润的概念

未分配利润是未做分配的净利润，即实现的利润扣除应缴纳的所得税、计提的盈余公积及应付利润等后的余额。

二、未分配利润的核算

未分配利润的核算通过“利润分配——未分配利润”进行，该明细科目集中核算利润分配的情况及历年累积的未分配利润（或亏损）数。该科目的余额若反映在贷方，表示未分完的剩余利润；若在借方，则表示未弥补的亏损。

（1）年终结转本年实现的利润时，根据本年实现的利润数（即“本年利润”科目的余额）填制借贷方记账凭证。

会计分录为：

借：本年利润

贷：利润分配——未分配利润户

（2）按规定进行利润分配时的会计处理见第十五章第五节“利润与利润分配”。

（3）如该年度出现亏损时，会计分录为：

借：利润分配——未分配利润户

贷：本年利润

用本年利润弥补以前年度亏损时，不需要做专门的账务处理，而由“利润分配——未分配利润”账户自动弥补。

第五节 一般风险准备

金融企业应当从税后利润中按一定的比例提取一般风险准备，用于弥补尚未识别的可能性损失，以提高抵御风险的能力。由于一般风险准备是用于弥补尚未确定的损失，具有总准备金的作用和性质，符合资本的基本特征，因此，它作为金融企业附属资本（又称二级资本）的组成部分。

按规定提取一般风险准备时，其会计分录为：

借：利润分配——提取一般风险准备户

贷：一般风险准备

按规定用于弥补贷款损失时，其会计分录为：

借：一般风险准备

贷：非应计贷款

本章小结

所有者权益是所有者在企业净资产中享有的经济利益，即所有者对企业净资产的所有权。金融企业会计核算中将其划分为实收资本、资本公积、盈余公积、未分配利润和一般风险准备。大家应当正确理解所有者权益各项目的核算内容及核算规定，尤其是“资本公积”核算的内容，新《企业会计准则》的规定变化比较大。

重点概念

实收资本　　资本公积　　直接计入所有者权益的利得和损失
资本溢价　　盈余公积　　未分配利润
一般风险准备

复习思考题

一、思考题

1. 实收资本管理规定如何?
2. 资本公积与实收资本两者的区别何在?
3. 金融企业为何要提取一般风险准备?

二、业务处理题

1. 某金融企业当前注册资本为18亿元人民币，经批准引进机构投资者R公司。引入新的投资后，该金融企业的注册资本达20亿元，R公司投入资金3.5亿元人民币，欲占该金融企业注册资本的10%。

2. 某商业银行资本公积账面余额为5亿元，经批准转增资本金3亿元；盈余公积账面余额为7亿元，经批准转增资本公积2亿元。

第十五章　收入、成本和利润

章前引例及分析

某金融企业某会计年度决算的财务数据显示：营业收入 160 680.40 万元；营业成本 76 310.80 万元，其中营业费用 60 277.90 万元；营业利润 84 369.60 万元；投资收益 800.30 万元；营业外收支净额－2 400 万元；利润总额 82 769.90 万元；所得税费用 19 261.40万元；净利润 63 508.50 万元。

上述各项数据是该金融企业年度经营的结果。而营业收入、营业成本、营业费用、投资收益、营业外收入与支出以及所得税与利润各自包含哪些内容？其确认、计量与核算的规定与方法如何？这些均为本章所需研究的内容。

本章内容概要与学习目标

金融企业在办理各项资产、负债业务的过程中，必然发生各项财务收入和财务支出，这是构成损益的主要项目，也直接关系到金融企业的经营成果，因此必须及时、准确地核算，全面、真实地反映，以便合理控制成本、费用，提高经济效益，扩大经营成果，促进业务的不断发展以及竞争力的不断提高。本章就金融企业收入、成本和利润的构成内容与核算方法加以叙述。

学习本章应熟悉金融企业收入、成本、费用的内容，掌握收入、成本、费用的账户使用及核算方法，熟练掌握利润的构成、结转与分配的核算。

第一节 营业收入

一、营业收入的内容与确认原则

金融企业的营业收入是其在经营各项业务中所取得的经济利益流入，主要包括：利息收入、金融企业往来收入、手续费及佣金收入、保费收入、证券发行差价收入、证券自营差价收入、买入返售证券收入、租赁收益、汇兑收益、投资收益和其他业务收入。不包括为第三方或者客户代收的款项，如企业代垫的工本费、代邮电部门收取的邮电费。

金融企业营业收入的重要特征是与金融企业的业务经营密切相关，凡不是与经营活动密切相关的收入，一般不作为营业收入。金融企业的营业收入从性质上说，主要来自提供劳务收入和让渡资产使用权收入。营业收入是金融企业收益的主体，也是各项耗费得以补偿和积累的重要来源。

营业收入应按权责发生制原则核算，在确定收入时，应满足的条件是：相关的经济利益即收入很可能流入金融企业，并且收入的金额能够可靠地计量。

二、主要营业收入项目

（一）利息收入

利息收入是金融企业发放各项贷款，办理贴现、进出口押汇以及信用卡等业务而计收的利息（不包括金融企业往来利息收入）。利息收入应按让渡资金使用权的时间和适用利率计算确定。

“利息收入”科目按照收入利息的项目设置账户，如短期贷款利息收入户、中长期贷款利息收入户、贴现利息收入户、押汇利息收入户、逾期贷款利息收入户等。

商业银行发放贷款应按期计提利息并确认收入，贷款到期（含展期）90 天及以上尚未收回的，其应计利息纳入表外核算；已计提的应收利息，在贷款到期 90 天后仍未收回的，或应收利息逾期 90 天后仍未收到的，冲减原已计入损益的利息收入，转作表外核算。已转入表外核算的应收利息，在实际收到时确认为当期利息收入。

利息收入已在相关章节中结合业务核算予以叙述，此处不再重复。

（二）金融企业往来收入

金融企业往来收入是金融企业与中央银行、同业或其他非银行金融机构以及系统内总分支行之间资金往来发生的利息收入。金融企业往来收入应按让渡资金使用权的时间和适用利率计算确定。按规定此类收入暂不征收营业税。

“金融企业往来收入”科目下，一般设置人民银行往来利息收入、同业往来利息收入、其他金融机构往来利息收入、系统内往来利息收入等明细账户。发生了金融企业往来收入后，其会计分录为：

借：存放中央银行款项

　贷：金融企业往来收入——××利息收入户

（三）手续费及佣金收入

手续费及佣金收入是指金融企业在办理自营业务或代理业务中收取的各项手续费及佣金，例如：办理国内结算、国际结算、信用卡、外汇买卖、代理发行有价证券、委托贷款、咨询担保、代理保险以及其他代收代付等金融服务业务所收取的费用。手续费及佣金收入应当在向客户提供相关服务时确认。它主要包括结算业务收入户、委托贷款收入户、代理发行证券收入户、咨询担保收入户、代理保险收入户等。发生了此类收入后，其会计分录为：

借：××科目

　贷：手续费及佣金收入——××收入户

（四）汇兑收益

汇兑收益是商业银行在经营外汇买卖、外汇兑换等业务中所发生的收入。商业银行在发生外汇买卖和外汇兑换业务时，分别按买入价、卖出价计算后，在账户中分别反映外币和人民币增减变化及余额。

在按期计算损益时，以外币的余额与该外汇及人民币的中间价计算，如“外汇买卖”科目下的该外币账户为贷方余额，在按中间价计算后大于该种外币“外汇买卖”科目下的人民币账户借方余额，或者“外汇买卖”科目该外币账户为借方余额，在按中间价计算后小于该种外币“外汇买卖”科目人民币账户贷方余额时，即汇兑收益；反之，即汇兑损失。

发生了汇兑收益，以“外汇买卖”和“汇兑损益”科目对转。其会计分录为：

借：外汇买卖

　贷：汇兑损益

（五）公允价值变动损益

公允价值变动损益是交易性金融资产、交易性金融负债以及采用公允价值计量的其他资产由于公允价值变动直接计入损益的利息或损失。

保费收入、证券发行差价收入、证券自营差价收入、买入返售证券收入、租赁收益、投资收益以及其他营业收入的核算已在本书有关章节中阐述，此处不再重复。

其他业务收入是金融企业经营的除贷款、结算、外汇、投资、租赁、证券、保险、金融企业往来和委托代理业务以外的其他业务收入。发生了其他业务收入应借记相关科目，贷记“其他业务收入”科目。

三、投资收益

投资收益是通过购买有价证券或以资金、实物、无形资产对外投资所获得的收益。

各种投资在获得收益时，应当贷记“投资收益”，如需从投资收益中支付款项，则借记“投资收益”。

第二节　成本费用

一、成本费用的内容与管理要求

金融企业的成本费用是指其在业务经营过程中发生的与业务经营有关的支出，营业成本包括利息支出、金融企业往来支出、手续费及佣金支出、汇兑损失、其他业务支出等，不包括为第三方或客户垫付的款项。营业费用主要指管理费用。

金融企业对成本费用的核算，要严格按照规定如实反映，不准随意摊提成本费用，不准擅自提高开支标准，不准扩大开支范围，不准挥霍国家资财，不准截留收入。要划清成本支出与营业外支出的界限，不属于成本开支的范围，不得列入成本，应在成本开支的费用，也不得列入营业外支出。金融企业要加强基础工作，保证成本资料真实、可靠。在进行成本核算时，必须严格执行会计制度，确保成本核算资料的完整、真实、准确，如实反映经营过程中的各项支出。有关成本核算的原始凭证、账册、成本汇总表、统计资料，必须按规定格式和内容真实记载、填写和汇总，不得弄虚作假。

二、主要成本费用项目

（一）利息支出

利息支出是金融企业以负债形式筹集的各项资金而对债权人所支付的利息。利息支出必须以国家规定的适用利率分档次计算。关于存款利息支出的核算已在第三章“存款业务”中叙述，此处不再重复。

（二）金融企业往来支出

金融企业往来支出是指金融企业系统内、金融企业相互之间以及金融企业与中央银行之间资金往来而支付的利息，包括系统内往来支出、同业往来支出、中央银行往来支出等。

发生了金融企业往来支出后，其会计分录为：

借：金融企业往来支出——××支出户

　　贷：存放中央银行款项（或银行存款）

（三）手续费及佣金支出

手续费及佣金支出是指金融企业委托其他单位办理相关业务，而支付给受托单位代办业务的费用及佣金，如储蓄代办手续费支出、结算手续费支出以及其他手续费支出等。代办业务的手续费和结算业务的手续费，必须按规定标准计算后支付。

支付某项代办业务的手续费时，其会计分录为：

借：手续费及佣金支出——××支出户

　　贷：库存现金（或××科目）

（四）汇兑损失

汇兑损失用以核算在办理外汇买卖和外币兑换等业务中所发生的损失。如果买入、兑入的外汇期末汇率低于记账汇率，卖出、兑出的外汇期末汇率高于记账汇率，其所形成的即汇兑损失。其会计分录为：

借：汇兑损失

　贷：外汇买卖

（五）营业费用

1. 营业费用的主要内容

金融企业的营业费用是金融企业在业务经营与管理工作中发生的各项费用，主要包括：业务宣传费、业务招待费、电子设备运转费、安全防卫费、邮电费、劳动保护费、财产保险费、外事费、印刷费、公杂费、低值易耗品摊销、职工工资、差旅费、水电费、租赁费（不包括融资租赁费）、修理费、职工福利费、职工教育经费、工会经费、税金、会议费、诉讼费、公证费、咨询费、无形资产摊销、长期待摊费用摊销、待业保险费、劳动保险费、取暖费、审计费、技术转让费、研究开发费、绿化费、董事会费、上交管理费、广告费、银行结算费等。

2. 营业费用的列账

营业费用的列账方法有直接列账和间接列账两种。直接列账就是发生费用开支时，由会计部门直接记费用账。营业费用采取直接列账的，在费用发生时，其会计分录为：

借：营业费用——××户

　贷：××科目

间接列账就是会计部门向行政部门拨付周转金，并为行政部门开立存款户，费用的日常支出由行政部门负责并从存款账户支付款项，定期或不定期向会计部门报销，年底将周转金划还会计部门。

各项营业费用的开支必须符合规定的列支标准，并须经过审批才能列账。

3. 营业费用主要项目的管理与核算

（1）在控制比例范围内据实列支。职工福利费是指职工医药费以及职工集体福利方面的费用，按照职工工资总额的14%进行控制。工会经费是用于工会活动的经费，按照职工工资总额的2%的比例控制。职工教育经费是按照职工工资总额的2.5%提取，用于职工教育、培训的各项费用。广告费和业务宣传费是按照营业收入（扣除金融企业往来收入，以下同）的一定比例，用于业务宣传活动方面的费用，一般在不超过营业收入的15%的范围内掌握，据实列支。业务招待费是为业务经营的需要而开支的招待费用。业务招待费按照发生额的60%扣除，但最高不得超过当年营业收入的5‰。

以上各项费用开支的会计分录为：

借：营业费用——××户

　贷：库存现金（银行存款等）

（2）据实列账。营业费用的一些项目的支出，在符合财务管理有关规定、符合开支手续的情况下，可以根据需要开支后据实列账。以下以职工工资和和劳动保险费为例。

职工工资是指企业每一年度支付给在本企业任职或者受雇的员工的所有现金形式或者

非现金形式的劳动报酬，包括基本工资、奖金、津贴、补贴、年终加薪、加班工资，以及与员工任职或者受雇有关的其他支出。发放工资时的会计分录为：

借：应付职工薪酬

　　贷：库存现金（银行存款等）

对于已经发放的工资摊入营业费用的会计分录为：

借：营业费用——职工工资户

　　贷：应付职工薪酬

劳动保险费是指离退休职工的退休金、价格补贴、医药费（含参加医疗保险单位的离退休职工的医疗保险基金）、异地安家补助费、退职金、6个月以上病假人员工资、职工死亡丧葬补助费、抚恤金、按规定支付给离休干部的各项费用以及实行社会统筹办法按规定提取的退休统筹基金。发生劳动保险费支出的会计分录为：

借：营业费用——劳动保险费户

　　贷：银行存款（存放中央银行款项等）

(3) 税金。营业费用中的税金是按照规定向税务部门缴纳的房产税、车船使用税、土地使用税、印花税等应当在成本中列支的税金。房产税、车船使用税、土地使用税在会计期末计算后，列支“营业费用”，并记入“应交税费”，实际缴纳时再冲减“应交税费”。列支营业费用的会计分录为：

借：营业费用——税金户

　　贷：应交税费——应交房产税（车船使用税、土地使用税）户

实际缴纳的会计分录为：

借：应交税费——应交房产税（车船使用税、土地使用税）户

　　贷：银行存款（存放中央银行款项等）

印花税是企业在书立、使用、领受具有法律效力的凭证时应当缴纳的一种税金，在缴纳时直接列支营业费用。其缴纳的会计分录为：

借：营业费用——印花税户

　　贷：库存现金（银行存款等）

（六）其他业务支出

凡不属于利息支出、金融企业往来支出、手续费及佣金支出、营业费用的各项营业性支出，作为其他业务支出，其中包括损失准备金、固定资产折旧和其他支出等。其账务处理方法已在有关章节中叙述过，不再重复。

（七）营业税金及附加

金融企业的营业税是按照各项营业收入（金融机构往来利息收入除外）与其他营业收入之和及规定税率（现行税率为5%）计算后缴纳的税金。城市维护建设税是按实际缴纳的营业税税额，与规定的税率计算后缴纳的附加税；教育费附加是按实际缴纳的营业税税额，与规定的税率计算后缴纳的附加税，其性质是用于教育事业的基金。教育费附加和城市维护建设税，与营业税同时缴纳。

每季末按该季纳税项目收入净增额计算应缴营业税，并在此基础上计算城市维护建设税及教育费附加。其会计分录为：

借：营业税金及附加

贷：应交税费——营业税户
　　　　　　——城市维护建设税户
　　　　　　——教育费附加户

实际缴纳时的会计分录为：

借：应交税费——营业税户
　　　　　　——城市维护建设税户
　　　　　　——教育费附加户

贷：银行存款（存放中央银行款项等）

第三节　营业外收支

营业外收支是指金融企业发生的与其经营业务活动无直接关系的各项收入和各项支出。营业外收入包括固定资产清理净收益、处置无形资产净收益、处置抵债资产净收益、出纳长款收入、罚款净收入等。营业外支出包括固定资产盘亏、固定资产清理净损失、处置无形资产净损失、抵债资产保管费用、处置抵债资产净损失、债务重组损失、出纳短款损失、罚款支出、捐赠支出、非常损失等。

对营业外收支的核算要求有：第一，各项营业外收入必须按国家有关规定，认真核实，据实列账，不得转移、截留和作其他财务收入处理；第二，营业外收支在核算上采用收付实现制处理；第三，要划清营业外支出与成本支出以及利润分配的界限，避免相互挤占。

金融企业发生营业外收支以后，应根据具体内容正确地使用有关账户列账。其账务处理已在前面有关内容中述及，在此不再详述。

第四节　所得税

企业所得税是以企业或组织作为纳税义务人，对其纳税年度内所取得的经营所得，按照应纳税所得额以及规定的税率计算应当缴纳的税金。由于会计核算与税收的服务目的不同，对收益、费用的确认所遵循的原则、计量的方法亦不相同，所以，应纳税所得额不同于会计利润。会计利润是一个会计概念，一般指税前会计利润；应纳税所得额是一个税收概念，为应税所得。会计利润与应税所得有时会存在差异，对这种差异如何处理取决于所得税会计处理的方法。

一、资产负债表债务法

目前我国对所得税的核算采用的是资产负债表债务法。资产负债表债务法是从资产负债表出发，通过比较资产负债表上列示的资产、负债按照会计准则规定确定的账面价值与按照税法规定确定的计税基础，对于两者之间的差异分别应纳税暂时性差异与可抵扣暂时性差异，确认相关的递延所得税负债与递延所得税资产，并在此基础上确定每一会计期间所得税费用的方法。

二、计税基础

所谓的计税基础是指严格按照税收法规中对于资产和负债的税务处理，可以税前扣除的费用，它分为资产的计税基础和负债的计税基础。

资产的计税基础是指企业收回资产账面价值的过程中，计算应纳税所得额时按照税法规定可以自应税经济利益中抵扣的金额，即某项资产在未来期间计税时按照税法规定可以税前扣除的金额。资产在初始确认时，其计税基础一般为取得成本，这时的账面价值与计税基础相同，亦即资产的初始成本在未来期间准予税前扣除。而资产在持续持有的过程中，其计税基础是指资产的取得成本减去以前期间按照税法规定已经税前扣除的金额，是资产在未来期间计税时，仍然可以税前扣除的金额。例如，固定资产、无形资产在持续持有期间的某一资产负债表日的计税基础是其成本扣除按照税法规定已在以前期间税前扣除的累计折旧额或累计摊销额后的金额。

负债的计税基础是指负债的账面价值减去未来期间计算应纳税所得额时按照税法规定可予抵扣的金额。负债的确认与偿还一般不会影响企业的损益、应纳税所得额，未来期间计算应纳税所得额时，按照税法规定可予抵扣的金额为 0，因此，其计税基础即账面价值。例如：金融企业的拆入款项、向中央银行借款等。但在有些情况下，负债的确认可能会影响企业的损益，进而影响不同期间的应纳税所得额，使得计税基础与账面价值之间产生差额。例如：金融企业由于某种原因发生的应交罚款和滞纳金，在发生后、尚未支付前确认为负债。但按照税法规定，罚款和滞纳金无论是在发生当期还是在以后期间均不允许税前扣除，使得计税基础与账面价值产生差额。

三、暂时性差异

采用资产负债表债务法计算所得税，对于由于会计准则与税收法律规定不同而导致的会计利润与应纳税所得额之间的差异只计算暂时性差异。

所谓暂时性差异是指资产或负债的账面价值与其计税基础之间的差额。这些差额的产生使得在未来收回资产或清偿负债的期间内，应纳税所得额增加或减少，导致应交所得税增加或减少，而在暂时性差异发生的当期，应当确认相应的递延所得税负债或递延所得税资产。暂时性差异根据对未来期间应税金额影响的不同，又分为应纳税暂时性差异和可抵扣暂时性差异。

（一）应纳税暂时性差异

应纳税暂时性差异是指在确定未来收回资产或清偿负债期间的应纳税所得额时，将导致产生应税金额的暂时性差异，该差额在未来期间转回时，会增加转回期间的应纳税所得额。因此，应纳税暂时性差异产生时，应当确认为递延所得税负债。以下两种情况产生应纳税暂时性差异：

1. 资产账面价值大于其计税基础

资产的账面价值代表的是企业在持续使用及最终出售该项资产时会取得的经济利益的总额，而计税基础代表的是一项资产在未来期间可予税前抵扣的总金额，资产的账面价值大于其计税基础，该项资产未来期间产生的经济利益不会全部税前抵扣，其差额需要交税，故产生应纳税暂时性差异。

2. 负债的账面价值小于其计税基础

负债的账面价值与其计税基础的不同所产生的暂时性差异，实质上是该项负债在未来期间可以税前抵扣的金额。而负债的账面价值小于其计税基础，则意味着该项负债在未来期间可税前抵扣的金额为负数，亦即在未来期间应调增应纳税所得额，从而产生应纳税暂时性差异。

（二）可抵扣暂时性差异

可抵扣暂时性差异是指在确定未来收回资产或清偿负债期间的应纳税所得额时，将导致产生可抵扣金额的差异。也就是说，该差异转回时，会减少转回期间的应纳税所得额，从而减少未来期间的应交所得税。可抵扣暂时性差异产生当期，应确认为递延所得税资产。以下两种情况会产生可抵扣暂时性差异：

1. 资产账面价值小于其计税基础

也就是资产在未来期间产生的经济利益少，而税法规定允许税前扣除的多，在未来期间可以减少应纳税所得额进而减少应交所得税。

2. 负债账面价值大于其计税基础

也就是税法规定该项负债未来期间可以税前扣除的金额，减少未来期间的应纳税所得额和应交所得税。

四、递延所得税负债与递延所得税资产的确认与计量

（一）递延所得税负债的确认与计量

企业对于发生的递延所得税负债，除《企业会计准则》中明确规定可不确认的情况以外，均应确认，并且除去与直接计入所有者权益的交易或事项以及企业合并中的资产、负债相关的以外，应在确认递延所得税负债的同时增加所得税费用。

递延所得税负债以预期应纳税暂时性差异转回期间适用的税率计量。在所得税税率不发生变化的情况下，可以现行适用税率为基础计算且不要求折现。

【例 15—1】　某金融企业 2007 年 1 月从二级市场购入某企业债券，支付价款 1 000 万元，确定为交易性金融资产，剩余年限为 1 年。2007 年 12 月 31 日，该债券的市场价值为 1 200 万元。假设该金融企业的所得税税率为 25％。

2007 年 12 月 31 日该交易性金融资产的账面价值为 1 200 万元，其计税基础为1 000 万元，两者之间的 200 万元的差异在未来期间转回时会增加转回期间的应纳税所得额，因此应当确认当期的递延所得税负债 50（200×25％）万元。

（二）递延所得税资产的确认与计量

递延所得税资产的确认以未来期间可能取得的应纳税所得额为限确认相关的递延所得税资产。如果在可抵扣暂时性差异转回的期间无法产生足够的应纳税所得额用以抵减该差

异，使得与之相关的经济利益无法实现的，该部分递延所得税资产不予确认。

确认递延所得税资产时，应估计可抵扣暂时性差异的转回时间，采用转回期间的适用税率并不要求折现。

【例 15—2】 某金融企业 20××年对贷款按五级分类计提贷款损失准备。该金融企业贷款余额 12 亿元（假设没有其他风险资产），计提贷款损失准备金 1 500 万元。按照税法规定，贷款损失准备金允许按贷款余额的 1%税前扣除，即税前扣除金额 1 200 万元。贷款资产的账面价值小于计税基础，其差额 300 万元为可抵扣暂时性差异，假设该金融企业所得税税率为 25%。300 万元的可抵扣暂时性差异乘以 25%的所得税税率得到 75 万元，应当确认为递延所得税资产。

五、所得税费用的核算

采用资产负债表债务法核算所得税费用，首先，应当确认资产负债表中资产、负债（递延所得税资产与递延所得税负债除外）的账面价值；其次，确认资产、负债项目的计税基础，比较账面价值与计税基础，分析应纳税暂时性差异与可抵扣暂时性差异，确认递延所得税负债与递延所得税资产；最后，计算并确认所得税费用。所得税费用包括当期所得税和递延所得税。

（一）当期所得税

当期所得税是按照税法规定计算确定的针对当期发生的交易和事项，应当缴纳的所得税金额，即当期应交所得税，其以适用的税收法规为基础计算确定。

企业对于当期发生的交易与事项的会计处理，如果与税收处理不同，应当在会计利润的基础上，按照税收法规的规定进行调整，计算出应纳税所得额并与适用的所得税税率相乘计算确定当期所得税金额。

（二）递延所得税

递延所得税是指企业按照所得税准则确认的递延所得税资产和递延所得税负债在当期的发生额，不包括直接计入所有者权益的交易或事项以及企业合并对所得税的影响。从连续核算的角度看，其计算关系为：

递延所得税＝当期所得税负债的增加－当期所得税资产的增加
＝(期末递延所得税负债－期初递延所得税负债)
－（期末递延所得税资产－期初递延所得税资产）

（三）所得税费用

所得税费用是当期所得税与递延所得税之和。

【例 15—3】 某金融企业 20××年度利润表中，利润总额为 12 000 万元，当年适用税率假设为 25%，递延所得税资产和递延所得税负债不存在期初余额。

(1) 20××年度发生的交易和事项中，会计处理与税收处理存在的差异如下：

1) 贷款余额 3.6 亿元，税收规定贷款损失准备金按贷款余额的 1%税前扣除，会计处理则按照五级分类提取贷款损失准备金 380 万元。

2) 上年 12 月 1 日购得固定资产一项，取得成本 50 万元，使用年限 5 年，预计净残值为 0，税法规定的使用年限和预计净残值与会计规定相同，会计按双倍余额递减法计提折旧 20 万元，税收规定按直线法计提折旧 10 万元，两者的差额为 10 万元。

3）在二级市场取得的一项交易性金融资产，取得时支付价款（即取得的成本）200 万元，当年 12 月 31 日该项交易性金融资产的公允价值为 250 万元，准则规定交易性金融资产公允价值大于账面价值的，计入当期损益。

4）已应诺提供赞助 5 万元，转入其他应付款。

（2）当期应纳税所得额＝12 000＋20＋10－50＋5＝11 985（万元）

当期所得税＝11 985 万×25％＝2 996.25（万元）

（3）20××年度递延所得税：

该金融企业资产负债表相关项目的账面价值与计税基础如表 15—1 所示：

表 15—1　　**资产负债表相关项目的账面价值与计税基础**　　单位：元

项　目	账面价值	计税基础	应纳税暂时性差异	可抵扣暂时性差异
贷款	36 000	36 000		
减：贷款损失准备	380	360		
贷款账面价值	35 620	35 640		20
固定资产原价	50	50		
减：累计折旧	20	10		
固定资产账面价值	30	40		10
交易性金融资产	250	200	50	
其他应付款	5	5		
合　计			50	30

递延所得税资产＝30×25％＝7.5（万元）

递延所得税负债＝50×25％＝12.5（万元）

递延所得税＝12.5－7.5＝5（万元）

（4）利润表中应确认所得税费用：

所得税费用＝2 996.25＋5＝3 001.25（万元）

应交所得税账务处理：

借：所得税费用　　30 012 500.00

　　递延所得税资产　　75 000.00

　贷：应交税费——应交所得税　　29 962 500.00

　　　递延所得税负债　　125 000.00

第五节　利润与利润分配

利润是金融企业在一定时期内实现盈亏的总额，是最终的财务成果，是反映经营效益和衡量经营管理水平的重要指标。如利润指标为正数，表现为盈利；如为负数，则表现为亏损。

一、利润的构成

金融企业利润按照反映内容的不同，分为营业利润、利润总额和净利润。

营业利润是营业收入减去营业成本费用加上投资净收益的结果。营业利润是在一定时期内经常性获利能力的重要指标，是一定会计期间进行业务经营所取得的收入超过所发生支出的差额部分。

利润总额由营业利润减去营业税金及附加，加上营业外收支净额（即营业外收入与营业外支出相抵后的差额）构成。

净利润是利润总额减去所得税费用后的净额。

用公式表示为：

净利润＝利润总额－所得税费用

利润总额＝营业利润－营业税金及附加＋营业外收支净额

营业利润＝营业收入－营业成本费用＋投资净收益

二、本年利润结转

年度终了时，应办理损益结转手续并轧算出利润。

具体做法是：每年 12 月 31 日年度决算日营业终了，将损益类各科目余额转入“本年利润”科目，收入类各科目余额转入“本年利润”科目的贷方，支出类各科目余额转入“本年利润”科目的借方，从而结清各收入、支出科目。

损益类各科目的余额在全部转入“本年利润”科目后，“本年利润”科目借、贷方发生额相抵后的余额即利润总额，亦即会计利润。“本年利润”科目如为贷方余额即本年利润，如为借方余额即本年亏损。

（一）结转收入类科目

结转收入类科目余额时，将收入类各科目按账户编制转账传票转入“本年利润”科目的贷方。

其会计分录为：

借：利息收入——各明细账户
　　金融企业往来收入——各明细账户
　　手续费及佣金收入——各明细账户
　　其他业务收入——各明细账户
　　汇兑损益——各明细账户
　　投资收益——各明细账户
　　公允价值变动损益——各明细账户
　　营业外收入——各明细账户
　贷：本年利润

（二）结转支出类科目

将支出类各科目按账户编制转账传票转入“本年利润”科目的借方。

其会计分录为：

借：本年利润

　　贷：利息支出——各明细账户

　　　　金融企业往来支出——各明细账户

　　　　手续费及佣金支出——各明细账户

　　　　营业费用——各明细账户

　　　　营业税金及附加——各明细账户

　　　　其他业务支出——各明细账户

　　　　汇兑损益——各明细账户

　　　　资产减值损失——各明细账户

　　　　营业外支出——各明细账户

　　　　所得税费用

结转后，各收入类、支出类科目应无余额。“本年利润”科目应与上述各收支科目结转前的轧差数一致。

三、将净利润转入利润分配科目

年度终了，金融企业应将“本年利润”科目结平，转入“利润分配”科目。如为净利润，其会计分录为：

借：本年利润

　　贷：利润分配——未分配利润户

如为亏损，会计分录相反。

四、利润分配的核算

金融企业当年实现的净利润，加上年初未分配利润（或减去年初未弥补亏损）及其他转入的余额，同时按规定扣除抵补的项目后，为可供分配的利润。

（一）从净利润中抵补的项目

(1) 抵补已缴纳的在成本和营业外支出中无法列支的有关被罚和被没收的财物损失，如延期缴纳各项税款的滞纳金和罚款及少缴或迟缴中央银行准备金的罚款。

(2) 弥补以前年度亏损。以前年度发生的亏损连续 5 年在所得税前弥补而未弥补完的部分，应从税后利润中弥补。历年提取的法定盈余公积和任意盈余公积也可以用于弥补亏损。

（二）利润分配的顺序

对于可供分配的利润，应按照国家的有关规定，合理地进行分配。其顺序如下：

(1) 提取法定盈余公积。

(2) 提取贷款余额 1%的一般风险准备。

可供分配的利润减去提取的法定盈余公积金后，再按下列顺序分配：

(1) 应付优先股股利，是金融企业按照利润分配方案分配给优先股股东的现金股利。

（2）提取任意盈余公积。

（3）应付普通股股利，是金融企业按照利润分配方案分配给普通股股东的现金股利。不属于股份制的金融企业分配给投资者的利润，也在该账户核算。

（4）转作资本（或股本）的普通股股利，是金融企业以利润转增资本或按照利润分配方案以分派股票股利的形式转增资本或股本。

（三）利润分配的核算

（1）从净利润中提取盈余公积和公益金的会计分录为：

借：利润分配——提取法定盈余公积户

　贷：盈余公积——法定盈余公积户

借：利润分配——提取任意盈余公积户

　贷：盈余公积——任意盈余公积户

如以盈余公积补亏，其会计分录为：

借：盈余公积

　贷：利润分配——盈余公积补亏

（2）提取一般风险准备的会计分录为：

借：利润分配——提取一般风险准备户

　贷：一般风险准备

（3）向股东分配股利或向投资者分配利润，其会计分录为：

借：利润分配——应付优先股股利户

　　　　　　——应付普通股股利户

　贷：应付股利（应付利润）

（4）利润转作资本（或股本）的会计分录为：

借：利润分配——转作资本（或股本）的普通股股利户

　贷：实收资本（股本）

（5）按规定对利润进行分配后，应将“利润分配”科目中各明细账户的余额转入“未分配利润”账户。其会计分录为：

借：利润分配——未分配利润户

　贷：利润分配——各有关账户

转账后，上述“利润分配”科目除“未分配利润”明细账户有余额外，其他账户均无余额。未分配利润账户的年末余额即历年积存的未分配利润。

本章小结

本章的内容概括起来即损益的核算，是在业务经营过程中必然发生的，有一些项目在之前的业务核算章节已经述及，本章是从损益的角度叙述。金融企业经营各项业务必然产生收入、发生费用，同时需按规定缴纳各种税金，而收入、费用、税金是构成利润的主要项目，直接影响金融企业的经营成果。对收入、费用、税金、利润的核算，首先应当遵循《企业会计准则》的规定，同时还需要执行税收法律、法规的规定。

重点概念

利息收入	金融企业往来收入	手续费及佣金收入	利息支出
汇兑损失	金融企业往来支出	营业税金及附加	所得税

复习思考题

一、思考题

1. 简述金融企业营业收入的内容与确认原则。

2. 简述金融企业成本费用的主要项目与管理要求。实行比例控制的主要费用项目有哪些？

3. 怎样计算营业利润、利润总额与净利润？

4. 如何计算营业税金及附加？怎样计算所得税？

5. 怎样结转利润？利润分配应按什么顺序进行？

二、业务处理题

某金融企业20××年各项收入、支出与费用项目如下：

（1）利息收入220万元；手续费及佣金收入86万元；其他业务收入32万元；汇兑收益17万元；投资收益59万元；营业外收入9万元。

（2）利息支出77万元；手续费支出24万元；营业费用81万元；营业税金及附加24万元；其他业务支出14万元；营业外支出6万元。

该金融企业所得税税率为25%，假设会计处理的税前扣除与税收规定一致，不存在暂时性差异。计算所得税并做出会计分录。

根据上述资料结转利润。

第十六章　年度决算与会计报表

章前引例及分析

某商业银行在2007年第四季度开始为年度决算做准备，清理并加大催收力度，收回到期、逾期贷款5 800万元，其中：处置抵押品归还贷款本息600万元；清理长期不动储蓄存款户150户；超过两个月未解付的应解汇款9笔，金额39 600元；与10个财务制度不很健全的客户切实核对存款账，发现属于开户单位账务处理差错的有15笔，属于银行本身记账差错的有1笔，全部予以更正并使"银企"账务相符；清理出账外固定资产一项，已按重置价值入账。经过上述一系列工作，该银行为做好年度决算提供了重要保证。

本章主要研究年度决算需要做哪些工作，怎样做好这些工作以及做好这些工作对年度决算的意义，在年度决算的基础上需要编制哪些会计报表以及怎样编制等。

本章内容概要与学习目标

年度决算是在对会计账务进行核实整理的基础上，运用会计核算资料，对全年经营活动状况和财务成果进行数字总结和文字说明的一项综合性工作，是会计工作的重要组成部分。会计报表是提供会计信息的重要载体，金融企业在年度决算的基础上，应当及时、准确、完整地编制会计报表。

本章主要介绍年度决算的准备工作、年度决算日的工作内容以及年度决算报表的编报。

第一节　决算前的准备工作

为了保证年度决算工作的顺利进行，各单位必须按照管辖机关关于年度决算的工作要求，认真做好年度决算的准备工作。决算前的准备工作一般在每年第四季度开始后就应着手进行。

金融企业的总行或总公司每年要根据当年的新情况，结合以前年度决算工作中的经验，发出办理决算工作的通知，提出在办理年度决算时应注意的事项和相应的处理原则和要求。分行或分公司则结合辖内具体情况，制定具体补充办法，下发下级行具体执行。基层单位是具体办理决算的独立会计核算单位，是全系统年度决算的基础环节，因此，做好基层单位年度决算工作是全系统年度决算工作顺利进行的关键。基层单位年度决算准备工作的具体内容有下述几个方面。

一、清理资金

（一）清理贷款资金

贷款是金融企业的主要资产，为保证金融企业资产不受损失，会计部门应与信贷部门密切联系和配合，积极进行清理收回。对到期贷款，应争取如期收回；对逾期、呆滞贷款，应组织力量催收，力争在决算前收回。对确实无法收回的呆滞贷款，应按规定予以核销；对于到期收不回的抵押贷款，应根据合同将抵押品依法处置，以恢复资产的流动性和效益性。

（二）清理存款资金

为充分发挥各种存款资金的社会效益，金融企业对各项存款要认真核实和整理，对连续一年没有发生收付活动，经联系又查找不到的存户（不包括储蓄存款），应转入“其他应付款”科目。对长期未发生资金收付的，要主动与客户联系，办理并户或销户手续。确实无法联系的，则转入“不动户”处理，对原“不动户”如经多年联系仍无着落的，可按规定的年限、金额、范围转作收益处理。

（三）清理结算资金

对应解汇款应积极联系解付，如确实无法解付，而且超过 2 个月的，则应办理退汇；对逾期未付的托收凭证，应积极联系付款单位承付，对于超过 3 个月期限仍未支付或未付清的，银行应通知付款人将有关交易单证退回，并转收款人开户银行转交收款人；对本行开出的过期汇票和其他凭证应与有关单位联系，按照制度规定，认真处理。

（四）清理内部资金

对其他应收、应付款项，要在日常严格控制的基础上逐笔进行清理，该上缴的上缴，该收回的收回，该核销报损和转作收益的按财务管理的有关规定，经批准后处理，以使这部分资金压缩到最低限度。

（五）清理其他资金

对经营的其他业务资金也要进行清理，如：到期的信托贷款是否收回，委托贷款已收回的，委托存款资金应当划还委托人；代发行证券的资金应全部划缴发行单位；应收的租赁款决算前尽可能收回等。

二、清查账务

（一）全面检查会计科目的使用情况

会计科目是各项业务分类核算的依据，只有正确使用，才会使会计记录真实、正确，从而保证年度决算报表真实、有效。因此，在年度决算前要根据会计科目使用说明和当年有关科目变化调整的文件规定，进行全面检查。如科目归属和使用不当的，应及时进行调整。

（二）全面核对内外账务

为保证决算质量，金融企业在决算前应对内外账务进行全面的核对，包括金融企业与各有关单位的对账以及金融企业内部对账两个方面，发现差错或问题，立即更正和解决，以确保账账、账款、账表、账实、账据以及内外账务六相符。

三、清理财产物资

为保证账实相符和资金、财产的完整，金融企业在年度决算前应对财产物资进行一次较大规模的清查盘点。其主要内容包括：库存现金、各种证券、外币、有价单证、空白重要凭证、固定资产、低值易耗品和账外物资等，做到账卡、账实相符，若发现余缺，应及时查明原因，明确责任，并根据规定予以处理。

四、核实损益

（一）核实业务收支

金融企业对各项利息收入和支出、金融企业往来收入和支出、营业外收入和支出等账户要进行清查，全面审核计息范围、利率使用、利息计算是否正确，如有差错，应及时更正。

（二）检查各项费用开支

金融企业对费用开支主要应核实是否超过标准和超过指标，计算有无差错。如发现有不符合制度、违反财经纪律的不合理开支，应予以纠正。

五、试算平衡

在上述几项准备工作基本落实和完成的基础上，为进一步检验账务是否正确，保证年度决算工作的顺利进行，金融企业应根据当年总账编制 1 月份至 11 月份的试算平衡表，进行试算平衡。这样，如有差错可及早发现，采取措施加以解决，从而减轻决算日工作的压力，为正式编制年度决算报表做好准备。

第二节 决算日的工作内容

每年12月31日，无论是否为法定休假日，均为金融企业的年度决算日。在决算日，金融企业除了处理当日业务外，还应着重做好下列各项工作。

一、全面处理和核对账务

为了完整、全面地反映全年各项业务、财务活动情况，尽可能减少未达账项，决算日发生的业务应于当日全部入账，不得留待下年。为此，金融企业在决算日应当延长工作时间，增加同城票据交换次数，使当日收到的联行往来凭证和同城行处代收、代付款项全部得以转账。当决算日营业终了，全日账务处理结束后，要对各科目总账、分户账进行全面核对，以保证账务的正确无误。

二、检查各项库存

决算日对外营业终了，为保证账实相符，由行长会同会计、出纳等主要人员，对当日的库存现金、库存外币、有价证券以及空白重要单证等各项库存进行一次全面检查、盘点、核实，从而保证账实相符。

三、调整金银、外币记账价格

决算日金银、外币的牌价如有变动，应按当日牌价调整账面余额，所得差额转入有关财务收支账户，作为本年外汇买卖损益处理。

四、核实应交税款

决算日各行要根据国家税法的规定，核实各项税款缴纳情况，按规定的税率先计算出本年应缴纳的各种税款总数，然后减去已缴税款，余额即应缴数，在决算日办理转账。

五、结转本年利润

决算日将当日账务处理完毕后，应再将损益各科目总账与分户账余额核对相符，然后将各项收入科目余额转入“本年利润”科目的贷方，将各项支出科目余额转入“本年利润”科目的借方，结转后损益类科目应无余额。“本年利润”科目如为贷方余额，即净利润总额，如为借方余额，则为亏损总额。然后，再将“本年利润”科目余额转入“利润分配”、“未分配利润”账户，以结平“本年利润”科目。

六、办理新旧账簿结转

新年度开始，各行必须使用新账页，因此，决算日核对账务相符并结转损益后，应办理新旧账簿结转。办理新旧账簿结转时，除卡片账不办结转、储蓄分户账可继续沿用外，其余分户账、登记簿以及总账等均应办理结转，更换新账页。

（1）结转分户式和计息式分户账时，在旧账页的最后一行余额下加盖“结转下年”戳记，将最后余额过入新账页，并在新账页日期栏写明新年度1月1日，摘要栏加盖“上年结转”戳记。对已结平的旧账页，加盖“结清”戳记。

（2）结转销账式分户账时，先在旧账页未销各笔的销账日期栏内加盖“结转下年”戳记，然后将未销各笔逐一过入新账页，并结出余额，在摘要栏加盖“上年结转”戳记，记账日期栏一律填新年度1月1日，并在摘要栏注明原发生日期，以备查考。

（3）总账平时每月更换，年终结转时，只需将旧账余额过入新账的“上年底余额”栏即可，其余手续比照月度结转方法处理。

第三节　决算报表的编报

决算报表是综合反映金融企业全年财务状况和经营成果的书面报告，是提供会计信息的重要手段。年度决算报表的编制要做到数字真实、可靠，内容全面、完整，编报及时、准确。金融企业的决算报表主要由资产负债表、利润表和现金流量表组成。以下以商业银行的各种报表为例介绍报表的基本格式、主要项目和基本编制方法。

一、资产负债表

资产负债表是反映会计期末全部资产、负债和所有者权益情况的会计报表。资产负债表反映的是某一时点资产、负债和所有者权益的规模与结构情况，是主要的会计报表。

资产负债表由表头、表体和脚注或附注三部分组成。其中，表头部分应列示报表的名称、编制单位、编制日期和货币计量单位等内容。表体部分用来列示资产负债表的具体内容。它根据“资产＝负债＋所有者权益”的会计平衡公式，依据一定的分类标准和一定的次序，将某一特定日期的资产、负债和所有者权益的项目，予以适当的排列后编制而成。

资产负债表各项目系按照流动性进行分类排列。即资产项目将流动性大的排列在先，流动性小的排列在后，其顺序为“流动资产”、“非流动性资产”；负债项目按偿付时间长短排列，分为“流动负债”、“非流动性负债”；所有者权益项目，按永久程度由高到低进行排列。

资产负债表的格式主要有账户式和报告式两种。我国金融企业采用的是账户式资产负债表，即报表的基本构成部分分为左、右两方，左方所列为资产项目，右方所列为负债和所有者权益项目，每个项目又都分列“期末余额”和“年初余额”。

资产负债表中，各项数字的来源主要通过以下三种方式取得，即：根据总账或明细账余额直接填列，根据总账或明细账余额合并填列，根据总账或明细账余额分析后填列。

资产负债表“年初余额”栏内各项数字，应根据上年末资产负债表“期末余额”栏内所列数字填写。如果本年度资产负债表规定的各个项目的名称和内容同上年度不相一致，应对上年末资产负债表各项目的名称和数字，按照本年度的项目规定进行调整后填入。

资产负债表“期末余额”栏内各项目的金额，主要是根据有关总分类账户和明细分类账户的期末余额，经过分析计算调整后填列。表16—1是商业银行资产负债表的格式，以下对主要项目的填列方法加以说明。

表16—1

资产负债表

编制单位：　　　　年　月　日　　　　单位：元

资　产	期末余额	年初余额	负债及所有者权益	期末余额	年初余额
流动资产：			流动负债：		
库存现金及存放中央银行款项			短期存款		
存放同业款项			向中央银行借款		
存放系统内款项			同业及其他金融机构存放款项		
贵金属			系统内存放款项		
拆出资金			拆入资金		
短期贷款			交易性金融负债		
贴现			衍生金融负债		
应收进出口押汇			委托存款		
应收利息			应付代理证券款		
其他应收款			卖出回购金融资产款		
交易性金融资产			应付职工薪酬		
衍生金融资产			应交税费		
委托贷款及委托投资			应付利息		
代理证券			其他应付款		
买入返售金融资产			预计负债		
一年内到期的非流动资产			一年内到期的非流动负债		
流动资产合计			流动负债合计		
非流动资产：			非流动负债：		
中长期贷款			长期存款		
可供出售金融资产			发行长期债券		
持有至到期投资			长期借款		
长期股权投资			长期应付款		
投资性房地产			其他长期负债		
固定资产			非流动负债合计		
在建工程			负债合计		
工程物资			所有者权益（股东权益）：		
固定资产清理			实收资本（股本）		

续前表

资　产	期末余额	年初余额	负债及所有者权益	期末余额	年初余额
无形资产			资本公积		
递延所得税资产			减：库存股		
其他资产			盈余公积		
非流动资产合计			一般风险准备		
资产总计			未分配利润		
			所有者权益合计		
			负债及所有者权益总计		

（1）“库存现金及存放中央银行款项”项目，该项目反映金融企业期末持有库存现金、存放中央银行款项总额。它根据“库存现金”、“存放中央银行款项”科目的年末余额合计填列。

（2）“存放同业款项”、“买入返售金融资产”项目，一般直接反映金融企业持有的相应资产的期末价值，根据“存放同业”、“买入返售金融资产”科目的期末余额填列，“买入返售金融资产”计提坏账准备的，应当减去“坏账准备”科目相关明细账户的期末余额。

（3）“存放系统内款项”项目，反映存放于系统内资金的款项。期末本项目应根据“存放系统内款项”账户和“系统内存放款项”账户互相对转后的差额进行反映。两账户对转后，如为“存放系统内款项”账户的借方余额，则填列本项目；如为“系统内存放款项”账户的贷方余额，则填列“系统内存放款项”项目。

（4）“贵金属”项目，反映金融企业期末持有的价值按成本与可变现净值孰低计量的黄金、白银等，根据“贵金属”科目的期末余额填列。

（5）“拆出资金”项目，反映金融企业拆借给境内、境外其他金融机构的款项。由于金融企业一般系按拆借的对方机构分设拆出资金的科目，因此，应根据拆放金融机构各科目的期末余额合计，减去“贷款损失准备”科目相关的明细账户期末余额后的金额分析计算填列。

（6）“短期贷款”项目，反映银行发放的期限在一年以内的各种贷款。本项目应根据“短期贷款”科目中的有关明细账户期末余额，减去“贷款损失准备”科目中提取的短期贷款损失准备相关的明细账户期末余额后的金额分析计算填列。

（7）“贴现”项目，反映商业汇票贴现资产的期末价值。票据贴现一般期限较短，可以根据“贴现”科目的期末余额，减去“贷款损失准备”科目中提取的票据贴现损失准备相关的明细账户期末余额后的金额分析计算填列。

（8）“应收进出口押汇”项目，反映进出口押汇业务的期末余额，可根据进口押汇、出口押汇等科目的期末余额填列。

（9）“应收利息”项目，反映应收取的债券投资、发放贷款等形成的应收未收利息，根据“应收利息”科目的期末余额，减去“坏账准备”相关明细账户期末余额后的金额填列。

（10）“其他应收款”项目，反映金融企业对其他单位和个人的应收及暂付的款项。本项目根据“其他应收款”科目的期末余额，减去“坏账准备”相关明细账户期末余额后的金额填列。

(11)“交易性金融资产”项目，反映金融企业持有的以公允价值计量且其变动计入当期损益的，以交易为目的所持有的各种债券投资、股票投资等金融资产。它应根据“交易性金融资产”科目的期末余额填列。

(12)“衍生金融资产”项目，反映金融企业期末持有的衍生工具、套期工具、被套期项目中属于衍生金融资产的金额，根据“衍生工具”、“套期工具”、“被套期项目”等科目的期末借方余额分析填列。

(13)“一年内到期的非流动资产”项目，反映金融企业持有的将于一年内到期的非流动资产金额，根据相关科目明细账户的期末余额分析计算填列。

(14)“中长期贷款”项目，反映期限在一年以上的贷款期末余额，根据“中长期贷款”账户或“信托贷款”账户有关明细账户的期末余额计算填列。

(15)“可供出售金融资产”项目，反映金融企业持有的以公允价值计量的可供出售债券投资、股票投资等金融资产，可根据“可供出售金融资产”科目的期末余额，减去“可供出售金融资产减值准备”科目期末余额后的金额填列。

(16)“持有至到期投资”项目，反映金融企业持有的以摊余成本计量的持有至到期投资，可以根据“持有至到期投资”科目的期末余额，减去“持有至到期投资减值准备”科目期末余额后的金额填列。

(17)“长期股权投资”项目，根据“长期股权投资”账户的期末余额，减去“长期股权投资减值准备”的期末余额后填列。

(18)“短期存款”项目，反映金融企业吸收的一年期以下的各种存款。本项目根据“单位活期存款”、“活期储蓄存款”等有关明细账户的期末余额计算填列。

(19)“向中央银行借款”、“同业及其他金融机构存放款项”、“拆入资金”项目，根据相关科目的期末余额填列。

(20)“应付职工薪酬”项目，反映金融企业按照规定应当支付给职工的工资、职工福利费、社会保险费、住房公积金、工会经费、职工教育费、非货币福利、辞退福利等各种薪酬，根据该科目期末余额填列。

(21)“应付利息”项目，反映金融企业由于吸收存款、发行债券而应付未付的利息以及企业分配的现金股利或利润，根据相关科目期末余额填列。

(22)“一年内到期的非流动负债”项目，反映金融企业非流动资产中将于一年内到期部分的金额，应根据“单位定期存款”、“定期储蓄存款”、“保证金”、“发行长期债券”、“长期应付款”等长期负债科目的相关明细账户的期末余额计算分析填列。

(23)“长期存款”项目，反映金融企业吸收的一年期以上的长期存款，本项目应根据“单位定期存款”、“长期储蓄存款”、“信托存款”等账户的有关明细账户的期末余额填列。

(24)“实收资本（股本）”项目，反映金融企业投资者实际投入的资本（股本）总额，本项目应根据“实收资本（股本）”科目的期末余额填列。

(25)“资本公积”、“盈余公积”项目，分别根据有关科目的期末余额填列。

(26)“一般风险准备”项目，反映金融企业从净利润中提取的用于弥补尚未识别的风险的准备金，应根据“一般风险准备”科目的期末余额填列。

(27)“未分配利润”项目，反映金融企业盈利尚未分配的部分，本项目根据“本年利润”和“利润分配”账户的余额计算填列。未弥补的亏损应在本项目内用“—”号表示。

二、利润表

利润表是反映金融企业报告期内利润（或亏损）实现情况的报表。通过该表，我们可以了解金融企业各项收入、费用和经营成果的情况。

我国现行利润表按多步式编制，即采用上下分步式结构。它的设置理论依据是“收入—费用＝利润”的会计等式。各项内容之间通过分步式的加减计算，最后得出净利润。表 16—2 是商业银行利润表的格式。

表 16—2 利 润 表

编制单位： 年 月 单位：元

项 目	本期金额	上期金额
一、营业收入		
利息净收入		
利息收入		
利息支出		
手续费及佣金净收入		
手续费及佣金收入		
手续费及佣金支出		
投资收益（损失以“—”填列）		
其中：对联营企业和合营企业的投资收益		
公允价值变动收益（损失以“—”填列）		
汇兑收益（损失以“—”填列）		
其他业务收入		
二、营业支出		
营业税金及附加		
营业费用		
资产减值损失		
其他业务支出		
三、营业利润（亏损以“—”填列）		
加：营业外收入		
减：营业外支出		
四、利润总额（亏损以“—”填列）		
减：所得税费用		
五、净利润（净亏损以“—”填列）		
六、每股收益		
（一）基本每股收益		
（二）稀释每股收益		

利润表各项目需要分为“本期金额”和“上期金额”两栏分别填列。“本期金额”栏反映各项目的本期实际发生数，在编制年度会计报表时，填列全年累计实际发生数。如果上年度利润表与本年度利润表的项目名称和内容不相一致，应对上年度利润表项目名称和数字按本年度的规定进行调整，填入本表“上期金额”栏。

三、现金流量表

现金流量表是反映金融企业在一定时期内现金流入、现金流出以及现金净流量的动态财务报表。它是在资产负债表和利润表已经反映企业财务状况和经营成果信息的基础上，进一步提供财务状况变动信息，凭此信息帮助企业的投资者、债权人和其他的会计报表使用者了解金融企业如何获得现金和现金等价物，评价企业的支付能力、偿债能力和周转能力，准确预测企业未来的现金流量，分析企业收益质量及影响现金净流量的因素。

编制现金流量表时，对经营活动现金流量的列报方法有两种：直接法与间接法。直接法是以本期营业收入为基础，根据当期有关现金流量的会计事项，对经营活动的现金流入与流出逐项进行确认，以反映经营活动产生的现金流量。间接法是以本期净利润为起算点，调整不涉及现金的收入、费用、营业外收支以及有关项目的增减变动，以此计算出经营活动产生的现金流量。

金融企业的现金流量表由主表和副表两部分组成。主表采用直接法编制，副表采用间接法编制。主表内分别列示经营活动产生的现金流量、投资活动产生的现金流量和筹资活动产生的现金流量，并于最后列示作为上述三项现金流量之和的现金及现金等价物的净增加额。副表即补充资料中，分别揭示不涉及现金收支的投资和筹资活动、将净利润调节为经营活动的现金流量和根据现金及现金等价物的期末余额和期初余额计算的当期净增加额。

补充资料中“将净利润调节为经营活动的现金流量”应该与主表内第一部分的最后结果“经营活动产生的现金流量净额”相等；补充资料中根据现金及现金等价物的期末余额和期初余额计算的当期“现金及现金等价物净增加额”应该与主表内最后一行“现金及现金等价物净增加额”相等。

直接法是现金流量表编制的主要方法。采用直接法列报经营活动现金流量又分为直接分析填列法、工作底稿法和 T 形账户法。现将 T 形账户法做简要介绍。

T 形账户法，就是以 T 形账户为手段，以损益表和资产负债表的数据为基础，对每一项目进行分析并编制调整分录，从而编制出金融企业现金流量表的方法。

采用 T 形账户法编制现金流量表的程序是：

第一步，开设“非现金”账户和“现金”账户。“非现金”账户即为所有的非现金项目（包括资产负债表项目和损益表项目）分别开设 T 形账户，并将各自的期末、期初变动数过入各该 T 形账户。如果某项目的期末数大于期初数，则将差数过入与该项目余额相同的方向；反之，过入相反的方向。“现金”账户也可称为“现金及现金等价物”T 形账户，该账户从上到下划分为经营活动、投资活动和筹资活动三个部分，每个部分都是左边登记现金流入，右边登记现金流出，与“非现金”账户一样，现金及现金等价物的期末、期初变动数也应过入本账户。

第二步，编制调整分录。以损益表项目为基础，结合资产负债表分析每一个非现金项目的增减变动，并据以编制调整分录。

第三步，登记 T 形账户。将所有的调整分录过入各“非现金”账户和“现金及现金等价物”账户。

第四步，对各T形账户中的记录进行核对。各账户借贷相抵后的差额应该与原先过入的期末、期初变动数相一致。

第五步，编制现金流量表。根据“现金及现金等价物”T形账户中的有关资料，编制正式的现金流量表。

T形账户法和工作底稿法只是形式上有所差别，而其基本原理和方法则是相同的。关键点和难点也是在编制调整分录上，采用T形账户法时可省去一些不涉及现金收支的调整分录，以简化现金流量表的编制过程。

表16—3是商业银行现金流量表的格式。

表16—3 现 金 流 量 表

编制单位： 年 月 单位：元

项 目	本期金额	上期金额
一、经营活动产生的现金流量		
客户存款和同业存放款项净增加额		
向中央银行借款净增加额		
向其他金融企业拆借的资金净增加额		
收取利息、手续费及佣金的现金		
收到的其他与经营活动有关的现金		
经营活动现金流入小计		
客户贷款及垫款净增加额		
存放中央银行和同业款项净增加额		
支付手续费及佣金的现金		
支付给职工以及为职工支付的现金		
支付的各项税费		
支付的其他与经营活动有关的现金		
经营活动现金流出小计		
经营活动产生的现金流量净额		
二、投资活动产生的现金流量		
收回投资所收到的现金		
取得投资收益收到的现金		
收到的其他与投资活动有关的现金		
投资活动现金流入小计		
投资支付的现金		
购建固定资产、无形资产和其他长期资产支付的现金		
支付的其他与投资活动有关的现金		
投资活动现金流出小计		
投资活动产生的现金流量净额		
三、筹资活动产生的现金流量		
吸收投资收到的现金		
发行债券所收到的现金		
收到的其他与筹资活动有关的现金		
筹资活动现金流入小计		
偿还债务所支付的现金		
分配股利、利润或偿付利息所支付的现金		

续前表

项　目	本期金额	上期金额
支付的其他与筹资活动有关的现金		
筹资活动现金流出小计		
筹资活动产生的现金流量净额		
四、汇率变动对现金及现金等价物的影响额		
五、现金及现金等价物净增加额		
加：期初现金及现金等价物余额		
六、期末现金及现金等价物余额		
补　充　资　料	本期金额	上期金额
1. 将净利润调节为经营活动现金流量		
净利润：		
加：资产减值准备		
固定资产折旧		
无形资产摊销		
长期待摊费用摊销		
处置固定资产、无形资产和其他长期资产的损失（收益以“—”填列）		
固定资产报废损失（收益以“—”填列）		
公允价值变动损失（收益以“—”填列）		
财务费用（收益以“—”填列）		
投资损失（收益以“—”填列）		
递延所得税资产减少（增加以“—”填列）		
递延所得税负债增加（减少以“—”填列）		
经营性应收项目的减少（增加以“—”填列）		
经营性应付项目的增加（减少以“—”填列）		
其他		
经营活动产生的现金流量净额		
2. 不涉及现金收支的重大投资和筹资活动		
债务转为资本		
一年内到期的可转换公司债券		
融资租入固定资产		
3. 现金和现金等价物净变动情况		
现金的期末余额		
减：现金的期初余额		
加：现金等价物的期末余额		
减：现金等价物的期初余额		
现金及现金等价物的净增加额		

四、会计报表附注和财务情况说明书

会计报表附注是为了帮助报表使用者理解会计报表的内容而对报表的有关项目所作的解释。金融企业编制会计报表附注，可以提高会计信息的可比性、增进会计信息的可理解性、促使会计信息充分披露，从而提高会计信息的质量，使报表使用者更充分地了解金融企业的财务状况、经营成果和现金流动情况，从而作出正确的决策。

会计报表附注应当披露的项目包括：企业的基本情况、财务报表的编制基础、遵循企业会计准则的声明、重要会计政策和会计估计、会计政策和会计估计变更以及差错更正的说明、报表重要项目的说明等。其中，报表重要项目的说明主要包括：库存现金及存放中央银行款项、拆出资金、交易性金融资产、衍生工具、买入返售金融资产、发放贷款和垫款、逾期贷款、贷款损失准备、可供出售金融资产、持有至到期投资、其他资产、向中央银行借款、国家外汇存款等期末账面余额和年初账面余额的情况，同业、其他金融机构存放款项的期末账面余额和年初账面余额情况，拆入资金的期末账面余额和年初账面余额情况，等等。

财务情况说明书是以文字形式说明金融企业的经营状况、利润实现和分配情况，以及金融企业的财产物资发生重大变动的情况，是财务报告的组成部分。以文字叙述经营状况与经营结果，可以补充会计报表的不足，使会计报表的阅读者更好地理解报表中的数字，更确切地掌握金融企业的各种情况，以便作出各种正确的决策。

本章小结

年度决算是按会计年度进行的结账，年度决算能够集中反映业务、财务状况以及经营效益和经营结果，也是对外提供财务会计信息的基础。

重点概念

年度决算　　资产负债表　　利润表　　现金流量表

复习思考题

1. 年度决算的意义何在？
2. 年度决算前基层金融企业要做好哪些准备工作？
3. 金融企业年度决算日要做好哪些工作？
4. 资产负债表主要包括哪些内容？
5. 利润表的主要内容有哪些？
6. 什么是现金流量表？它有哪些作用？

参考文献

1. 中华人民共和国财政部. 企业会计准则. 北京：经济科学出版社，2006

2. 中华人民共和国财政部. 企业会计准则——应用指南. 北京：中国财政经济出版社，2006

3. 中国注册会计师协会. 会计. 北京：中国财政经济出版社，2007

4. 中国人民银行. 人民币结算账户管理办法，2003

5. 中华人民共和国票据法，1995

6. 中国人民银行. 支付结算办法，1997

7. 中国人民银行. 银行会计基本规范指导意见，2003

8. 中国人民银行. 人民币利率管理规定，1999

9. 中国人民银行. 大额支付系统业务处理办法（试行），大额支付系统业务处理手续（试行），2002

10. 中国人民银行. 贷款损失准备金计提指引，2002

图书在版编目（CIP）数据

金融企业会计/唐宴春编著.
北京：中国人民大学出版社，2008
21 世纪高职高专规划教材．金融保险系列
ISBN 978-7-300-09545-5

Ⅰ. 金…
Ⅱ. 唐…
Ⅲ. 金融会计-高等学校：技术学校-教材
Ⅳ. F830.42

中国版本图书馆 CIP 数据核字（2008）第 115019 号

21 世纪高职高专规划教材·金融保险系列
金融企业会计
唐宴春　编著

出版发行	中国人民大学出版社		
社　　址	北京中关村大街 31 号	邮政编码	100080
电　　话	010－62511242（总编室）		010－62511398（质管部）
	010－82501766（邮购部）		010－62514148（门市部）
	010－62515195（发行公司）		010－62515275（盗版举报）
网　　址	http：//www.crup.com.cn		
	http：//www.ttrnet.com（人大教研网）		
经　　销	新华书店		
印　　刷	北京东方圣雅印刷有限公司		
规　　格	185 mm×260 mm　16 开本	版　　次	2008 年 10 月第 1 版
印　　张	17.5	印　　次	2015 年 1 月第 7 次印刷
字　　数	405 000	定　　价	28.00 元

教师信息反馈表

为了更好地为您服务，提高教学质量，中国人民大学出版社愿意为您提供全面的教学支持，期望与您建立更广泛的合作关系。请您填好下表后以电子邮件或信件的形式反馈给我们。

您使用过或正在使用的我社教材名称		版次	
您希望获得哪些相关教学资料			
您对本书的建议（可附页）			
您的姓名			
您所在的学校、院系			
您所讲授课程的名称			
学生人数			
您的联系地址			
邮政编码		联系电话	
电子邮件（必填）			
您是否为人大社教研网会员	□ 是，会员卡号：________ □ 不是，现在申请		
您在相关专业是否有主编或参编教材意向	□ 是　　□ 否 □ 不一定		
您所希望参编或主编的教材的基本情况（包括内容、框架结构、特色等，可附页）			

我们的联系方式： 北京市海淀区中关村大街 59 号中国人民大学文化大厦 1508 室

人大出版社教育分社

邮政编码：100872

电　　话：010-62515912

网　　址：http://www.crup.com.cn/jiaoyu/

E-mail：jyfs_2007@126.com